우연은 신의 지문이다

우연은 신의 지문이다

빛남출판사

이 책을
정윤호 아버님과 이순희 어머님
김원묵 박사님과 석신덕 회장님 영전에,
그리고
사랑하는 아내 김남희 여사에게
바칩니다.

• 책머리에

가족의 행복과 가문의 융성, 가치를 중시하는 삶

숨가쁘게 살아온 지난 시절 중 의사로서의 삶의 궤적을 기록에 남길 수 있게 되어 참으로 기쁘고 감사한 마음 가득하다. 이 글을 쓰고 있을 때는 싱가포르에서 북미 정상회담이 열려 북한의 완전하고 불가역적인 비핵화에 대한 기대로 평화로운 한반도에 대한 온 국민적 열망이 넘치고 국내에서는 지방선거가 끝나고 그 결과가 보수정당의 궤멸로 나타난 시점이다.

버트런드 러셀은 훌륭한 삶은 사랑으로 힘을 얻고 지식으로 길잡이를 삼는 삶이라고 하였다. 그렇다. 나의 삶도 수많은 사람들의 사랑과 가르침이 없었다면 훌륭한 삶이 되지 못하였을 것이다. 70세가 되면서 확신할 수 있는 것은 살아가면서 정직하고 성실하려는 노력을 게을리해서는 안 되며 매사에 균형감이 필요하고 타인에 대한 관용과 배려 없는 삶은 훌륭한 삶이 될 수 없겠다는 생각이다.

1973년 2월 의사자격증을 따고 세브란스병원에서 시작된 인턴생활 이후 1996년 4월 국회의원이 되고 2002년 초 전남 벌교에 사는 70대 후반의 안면경련증 환자를 수술한 것을 끝으로 의료를 끝낼 때까지의 삶의 궤적을 정리해 두고 싶어 이 글을 쓰게 되었다.

고교시절인 만 16세 6개월 되던 날 밤 가족들이 모두 잠든 시각 촛불을 켜 두고 인생의 반을 살았다는 것을 기념한 기억이 난다. 이유는 확실치 않으나 어느 계기에 33년이 나의 수명일 가능성이 있다고 생각하고 있었기 때문이다.

우스꽝스럽기도 하지만 조금은 엉뚱했나 보다.

어느 서양 철학자는 죽음을 앞두고 회상하면서 평생을 사하라 사막을 걸어가듯 죽음의 공포 속에 살았었다고 고백하였다. 돌이켜보면 나는 죽음에 대한 공포는 없었으나 신경외과 의사로서 뇌의 미세혈관 수술을 할 때마다 실패에 대한 공포는 이루 말할 수 없었다. 평소와 달리 뇌수술 전에는 꼭 기도를 하였다. "하느님 이 수술이 끝날 때까지 실수하지 않게 도와주소서." 그만큼 실수만 없으면 살릴 수 있다는 자만심이 있었기도 했지만 인간이므로 실수할까 두려움이 더 컸기 때문이었다.

고교시절 이후 하루를 살았다는 것은 하루를 죽었다는 것과 같다는 생각에 하루하루 열심히 생활하려고 노력한 기억도 난다. 학창시절에는 나름으로는 열심히 놀고 운동하고 공부하였다.

2001년 절연하였으나 고교를 졸업할 당시 담배(나의 삶에서 가장 후회하는 것이긴 하지만)를 피웠고 당구 70, 바둑 7급, 나름 만나는 여학생도 있었으니 영락없는 불량학생 축에 낀 편이 아닐까 한다.

다행히 술을 마실 줄 모르고 노래엔 음치인지라 완전 불량학생은 면한 듯하다. 놀 때는 확실하게 놀았으나 운동을 너무 좋아한 나머지 야구나 축구를 하며 학창시절을 보내었다. 공부할 때는 집중력을 다해 공부한다

• 책머리에

는 것이 평소 지론이었던 만큼 학교성적은 괜찮은 편이었다.

항상 정직하고 근면하라는 아버님의 가르침과 자상하게 챙겨주신 어머니의 사랑 속에서 정직과 성실을 다짐하면서 그렇지 못했을 때 스스로 괴로움 속에서 많은 자책으로 괴로워하기도 하였다.

의예과 시절엔 두세 시간 비를 맞으며 걷기도 할 정도로 낭만적이기도 하였고 삶에 대한 많은 사색을 즐기던 개똥철학자이기도 하였다.

아버님의 인도와 형님의 향도에 의해 의사가 되어 신경외과 전문의가 되었다. 당시 세계적인 신경외과 의사가 되겠다는 야심과 도시형 슈바이처가 되겠다는 두 가지의 열망이 있었다.

뜻하지 않은 운명처럼 국회의원이 되고 20년 간 정치인생을 국회의장이라는 막중한 직책을 끝으로 마무리하고 다시 봉생병원 의료원장의 자리로 돌아왔다.

돌아와 보니 중소 병원계는 미래가 보이지 않는 상황이었고 암담하였다. 그 이유는 병원의 의료진들이나 직원들이 불성실해서가 아니라 정부가 정한 터무니없이 낮은 의료수가와 잘못된 의료정책 탓이었다. 이 속에서 과연 생존이 가능할까 하는 두려움은 때로 분노가 되고 허탈감을 가져오기도 했다. 평생을 바쳐 일으켜 세운 봉생병원이 생존게임에서 살아남기 위해 무엇을 어떻게 해야 하나를 고민하고 있을 뿐이었다.

나의 삶을 지배해 온 신념들을 성어들로 표현하자면 진인사 대천명, 공수래 공수거, 사필귀정, 중용, 공도와 정명, 지불가만 등이었다.

우연은 신의 지문인 것이 확실하다.

우연히 일어난 일들이 아님이 분명한 이상 우연은 필연의 탈을 썼을 뿐 필연인 것이다.

1969년 부산진역 앞에 2층 양옥 기와집과 일 층짜리 기와집 서너 채로 구성된 봉생병원 입원실에서 연탄가스 중독으로 환자와 보호자 두 사람이 싸늘한 주검으로 변한 사건이 발생하였다. 그 두 사람은 나의 가까운 인척 분이었다.

49년이 지난 현재의 시점에서 이 사건 이후에 일어난 일들을 돌이켜보면 연탄을 난방용으로 사용하는 한 언제든지 일어날 수 있는 일산화탄소 중독사건이지만 현재의 봉생병원과 오늘의 나를 생각해 보면 운명적인 특별한 사건이 아닐 수 없다.

얘기인즉슨 이렇다.

하나는 이 사건으로 충격을 받은 김원묵 박사는 현대식 건물로 신축하는 계획을 세우게 된다. 일 년 반의 공사기간을 거쳐 1972년 완공된 연건평 1000평의 건물로 봉생신경외과병원이 탄생하게 되었다.

만일 1974년 불의의 사고로 타계하실 때까지 기와집으로 있었다면 봉생신경외과의원은 김원묵 박사와 운명을 같이 하였을 것이다.

또 하나는 입원 중 연탄가스로 사망한 두 분의 피해자 측 대표로 나의 선친께서 사태수습에 나섰고 원만히 사태가 수습된 후 혈혈단신으로 월남하셨던 김원묵 박사의 간곡한 청으로 의형제를 맺게 되었다, 이것이 5년 후 김원묵 박사의 무남독녀를 나의 아내로 맺게 되는 인연의 출발점이 된 것이다.

우연히 일어난 연탄가스 중독 사건이 나의 운명을 가르게 한 것이다.

사람들은 생로병사를 자연의 섭리로 받아들이면서도 정작 자신의 노화를 안타까워하는 성향이 있다. 철학자 앙리 아미엘은 어떻게 늙어 가야

• 책머리에

하는가를 아는 것이야말로 으뜸가는 지혜라 했다.

나는 65세를 지나고부터 건물을 지을 때 설계를 하듯이 노년을 어떻게 보내는 것이 인생의 대미를 의미 있게 장식하는 것일까 하고 많은 고민을 하였다.

프로이드가 말하듯 열심히 일하고 주어진 모든 것을 사랑하면서 노자의 무위자연의 법칙에 따르는 여생을 보내기로 결론을 내렸다.

19대 국회 후반기 국회의장을 끝으로 20년 정치인생을 마무리하면서 십 년 넘게 머리카락을 검게 염색하던 것을 그만두기로 했다. 흰 머리카락은 보기에 우선 노약해 보이나 내게는 오히려 노년의 여유와 부드러움이 보이는 것 같아 좋다.

막상 아득하게 보이던 고희라는 단어가 바로 나의 것이 되니 묘한 느낌이 드는 것은 어쩔 수 없나 보다.

앙리 아미엘은 "노년이 삶이라는 위대한 예술에서 가장 어려운 장이다"라고 했다.

그렇다. 나는 지금 삶의 가장 어려운 장에 와 있고 어떤 노년을 만들 것인지는 자신의 마음에 달려 있다는 것을 알고 있다.

평균수명이 많이 길어져서 고희라는 것도 별 것 아닌 양 살아가는 것이 추세이긴 하지만 언제 세상을 떠날지 모르므로 정치인 정의화가 아닌 신경외과 의사 정의화, 병원장 정의화에 대한 기록을 남기고 싶어졌다. 나름 누구보다 열심히 노력하여 신경외과 의사로서도 성공하였고, 존폐의 위기에 몰린 봉생병원을 약관 27세 때 포기하지 않고 일으켜 세워 당시 60명의 직원을 1200여 명으로 성장시킨 것을 별도로 정리해 두고 싶었다.

이 또한 부질없는 것임을 잘 알지만 훗날을 위한 기록이라 생각하고 욕심을 내어본다.

예컨대, 포은 할아버지의 기록이 없어 포은 할아버지에 대해 더욱 자세히 알고자 해도 새 왕조 조선에서 모든 기록들을 태웠기에 불가능하다. 최소한 훗날 후손들이 중시조(영일 정 씨의 포은공파의 자손으로 창공이라는 아호를 따서 창공공파를 만들 작정이다) 창공 정의화 할아버지를 이해하는 데 도움이 되리라 생각한다.

평소 대학에서 평생을 바친 분들이 정년퇴직 시에 제자들이 기념집을 만들어 주는 것이 부러웠었다.

삶의 기초가 된 신경외과 의사로서의 삶의 궤적에 대한 기록이 없는 것이 아쉽던 차에 대부분 기억들이 생생하게 살아 있는 지금이 적기라고 판단한 것이다. 기억력이 아직은 괜찮을 때 칠순기념 자서전을 직접 쓰기로 한 것이다.

또한 많은 앨범에 보관되어 있는 수많은 사진과 기록물들을 정리하면서 신경외과 의사로서나 병원장으로서 중요한 자료들을 함께 책에 수록하여 기록에 남기고 싶어졌다. 이 또한 부질없는 일인 줄 알면서도….

가족모임에서 처음 본 후 일 년 만에 이화여대 앞길에서 우연히 만나게 된 아버님 친구의 따님인 김남희 양을 아내로 맞은 것이 계기가 되어 신경외과를 택하게 되었다. 결혼 승낙을 받고 약혼을 한 후 2개월 후에 혼인신고를 했다. 그리고 불과 한 달 후, 병원장이셨던 장인어른께서 급작스럽게 타계하셨다. 봉생병원이 존폐의 기로에 서게 된 상황에서 하나뿐인 사위로서 병원경영을 책임지게 되었고, 22년 후 국회의원이 되기까지 가장으로서, 신경외과 의사로서 또 병원장으로서 1인 3역을 하게 되었으

• 책머리에

며 판단컨대 모두 기대 이상의 성과를 내었다.

　수신제가修身齊家 치국治國까지 성공하였다고 자랑스레 말하는 것은 오만이기보다 저세상에 계신 양가 부모님께 칭찬받고 싶어서이고, 교만이라기보다 시골 중학교 교사의 아들로 태어나 여기까지 오게 된 자신에 대한 긍지라고 스스로 격려하는 것이다.

　정의화는 겸손치 못 한 사람이라는 평판이 있을 수 있겠으나 이순이 훨씬 지난 나이에 괘념할 리가 없다. 19대 대통령 선거를 앞두고 주위에서는 대선 출마에 대해 관심을 많이 주었으나, 공자님의 '지불가만志不可滿'의 깊은 의미를 깨닫고 "여기까지이다", "사람은 물러설 때를 알아야 진정한 승리자가 된다"라고 마음을 정리하였다.

　이제 국회의장직을 끝으로 현실 정치를 떠난 지 2년이 조금 더 지났다.

　문재인 정부가 들어서고 나라는 걱정되는 구석이 한둘이 아니지만 관망하고 있다. 이제 정치는 후배들에게 넘기고 가족의 품으로 돌아가 손주들과 함께 많은 시간을 가지고 싶다.

　우리나라 선불교의 중흥조인 경허 스님께서 말년에 아이들 글공부를 가르치면서 삶을 정리하였듯이 민주시민교육과 이웃 약자들에게 도움 되는 일을 하면서 좋아하는 여행, 사진 촬영, 독서 등으로 세상을 떠날 순간을 기다리면서 평안한 삶을 누리려고 한다.

　주위에서는 "나라를 위해 큰일을 해야 한다", "국회의장까지 하신 분이 사회 원로로서의 역할도 해야 한다"고 조언을 주신다. 틀린 말은 아니나 그동안 최선을 다한 것으로 만족하고 그 직을 떠나면 다시 본래의 자리로 돌아가는 모습도 아름답다고 생각하였다.

특별한 행사가 아니면 넥타이 풀고, 청바지를 입고 지하철과 카카오 택시를 즐겨 타는 자유인으로 하루를 만끽한다.

원로니 큰일이니 하는 것조차 참으로 부질없는 말이라는 생각이 든다. 공도와 정명을 생명처럼 여기고 살아온 사람으로 끝까지 남고 싶고, 신경외과 의사와 정치인으로 살아오면서 인연을 맺은 분들의 존함을 이 책에 남기어 감사를 표하고도 싶다.

어머니께서 돌아가셨을 때 미래의 자손들 몫으로 20개의 사진첩을 만들었다. 거기에 나는 이렇게 썼다.

"예순이 넘는 나이가 되어서도 유달리 어머니 가슴에 안기고 싶었던 저는, 만날 수 없는 곳으로 떠난 어머니를 더 지켜드리지 못한 죄책감으로 깊은 슬픔에 잠깁니다.
- 중 략 -
그러나 상을 치르면서 중요한 사실을 깨닫게 되었습니다.
그것은 어머니께서 저희 가문을 지키는 수호신이 되기 위해 하늘나라로 떠날 시각이 되어 떠났다는 것을 깨닫게 된 것입니다.
2013년 9월 2일 14시에 87세의 일기로 떠난 어머니는 이제 저의 가슴 속에 영원한 사랑의 수호신이 되셨습니다."

나는 무엇을 위해 살아왔는가? 사실 딱히 무엇을 위해 살아야 겠다고 생각하고 계획하여 살아온 것은 아니다. 다만 그때그때 최선을 다하고

• 책머리에

스스로 자기계발과 함께 효와 인의예지를 바탕으로 한 인성을 다듬고 중요한 것일수록 강한 승부욕을 가졌다. 친구와 사귀는 것을 좋아하고 비교적 친화력이 강한 편이었다. 그렇게 살아가다 어느새 70을 넘기게 된 시점에서 무엇을 위해 살아왔는지 생각해 보면 가족의 행복과 가문의 융성, 가치를 중시하는 삶, 이 세 가지를 이루기 위해 살아왔다고 말할 수 있을 것 같다.

평생 나를 지배해 온 열정은 무엇일까?

나는 에너지가 많은 편이었다. 한 번에 최소한 두 가지 일을 벌이기를 좋아하였다. 선친께서는 "인간은 땀 흘려 일하기 위해 태어난 것이다"라고 말씀하셨다. 성실하고 열심히 살려는 의지가 강해서였지 않을까 한다. 무엇보다 사랑에 대한 강한 욕구 이를테면 부모 가족 친구들에 대한 사랑이 가슴 밑바닥에 깔려 있었고 성장해 가면서 전공분야에서 최고가 되려는 열망이 강했다. 국가사회와 어려운 이웃에 대한 연민, 지식에 대한 열정도 꽤나 있었던 것 같다.

의사로서 병원장으로서 정치인으로서 또 한 사람의 인간으로서 불공정하거나 부조리한 사회, 나의 정의감에 못 미치는 자신의 잘못들에 대한 자학적 징벌들과 마음의 고통, 또한 수술 중에 일어날 수 있는 실수에 대한 불안감, 태어난 이상 주어진 것을 충족시키고 죽어야 한다는 강박관념으로 쫓기듯 살아온 듯하다. 많은 사색과 독서를 통해 수많은 자기반성과 이치를 깨닫기 위한 노력을 하였으나 부족함이 이를 데 없다.

노년에 와서 스스로를 반성해 보면 본의 아니게 남에게 상처를 주기도 하였고 교만을 부리기도 하였다. 살아오면서 주변, 특히 가족들에게 보다 부드럽고 편안하게 해주지 못하여 미안한 마음이 많다. 여생 동안은 마음의 안정과 여유로움을 지니고 살았으면 한다.

  이 글을 쓰면서 오늘의 나를 키워주시고 가르침을 주셨던 어머님과 아버님, 정헌화 형님과 남용강 형수님, 아끼는 조카들, 무엇보다 사랑하는 아내와 든든한 세 아들과 예쁜 세 며느리, 손주 영교, 정교, 예교 그리고 임신 중인 셋째 며느리의 아기, 나에게 신경외과 의사로 가르침을 주셨던 국내외의 은사님들, 오늘의 봉생이 있기까지 도와주신 이채현, 심재홍, 김수휴, 이시래 선배님, 그리고 김중경 의무원장, 제영묘 전의무원장, 이상훈 의무이사, 동래봉생병원 구대영 병원장과 박화성 의무원장, 서상익 선생을 비롯한 양 병원의 모든 전 현 진료과장님들, 박경흠, 박용호 두 행정원장과 행정 식구들, 배현주, 박봉희 부장 등 간호리더들을 위시하여 모든 전 현 봉생인들에게 감사를 드린다.
  자료정리를 도와준 부속실 홍미원, 이영지 비서에게도 고마움을 전한다.

2018년 10월

권두언

멀리 보는 눈을 가진 사람

강 남 주
전 부경대학교 총장

　내가 아는 정의화 님은 원래 수많은 의사 가운데의 한 명이었다. 또 3백을 헤아리는 국회의원 가운데 한 명이기도 했다. 그렇지만 그는 결코 1/n에 해당되는 그저 그런 한 명은 아니었다.
　마흔 살 전후의 젊은 나이에 부산 문화의 미래를 먼저 내다보는 눈을 가진 1/n이었다. 그렇기에 모든 의사들 가운데 누구도 생각하지 않았던 미래의 부산을 문화적인 안목으로 멀리보고 생각했던 분이다. 당시 누구나 푸념처럼 입 밖으로 내뱉던 '문화 불모지 부산'에 스스로 푸른 풀을 심고 나무의 뿌리를 깊이 내리게 하겠다고 소매를 걷고 나선 분이다.
　젊은 신경외과 의사가 가당찮은 생각에 사로잡혀 있다고 느끼는 사람들도 주위에는 더러 있었다. 나도 그 가운데 한 사람이었다. 거기에다 그는 결정이 지나치게 빠른 결함을 가진 것 아니냐는 비판적 시각을 가진 사람도 없지는 않았다.
　그런 그가 어떻게 보면 걸맞지 않을 것도 같은 '봉생문화회'를 만들겠다고 결심했다. 성급한 결심 같았다. 그러나 그는 주저 없이 봉생문화회 창립을 결행했다. 1988년 서울올림픽이 개최될 무렵이 아니었던가 싶다. 주위에서는 고개를 갸웃하는 사람도 있었다. 그러나 그는 개의치 않았다. 거기에 다 한 발 더 나아가 '봉생문화상'까지 제정했다.

 '문화의 불모지 부산'에 드디어 풀씨를 뿌리고 나무를 심기 시작했다. 봉생문화상 시상이 그 출발이었다. 첫 시상은 1989년 12월 6일에 있었다. 내일의 부산문화 주역을 맡게 될 문화예술 전반과 언론분야에 이르기까지, 적임자를 찾아 시상은 해마다 거듭되었다. 성급한 결정이라고 생각했던 사람들은 첫 시상식 날 시상식과 함께 문화인 전체에게 베풀어진 격려와 위로의 만찬회에 대해서는 별다른 이론이 없었다. 감격했고 수긍했기 때문이었다.

 30년 가깝게 그는 이 일을 뚝심 있게 밀고 나갔다. 지금은 100명도 넘는 수상자들이 부산 문화의 주류를 이루며 곳곳에서 활동하고 있다. 이제 부산을 두고 '문화의 불모지'라고 푸념하는 사람은 거의 없다. 미래를 먼저 보는 눈이 일구어낸 부산 문화의 변화이며, 부산문화의 미래를 바라본 그의 혜안의 푸른 들판, 거기서 정정하게 가지를 뻗고 있는 나무들의 열매가 결코 작지 않았기 때문이다. 그는 그래서 결코 1/n의 의사만은 아니었다.

권두언

　부산의 자성대 근처에는 '영가대'라는 조선시대 정자를 닮은 건물이 있다. 해운대 쪽에서 시내로 나오면 누구나 볼 수 있는 길가의 오른쪽에 있는 건물이다. 이 건물이 2001년 쯤이었던가, 그가 국회 예산결산위원이었을 때 부산의 역사문화를 한층 높은 단위로 끌어올리기 위해 어렵게 정부로부터 예산을 마련해 지은 건물이다.

　영가대는 임진왜란 이후 한일관계의 정상화와 평화유지, 문화교류를 위하여 조선통신사가 일본을 향해 부산을 떠날 때 해신제를 지낸 곳이다. 해신제란 조선통신사가 험한 바다를 건널 때 사고가 없기를 바다의 신에게 기원하는 제사다.

　국회의원인 그가 어떻게 그런 예산이 필요하다는 것을 공감하고 예산확보를 결심했던 것일까. 물론 그는 역사의 전문가는 아니었으니까 영가대의 중요성을 몰랐을 수도 있다. 그러나 국회의원으로서의 국제관계에 대한 그의 판단은 앞서가는 데가 있었고, 결정 역시 앞서갔던 것이다. 한일관계의 미래를 중요시하는 눈을 가지고 있었던 때문이 아닌가 생각한다.

　그래서 국가의 미래와 역사를 바로 이해하려고 노력했던 그를 우리는 1/n의 국회의원은 아니었다고 봤던 것이다. 우리가 이 나라에서 살고 있는 한 이웃나라 일본과 마냥 토닥거리며 살 수 없다고 생각했던 그는, 이후 한일관계 개선을 위해 한일의원연맹 의원으로서 여러가지 활약을 했다. 일본의 고위직 국회의원들과 친분관계가 두터운 것도 그런 결과였다.

　이런 사실을 나는 분명하게 알고 있다. 벌써 15년쯤 전 나가사키에서 있었던 의원교류 행사 자리에 나는 조선통신사 문화사업과 관련된 민간인으로서 참석을 했고, 그 뒤에도 여러 번 일본에서 그런 장면을 목격했었기 때문이다.

　그가 국가 의전서열 두 번째인 국회의장이 된 뒤의 공적인 움직임은 낱낱

이 보도를 통해 공개되었다. 그 수많은 일들에 대하여 나는 자세한 배경도, 내용도 알 수가 없기에 이 자리에서는 언급을 할 수도 없다.

그러나 그는 분명히 남다른 데가 있었다. 그는 진작부터 사진에 능했다. 글쓰기도 좋아했다. 그것은 부산대학신문 편집국장을 거쳤던 나로서 그가 대학신문에 간혹 글을 썼고 사진을 실었던 것을 보아왔기 때문이다.

부산 수정동 중앙초등학교 뒤쪽에서 그가 이웃으로 살고 있을 때였다. 대학생이었던 나는 초등학생인 한약방 아들이 공부를 잘한다는 소문을 듣고 어머니가 나에게 전해준 일이 있었음을 기억한다. 그가 명문 부산고등학교에 입학했을 때도 동네 사람들의 선망을 독차지했던 일이 있다. 의대에 합격했을 때는 더욱 그랬다.

그랬던 그가 사진이나 찍고 돌아다닌다니, 걱정을 했었다. 그러나 나의 걱정을 비웃듯 그는 거침없이 당시 한참 인기가 있었고 되기도 힘들었던 신경외과 의사가 되었다. 당시만 해도 쉽지 않았던 외국에서의 연수과정도 거쳤다. 두뇌가 예스럽지 않겠거니 생각만 했는데, 그는 뒷날 대한민국 넘버 투 맨의 자리에 앉은 것이다.

그는 인간으로서도 자상했다. 얼마 전 봉생문화상 시상식에서 격려사를 끝내고 단상에서 내려왔을 때의 일이었다. 달려온 손자를 안고 귀엽고 좋아서 어쩔 줄 몰라 했던 인간적인 그의 옆모습이 지금도 나에게는 스틸 사진 한 장처럼 기억에 생생하다. 그 모습은 지체 높은 분이 아니라, 다정한 할아버지의 넉넉한 개인적 풍모였다.

미래를 향하여 눈을 껌벅거리는 그는 만년을 맞으면서도 또 무슨 일을 저지를지 궁금하다. 아마도 미래를 먼저 보는 눈으로 무엇인가 새롭고 가치로운 일을 찾아내고 결행을 하고야 말 것이 아닌가 하는 예감이 꿈틀거린다.

목 차

6 　책머리에

권두언
16 　멀리 보는 눈을 가진 사람 _ 강남주 (전 부경대학교 총장)

1부_우연은 신의 지문이다

25 　우연은 신의 지문이다
40 　예수님과의 만남
45 　수련기간의 네 가지 시련: 요추 디스크와 간염, 장티푸스 그리고 장인의 죽음
50 　혼인 신고와 병원의 운명
56 　S모 변호사의 간계과 음모
58 　국세청에 고발하겠다
64 　아름다운 복수를 할 것이다
72 　죽음으로 시작된 인연은 죽음으로 숙명이 되다
77 　김수휴 교수께 병원을 맡기고 미국으로 떠나다
82 　국제학회에서 안면경련증 수술례 발표하다
87 　의사 이상훈과 인연 맺다
91 　신경외과 의사로서 마지막 수술은 천사 할머니였다
99 　13개월의 뉴욕생활이 역사를 만들다
111 　제1회 봉생 추모 국제학술회를 개최하다

119 NYU 신경외과 임상 펠로우 시간들
134 찰스 드레크 교수와 야사길 교수께 연수하다
143 로마린다 대학의 조지 오스틴 교수의 도움을 받다
147 돈 버는 병원 만들려고 미국에서 공부한 것 아닙니다
154 김수휴 선생은 대인이셨다
160 김원묵기념 봉생병원 탄생하다
166 또 하나의 숙명, 동래봉생병원
173 파열성 뇌동맥류 수술 년 100례 돌파하다
176 뇌동정맥 기형 수술이 최고기록 만들다
182 이러다가 순직할 수도 있겠구나
191 시대의 아픔을 함께하다
205 신장이식 수술과 뇌척추 연구소 출범하다
214 의료사고 배상에 정부도 일정부분 책임져야 한다
230 주여… 주여… 주님을 10번 찾다
238 후기

257 2부_정의화의 시선

1부

우연은 신의 지문이다

우연은 신의 지문이다

"닥터 정을 사위로 맞은 것이 얼마나 다행한 일인지 모르겠다. 참으로 고맙다, 내가 살아오면서 형제들에게서 받은 도움은 몇 배로 다 갚았다. 누가 뭐래도 신경 쓸 것 없다."

오랜 기간 심한 당뇨병으로 투병 중이긴 하였지만 그날따라 굉장히 피곤해 보였다.

결혼한 지 15년 만에 처음 장모님의 칭찬을 들은 나는 그것이 유언이며 최후의 만찬이 될 줄 모른 채 듣고 있었다. 그날은 1989년 4월 30일이었다. 다음날 심장이 정지되었다.

그해 4월 한 달 동안 봉생병원은 시대의 아픔을 함께 하고 있었다. 부산 교육대생 이 모 양이 데모 중 넘어져 뇌를 심하게 다쳐 중환자실에 입원하였는데 운동권 학생들의 주장은 달랐다. 경찰이 방패로 찍는 것을 봤다고 하는 것이었다. 환자의 병력과 모든 소견이 최루탄을 피해 도망치다 넘어진 것이 확연했으나 사실 여부와 관계없었다. 중환자실이 있는 2층은 운동권 학생들로 쑥대밭이 되어 있었다. 중앙대로변의 병원 벽에는 온통 대자보를 덕지덕지 붙어 지나는 사람들은 당시 유행하던 노조파업이 일어난 줄 알았다고 할 정도였다.

갑자기 주치의인 내가 상주가 되어 더 이상 치료를 담당할 수 없음을 말씀드리고 보호자를 설득하여 한밤중에 부산대학병원으로 은밀히 옮겼다.

1974년 불의의 사고로 김원묵 박사께서 참변을 당하신 후 15년 간 장모님과는 병원의 리노베이션과 신축, 1990년 개원한 동래봉생병원의 설립 문제 등으로 갈등 아닌 갈등이 심하였다. 극심한 당뇨병 후유증으로 인공신장기의 신세를 지고 계셨을 뿐 아니라 병원의 맨 위 7층 내실에서 생활하고 계셨던 장모님께서는 사위란 사람이 미국에서 공부 끝내고 돌아온 후 병원을 지속적으로 개조하는 게 부담이 크신 모양이었다. 급기야는 종합병원으로 키운다고 병원을 확장하기도 하니 신체적 정신적 부담이 적지 않은 것은 불문가지였다. 지금 돌이켜 생각해 보면 환자와 병원에 대한 젊은 혈기만 왕성하였지 어른에 대한 배려가 부족했던 것이 후회된다. 심장마비가 오기 전날에 해주신 덕담 한 마디로써 모든 나의 행위를 용서해 주셨던 것이다.

나는 장모님을 추억하면 조선시대의 소설 〈박씨전〉의 박 씨가 떠오른다. 박 씨는 비록 미모는 내세울 게 없어도 뛰어난 두뇌를 가진 초인적 여성이었지 않은가? 석신덕 장모님도 뛰어난 순발력과 예지능력, 그리고 잔 인정이 많았던 분이다.

세브란스병원의 정형외과를 할 생각으로 인턴을 하고 있던 내가 결혼을 허락받고 며칠 후 은근히 "닥터 정, 기왕이면 신경외과를 하는 게 어떻겠냐"고 하신 것이 계기가 되어 전공과목 선택을 심각하게 고민하게 되었고 결국 신경외과로 전공을 바꾸게 된 것이다. 한마디로 장모님께서 봉생신경외과의 미래를 생각하시어 나를 신경외과 의사로 만든 것이다.

의대 졸업을 얼마 앞둔 때에 서울 세브란스병원 신경외과에서 레지던트로 수련 중이던 형님의 전화가 왔다.

"네가 공부는 잘했지만 미국을 가더라도 인턴을 끝내고 가는 것이 좋을 것이다. 세브란스에 인턴 자리 하나 확보할 테니 그리 하여라."

당시 나는 허리가 아프긴 해도 졸업과 동시에 군의관으로 복무하고 미국으로 유학가는 것을 심각하게 고려하고 있던 중이었다. 부모님께서도 미국에 가는 것에 썩 동의하지 않는 상황이었고 무엇보다 이론만 배웠지 실무 경험이 전혀 없는 병아리 의사이므로 인턴을 수료하고 입대하는 것도 좋겠다는 결론에 도달하였다. 무엇보다 꼭 미국에 가서 수련해야 겠다는 의지가 그렇게 강렬하지는 않았던 것이 결정적이었다.

형님은 임상병리 몫의 인턴 자리에 신청한 사람이 없다는 것을 알고 임상병리 교수님에게 동생이 임상병리를 하고 싶어 하니 허락해 달라고 간청하였던 것이다. 내가 그 교수님을 만났을 때 느낌은 그것이 거짓말임을 알고 있는 듯하였다. 동생을 아끼는 형님의 마음 쓰임새를 느끼게 해 준 대목이었다. 나는 서교동 홍익대 앞에 있는 형님 아파트에 짐을 풀고 인턴 생활을 시작하였다. 나의 의사 생활에 1973년 1년 간의 인턴 생활이 의사로서의 기본을 쌓게 만들고 인생의 항로를 완전히 바꾸어 놓는 결정적인 한 해가 될 줄은 꿈에도 생각지 못한 일이다.

첫째는 당시 세브란스병원의 각 과별 젊은 교수님들의 수준이 대단하였다. 대부분 미국에서 일정기간 공부하고 오셔서 열정적으로 일하는 모습을 보고 배우는 것이 의사로서 첫 단추를 꿰는 데 엄청난 영향을 주었다. 부산대학병원에서는 느끼지 못한 것들이었다. 학문에 대한 열정으로 눈이 반짝였던 의학자의 진료 모습은 참으로 매력적이고 닮고 싶은 모습이었다. 그리고 또 하나 나의 아내를 만나게 되고 그것이 신경외과를 선택하게 되는 계기가 되었다.

그렇지만 운명의 여신은 나로 하여금 크나큰 시련을 겪게 했다. 혼인신고를 한 후 정확하게 한 달 뒤 일어난 빌딩 화재사건으로 장인이 돌아가신 것이다. 장인의 참변은 내 인생에 가장 큰 대반전을 일으킨 결정적 순간이 되었다. 훗날 큰일을 맡기기 위해 뼈를 깎는 아픔을 주신 것일까. 내 삶 가운데 가장 겪기 어려운 시련과 고난들이 기다리고 있었다. 돌이켜보면 이 사건이 나의 일생을 바꾸는 결정적 순간이 되었던 것만은 분명하다.

나는 이 모든 것을 우연이라고 생각지 않는다. 내게 운명적으로 예정되어 있던 우연의 탈을 쓴 필연들이라고 생각한다. 그 후 1996년 국회의원이 되고 2014년에 대한민국 국회의장이 되는 것이 모두 예정되어 있었다고 믿고 있다. 박근혜 대통령의 임기 동안 대의민주주의를 지키라는 지상의 명령처럼 적시에 국회의장의 자리에 있게 한 것이 더욱 그렇다.

역사에 가정이 없지만 의과대학을 졸업한 후 바로 군에 입대하였다면 나의 아내를 이화여대 앞에서 우연히 만나는 장면도 없었을 것이다. 전공과목도 정형외과였을 것이다. 그리고 여느 선배들처럼 미국에서 의사생활을 하고 있을지도 모를 일이다.

창원군 소재 웅동중학교 교장이셨던 아버지가 1955년에 부산 중구에 있는 건국중학교 교장에 부임하게 되어 우리 가족은 이사를 해야 했다. 10여 년을 한결같이 후학을 키우는 일에 전념해 온 아버지였다. 그런 아버지가 고민 끝에 이사를 결정한 것은 전적으로 우리 사 남매의 교육을 위해서였다. 아버지는 진해로 갈 것인가 부산으로 갈 것인가를 고민 중이었는데 어머니가 기왕이면 큰 도회지로 가야 한다고 주장해서 부산으로 나오게 되었다고 한다.

부모님은 부산시 동구 수정1동과 초량3동의 경계지점으로 성분도병원 건너편에 집을 마련하셨다. 아버지의 직장인 건국중학교는 중구에 있는데 왜 하필 걸어서 30분 거리나 되는 동구에 집을 정하셨는지 알 수가 없는 일이다. 후일 아버지께 이유를 여쭤보았더니 초중고가 근처에 있고 마침 우리 가족 살기에 적당한 집이 있어서였다고 하셨다. 우연이었다는 말씀이었다.

중구에 직장이 있지만 중구에 집을 구하지 않고 동구에 집을 마련했던 그 우연한 선택이 무엇을 말하는 것인지가 40년이 지나 내가 국회의원 선거에 첫 출마를 하던 1996년에 어느 정도 풀렸다. 중구와 동구가 하나의 지역구로 통합이 되었던 것이다. 우연치고는 참으로 신기한 우연 아닌가. 중구와 동구 양쪽 모두 기반이 있다는 것은 국회의원 총선거를 거쳐서 정치 입문을 하는 내게는 크나큰 힘이 되었다. 아니나 다를까, 정치 초년생이지만 나는 중구와 동구 양쪽에서 골고루 표를 얻어 당선되었다. 아버지는 우연이었지만 40년 후에 내가 당선된 것을 보면 수정동 집과의 인연은 우연이 아니라 필연이었던 것 같다. 당시 중구에 집을 구했다면 국회의원 당선은커녕 공천받기도 어려웠을 것이다.

의사 정의화로서의 지난 세월을 정리하기 위해 집필을 시작한 후 출생에서 오늘에 이르는 수많은 일들이 우연이 아니었음을 나는 강하게 깨닫고 있다. 살면서 일어난 수많은 사건들에 걱정으로 애간장을 태운 일들도 다 이유가 있어 일어난 것임을 알게 되면서 나는 마음의 위안을 받기도 했다.

특히나 부모님께서 세상을 떠나신 후에는 더 이상 슬플 일도 없어졌다.

나의 유일한 가형인 헌화 형이 영면한 것은 2008년 1월 6일 새벽이었다. 갑자기 돌아간 형으로 인해 망연자실했다. 형을 보낸 내가 그럴진대 자식을 앞세운 부모님의 심정은 어떠했겠는가. 형이 저 세상으로 간지 1년이 좀 지나서 둘째 아들인 내가 붙잡아도 뿌리치고 아버지께서는 큰 아들 곁으로 가셨다. 형님과 아버님이 세상을 떠나자 나는 집안의 책임을 모두 떠맡게 되어 책임이 무거웠다. 아래 글은 그런 내 마음을 담아 아버지 영전에 올린 편지이다.

사랑하고 존경하는 아버님을 추모하면서…

아버님께서 지난 2월 2일 오후 4시 45분 '김원묵기념 봉생병원' 3층 중환자실에서 88세의 일기로 세상을 떠나셨습니다.

경남 김해군 대동군 가락면 대저리, 지금의 부산 강서구 대저초등학교 앞에서 음력 1922년 5월 24일에 태어나신 昀(빛날 윤) 자, 灝(넓을 호) 자 아버님께서 별세하신 것입니다.

애통하고 비통한 마음 가눌 길 없으나 인명(人命)은 재천(在天)이니 어찌할 수가 없습니다.

온몸을 태우고 마지막 순간까지 가물가물거리다가 고요히 꺼지는 촛불처럼 아버님은 모든 육신의 에너지를 소진하시고 조용히 세상을 하직하셨습니다.

2월 임시국회 개회식을 앞둔 시간에 갑자기 상태가 악화되어 "오늘을 넘기기 어렵겠다"는 형수님의 전화를 받고 오후 3시 비행기 편으로 부산으로 내려가 약 30분 간 아버님의 임종을 지킬 수 있었던 것은 하늘과 조상님의 도움이 아닐 수 없었습니다.

아버님의 운명(殞命)은 옛 어른의 말씀처럼 하늘이 무너지고 땅이 꺼지는 듯한 충격이었습니다. 수년간 뇌졸중으로 와병 중이면서도 조금씩 거동하시던 아버님께서는 백혈병으로 투병하던 형님이 1년 전 이맘때 먼저 세상을 떠나자 그 소식에 크게 낙담하신 듯 그 후 1년 간 서서히 기력이 쇠잔해지시고 간간이 치매증상도 보이시다 최근에 병세가 악화되었습니다. 당시 형님 별세 소식에 "알았다"라고만 말씀하셨지만 얼마나 마음이 아프고 낙담하셨겠습니까.

그러다 지난 음력 설날 이틀 전에 심장마비로 갑자기 위독한 상태에 빠지셨습니다. 당시 주치의의 적절한 응급조치로 다시 심장의 기능이 돌아오고 호흡이 돌아와서 얼마나 기뻤던지…. 하지만 채 열흘을 더 버텨주시지 못하고 끝내 눈을 감으신 것입니다.

아버님은 양산군수를 제수받고 부임 직후의 단발령에 반발하셔서 자리를 던지고 낙향하셨다는 한학자 정(鄭) 순(純) 자, 용(鎔) 자 할아버지와 황 금 자, 남 자 할머니의 막내아들로 일본에 나라를 빼앗긴 후 12년이 지난 어려운 시기에 태어나셔서 2차 세계대전과 한국전쟁 등 숱한 역경을 헤쳐 오셨습니다. 그럼에도 지난해 당신의 큰아들을 먼저 보낸 것 외에는 그런대로 순탄하게 살아오신 편이라고 생각됩니다. 하늘과 조상님의 은덕이 아닐 수 없습니다.

낙동강의 대홍수로 김해군 대동면 주중리에 잠시 거주하셨던 아버님은 만 8세가 되던 해 부모님을 따라 고향 김해를 떠나 일본 동경으로 이주하시고, 그곳에서 한의사로 생활하셨던 할아버님의 조수 역할을 하시면서 야간 고등학교를 졸업하시고 동경의 중앙대학 법학전문대학 야간부에 입학해 주경야독을 하셨습니다. 1943년 전 과목 갑이라는 최고점수로 졸업하시고 동경 지방법원의 서기로 일하시는 중 고시전형에 합격한 후 조국이 해방된 1945년, 그해 10월 초까지 동경 지방검찰청에서 검사시보로 근무하셨습니다.

해방이 되자 일본 감옥에 수감 중인 박열 열사 등 아나키스트들의 구명 활동을 함께 하시면서 알게 된 김상돈 전 서울시장이 "독립한 조국에 자네 같이 법을 공부한 청년이 꼭 필요하다"는 말씀을 듣고 1945년 10월 귀국 하셨다고 하셨습니다.

귀국 후 마포형무소 소장직을 잠시 하신 후 교육입국의 일념으로 어머님 고향인 경남 창원군 웅동면 소사리에서 야학교를 만들어 아이들을 가르치

아버님께서는 중등공민학교시절 도덕과 영어 선생님으로 재직하여 후학을 가르치시고 웅동중학교로 개교하자 초대 교장으로 취임하셨다.
(사진 속 중앙: 장영실 선생은 교장이 아니라 웅동학숙 이사장이시다)

다가 1950년 경 웅동중학교를 정식으로 설립, 초대 교장을 맡아 도덕, 윤리, 영어 등을 가르치셨습니다.

1955년 여름엔 부산의 중구 영주동 소재 건국중학교 교장으로 전근하셨습니다.

부산에서 6년 여 더 교편을 잡고 계시다 이승만 정권 말기 교육계의 부패에 환멸을 느끼시고 사표를 던졌습니다. 그 후 약 2년 간 할아버님이 남기신 처방전과 한의학 자료를 토대로 독학하여 한약종상(한의사제도가 자리 잡기 전 한의사의 역할) 자격을 취득, 이후 부산시 동구 수정1동 374번지 현재의 본가에 한약업을 개업하셨습니다.

아버님은 당신의 삶을 온전히 자식들의 뒷바라지에 바치신 분이셨습니다. 중학 2학년인 저를 경기도 용인의 포은 정몽주 할아버님 산소에 참배케 했고 경북 영일면의 영일 정씨 시조인 형양공 정 습 자 명 자 할아버님의 재실인 남성재를 참배케 해 가문과 조상의 중요성을 새삼 일깨워주시기도 했습니다.

중학교 2학년 때 2층집을 새로 지어 2층에 4명의 자식 공부를 위한 4개의 방을 만들어 각 방에 문패를 붙인 뒤 생활하게 해주셔서 우리 자녀들이 건전한 상식과 교양을 지닌 사회의 동량(棟梁)으로 우뚝 서도록 만들어 주셨습니다.

법대나 정치과로 가겠다는 저를 설득해 의과대학으로 방향을 전환시켜 세계적 의사가 될 수 있는 길을 열어주셨습니다. 아울러 당신과 의형제를 맺은 봉생신경외과 원장이신 김원묵 박사의 무남독녀 따님과 결혼하도록 허락해 오늘의 행복한 가정을 이룰 수 있도록 하셨습니다.

또 "내 눈에 흙 들어가기 전에는 정치의 정(政)자도 꺼내지 말라"고 하셨지만 정작 제가 1996년 15대 국회의원 총선거에 부산 중동구의 후보로 출마하겠다고 하자, 기꺼이 허락해 주시고 당선을 위해서도 최선을 다해 주셨습니다. 당시 "국가와 민족, 특히 가난한 서민과 약자를 위해 노력하는 정치인이 되라"고 당부하셨던 아버님의 말씀은 제 정치적 좌우명이 되었습니다.

이처럼 아버님과 같이 훌륭하신 분의 자식으로 태어나 훌륭한 가르침을 받을 수 있었던 것은 하늘에 감사한 일이 아닐 수 없습니다. 비록 천수를 누리셨다고 하나 아버님이 돌아가시고 막상 상주가 되니 슬픔은 정말 감당키 어려웠습니다.

그래도 이런 아픔을 이길 수 있었던 것은 아버님이 가시는 길에 진심으로 애도 해주신 수많은 분들의 격려 덕택이었습니다. 앞으로 살아가면서 이 모든 빚을 충실히 갚아가야 할 것이라고 다짐합니다.

아버님, 저희들에게 가문의 모든 일을 맡기시고 부디 편히 영면하소서….

누군가가 "당신은 다시 태어나 직업을 선택한다면?"하고 묻는다면 뭐라고 답할까 생각해 본 적이 있다.

다시 태어날 리는 없겠지만 나의 답은 신경외과 의사라고 대답할 듯하다. 자신의 생명조차도 지키기 힘든 현대사회에서 환자의 생명을 지켜내야 하는 숙명의 신경외과 의사. 고행의 길이 신경외과 의사가 걸어가야 할 길이다. 그럼에도 불구하고 생명을 갉아먹는 것들과 처절한 싸움을 해야 하는 신경외과의 길을 선택하겠다니 스스로도 이해하기가 어렵다.

왜일까?

신경외과의 길은 내겐 운명이기 때문이다.

미국에서 공부할 때인 1980년 신년 초에 발표된 직업별 평균 수명 통계를 지금도 선명히 기억한다. 그것은 의사가 가장 짧고 그 중에서도 신경외과와 마취과 의사가 제일 짧다는 것이었다.

미국은 신경외과 등 외과계의 수술비나 각 과의 진료비가 우리보다 무려 10-20배나 더 비싸고, 의사 한 사람 당 환자 진료 숫자도 월등하게 적은데도 불구하고 직종별 수명이 가장 짧다니 얼마나 긴장도가 높은 직업인지 증명되지 않는가. 그 신경외과를 운명이 아니고서야 다시 택할 리가 없다.

신경외과는 중추신경계에 수술적 병소를 외과적 방법으로 제거하는 것을 주로 한다. 중추신경계는 뇌와 척수를 말한다.

신경외과 의사는 많으나 뇌수술을 하는 의사는 점차 사라져가고 척추질환에 올인하는 의사가 늘어나고 있다. 엄밀히 말하면 척추분야는 신경외과 영역을 벗어난다고 할 수도 있겠지만 척추외과가 별도로 없으므로 신경외과 의사 또는 정형외과 의사들이 시술이나 수술을 해오고 있다. 지난 수십 년 간 척추 특히 소위 디스크와 요추강 협착증에 대한 시술이나 수술이 크게 늘어나고 있다. 이것은 의사들이 수술적응증(Indication)을 넓게 잡은 탓이 크다. 뿐만 아니라 수술의 난이도가 낮고 위험성이 적을 뿐 아니라 비급여 시술을 유도하기 쉬워 수익성을 배가할 수 있는 탓이라고 분석해 본다.

누구나 평생 한 번 이상 허리가 아프지 않은 사람은 없다. 요통 환자의 10%가 입원치료를 필요로 하고 그중 10%가 시술 또는 수술을 요하는 것이 일반적 상식이나 요통 환자를 수익을 올리는 봉으로 보는 경우가 비일비재하게 생기고 있어 안타깝기 그지없다. 특히 뇌수술에 대해서는 저렴한 수가와 높은 난이도에 생명과 직결되는 상당한 위험성으로 기피현상이 나타나고 있는 것은 어쩌면 당연한 현상이다.

수십 년 간 진행되고 있는 터무니없이 낮은 건보 수가로 인한 의료의 왜곡현상의 하나가 뇌수술 기피현상이기도 하다. 3D업을 피하는 세태와도 무관치 않다고 생각되므로 현실적으로 뇌수술비를 현저히 높이고 의료사고 시 법적 보상금에 대해 상한제를 도입하는 것이 절실하나 모두가 외면하고 있는 것이 현실이다. 이대로 방치하면 앞으로 뇌수술을 제대로 할 수 있는 신경외과 의사의 품귀로 위급을 요하는 뇌혈관 질환이 생긴 환자들이 골든 시기를 놓치는 심각한 사태가 도래하게 될 것이다.

외부적 요인으로는 1998년 전 국민 건강보험으로 지역조합과 직장조합이 통합된 후 잘못된 의료정책들과 저수가정책, 외과계에 대한 법적 정책적 배려 부족 등이 누적되면서 의료계의 각 분야 중에서도 특히 신경외과 분야는 최악의 위기에 봉착하고 있다. 그러므로 자연히 인간의 뇌와 척수라는 중추신경계를 다루는 신경외과 의사가 가져야 하는 높은 이상과 가치도 점차 발붙일 곳을 잃어가고 있다. 내부적 요인으로는 신경외과 의사가 필히 가져야 하는 천직이라는 소명 의식도 윤리 의식도 점차 스러져가고 있다. 사회가 물질에 모든 가치를 두는 천박한 사회로 변질되고 있으니 함께 휩쓸리는 것은 당연한 이치이나 자멸의 길인 듯 보여 불안하기 짝이 없다.

과연 막을 수 있을까? 회의적이다. 정부가 과거처럼 관료주의에 젖어 있고 정부 1.0의 틀에서 벗어나지 못하는 한 기대는 어렵다.

나는 김원묵 박사께서 대한민국 신경외과 학회가 태동할 때 군진 신경외과학 대표로 8인 창립 멤버의 한 사람이었으며 봉생병원은 가장 역사가 긴 최초의 신경외과 전문병원이었다. 그런 점에서 봉생병원의 유산을 소중하고 자랑스럽게 생각하고 있으며 만난을 무릅쓰고 봉생을 지켜내야 한다는 신념이 있다. 나의 이 신념에 대해 하늘은 결코 무심치 않을 것임을 확신한다.

1973년 8월에 결혼을 전제로 만나는 것을 승낙 받은 후 훗날 빙모님이 되는 봉생신경외과 병원장 사모님이셨던 석신덕 여사님께서 "닥터 정, 기왕이면 신경외과를 하는 게 어때?"하고 말씀하셨다. 아마도 사위가 된다면 신경외과를 해야 봉생신경외과병원을 계승할 수 있겠다고 판단하신 듯하다.

세브란스병원에서 신경외과 인턴으로 한 달간 근무하면서 신경외과는 응급환자가 많아 우선 밤에 잠을 제대로 잘 수 없어 육체적으로 굉장히 힘든 전공과목임을 알게 된 지라 고민을 하게 되었다.

당시 형님이신 정헌화 선생께서 3년 선배로 신경외과를 수련 중이라 앞으로 언젠가 전문의사가 되어 형님과 같이 일하게 되면 최소한 이틀에 한 번은 제대로 잠잘 수 있겠구나 하는 생각이 들기도 했다.

형님과 함께, 언젠가는 가문의 병원을 세울 것이라는 생각으로 정형외과를 선택하고 연세대 세브란스병원에서 인턴을 시작했다. 그러나 아내와의 만남이 운명을 송두리째 바꾸어 놓았고 결국 신경외과를 선택하게 되었다.

부산대학교 의과대학에 다니던 나는 의예과 2학년 말 경에 고3 때부터 연정을 가지고 있던 여학생에게서 버림 아닌 버림을 받았다. 그 후 약 4년여 동안 정신적 충격에서 벗어나지를 못하였다. 그 후에는 어떤 여성에게도 마음이 가지 않았고 이러다가 영원히 결혼을 못하는 것 아닐까 하는 생각마저 들 정도였다.

그러던 1972년 9월 초 어느 날 아버님께서 친구이신 김원묵 박사님 따님이 미국대학으로 가게 된 것을 축하하기 위해 가족들을 만찬에 초대하였다. 남가주대학에 갓 입학한 김남희 양을 본 순간, 순수하고 앳된 여성에 대한 호감이 생겼다. 백합꽃이 연상되는 맑고 착한 여학생의 이미지였다. 실로 4년 만에 갖는 여성에 대한 감정의 작은 불꽃이었다. 이런 게 운명일까?

해운대 (구) 극동호텔 중식당 만찬초대에서 운명의 여인을 만나다
-1972년 9월

세브란스병원에서 인턴으로 의사 수련을 받던 어느 토요일 점심시간, 이화여대 앞에서 우연히 김남희 양을 만났다. 이 만남은 특별하였다. 왜냐하면 만나기 불과 3-4분 전 이대 앞 육교 위에서 나에게 버림을 주었던 이 모양과 5년 만에 조우하게 되는 영화에서나 볼 수 있는 순간이 있었다. 지금 생각해 봐도 과거를 정리하고 새로운 만남을 시작하게 해 준 창조주의 조화

인 듯하다.

 이날은 양가 가족 만찬 후 10개월쯤 지난 때였다. 이비인후과에서 인턴 근무를 끝내고 이화여대 다니던 재일교포 친척 여동생에게 점심을 사 주려고 이화여대 정문 앞 파리다방으로 가던 중 우연히 마주치게 된 것이다. 그 만남이 인생의 진로를 바꾸는 순간이었다.

 어느 철학자가 말한 '우연은 신의 지문'이라는 말이 딱 들어맞는 순간이었다.

 남가주대학 상대 경영과를 다니던 그녀는 교양과목 이수를 위해 여름방학 동안 이화여대 썸머 스쿨을 다니고 있었고 친구들과 점심을 먹으러 가다가 운명처럼 마주치게 된 것이다.

 훗날 빙장어른이 되실 김원묵 원장(고 김원묵 박사: 부산 육군병원장으로 군의관 대령 예편, 신경외과학회 창립 멤버이시며 학회장도 역임한 바 있다. 1974년 11월 2일 청량리 대왕코너 빌딩 화재로 타계)께서 신경외과를 할 의향이 있다는 얘기를 들으시고는 당시 가톨릭의대 신경외과 주임교수이셨던 송진언 교수님(미국 NYU 대학병원에서 신경외과 전문의 자격을 획득, 대한 신경외과 창립 멤버. 2016년 타계)께 직접 전공의 레지던트 자리를 줄 수 있는지 부탁 전화를 하셨다. 이미 시기적으로 전공의 예정자가 다 정해져 있는 때였으므로 간단치 않았다.

예수님과의 만남

마침 세브란스 신경외과 주임교수이셨던 이헌재 선생님(미국 미시건대학에서 신경외과 전문의를 획득하였고 대한신경외과학회 창립멤버로서 1981년 3월 타계하셨다)께서 절친이셨던 빙장어른의 특별한 부탁으로 전주 예수병원의 신경외과 전공의 자리를 살려서 받아주기로 선처해 주셨다.

전주 예수병원에서 신경외과 자리를 할애해 준 것은 나의 인생에서 네 가지의 큰 의미가 있는 사건이다.

첫째, 이헌재 교수님의 제자가 되면서 세브란스 신경외과 교실의 일원이 되고 신경외과 전문의가 될 수 있었다.

둘째, 난생 처음 전라도 땅에서 살게 되어 전라도와 깊은 인연을 맺게 되는 계기가 되었고, 그 후 국회의원이 되기 4년 전부터 영호남 화합 운동에 매진하는 계기가 되었다는 것이다.

셋째, 나의 뒤를 이어 봉생병원 신경외과 교실의 명맥을 이어가고 있는 이상훈 선생을 예수병원에서 수련받게 되는 인연을 맺게 된 점이다.

봉생신경외과는 김원묵 박사, 심재홍 교수, 김수휴 교수, 정의화 원장으로 맥을 이어왔으며, 이상훈 선생과 박화성 선생, 박강화 · 노승진 선생을 필두로 맥을 이어가게 될 것이다. 이상훈 선생이 봉생병원 신경외과의 백년대계의 중요한 고리가 됨으로 의미가 엄청나다.

　넷째, 예수님과의 만남이다.

　전주 예수병원에 취직을 하기 위해서는 세례증이 필수였으므로 세례를 받게 되었고 세례받던 순간에 눈을 감고 기도하는 중에 예수님을 만나게 되었다.

　유교 집안의 전통적인 교육 아래 성장했으므로 기독교인이 된다는 것은 꿈에도 생각지 못한 일이었다. 목사님의 길고 열정적인 기도에 새 양복이 흠뻑 젖었고 손으로 물을 끼얹는 30여 분의 세례의식 중 순간 나도 모르게 눈물이 수북이 고였다. 안개 같던 눈물 속, 멀리 까만 점의 형상이 나타났고 점점 커지면서 가까이 다가오는가 싶더니 놀랍게도 그 분은 예수님이셨다. 기이했던 그 순간을 지금도 잊을 수가 없다. 그리고 왜 내게 나타나셨는지 그 이유를 아직도 알 길이 없다.

순간 나도 모르게 "예수님 제가 하느님의 말씀을 실천하면서 살도록 최선을 다하겠습니다."라고 마음으로 응답하자 컨베이어벨트가 거꾸로 돌듯이 점점 작아지더니 눈물 안개 속으로 사라지셨다.

간증 등을 통해 이 이야기를 하면 많은 목사님들과 신도들이 축복해 주신다.

전문의사가 된 후 내가 한 수술의 결과가 세계적인 대가들 수준으로 결과가 좋았고, 단 한 번의 의료분쟁이나 사고도 없었다는 것은 내게 특별한 축복이 있었다는 증거라고 생각한다.

봉생병원에 돌아와 수술을 하면서 퍼스트 나이프(First Knife)로 절개하기 직전 잠시 눈을 감고 기도하는 습관이 생겼다.

"주여, 이 수술이 끝날 때까지 실수하지 않도록 도와주소서!"

옛날 유명한 철학자가 죽기 전에 "자신은 일생을 살아오면서 항상 사하라 사막을 걷고 있는 것 같은 죽음의 두려움 속에 있었다"고 말한 것을 읽은 적이 있다. 나 역시 살아오면서 왠지 모르는 불안감은 엷게나마 늘 함께 하고 있었다. 특히 신경외과 의사로서 수술을 할 때마다 내 의지와 상관없이 손가락이 잘못 움직이면 어쩌나 하는 불안감을 항상 가지고 있었다. 그런데 기도를 하면 잠깐 동안이지만 수술에 몰두하게 되고 불안감은 다음 수술이 있기까지 없어지는 것이었다.

1974년 2월 28일 전주행 중앙고속 버스에 몸을 싣고 난생 처음 전라도 땅을 밟게 되었다.

버스에서 내리자마자 맨 먼저 내 눈을 사로잡은 장면은 길을 휘젓고 지나가는 하얀 한복에 갓을 쓴 세 사람의 모습이었다.

그날 이후 전라도에서 비슷한 장면을 한 번도 본 적이 없다.

당시에는 특별한 생각이 없었으나 세월이 지나면서 아기예수의 탄생을 축하하러 온 세 사람의 동방박사처럼 나의 첫 전라도 입성을 환영하러 나온 세 사람이 아니었을까 하는 생각이 들었다.

중화산동에 있는 예수병원을 찾아 신경외과의 강완익 주임과장님께 인사하고 유일한 전공의인 3년차 강인주(부산중학교 대선배) 선생의 안내로 숙소 배정을 받고 중화산동에서의 전주 생활이 시작되었다.

예수병원이라는 이름에 걸맞게 매주 월요일마다 병원 내의 교회 겸 강당에서 예배로 일과를 시작하고 매주 토요일에는 오전 8시에 외과 파트의 의사들이 모여 성경공부를 하였다.

부산에서 온 총각의사로 알려진 데다가 훤칠한 키에 잘 생긴 외모(?)로 간호사들에게 인기가 좋은 편이었다. 객지인지라 첫 2년 간은 병원에서 숙식을 해결하는 24시간 근무조였다.

자연히 간호사나 직원들과 만나는 시간이 많았고 환자나 보호자들과의 대화 시간도 많았다. 주말에는 고스톱 치는 관리부서의 당직자들과 함께 어울리기도 하였다.

이런 경험들이 훗날 환자들에게 상황을 설명하거나 보호자들을 설득하는 능력을 키워주었다고 생각한다. 또한 인간관계를 넓히고 친화력을 키우는 데도 도움을 주어 훗날 부산에서의 사회생활이나 국회의원 직을 수행하는 데 좋은 영향을 끼쳤으리라 생각한다. 원래가 내성적이었던 성격을 외향적으로 바꾸는 데도 큰 도움이 되었다.

나의 경험에 비추어 의사란 천직은 사람을 많이 만나는 직업이므로 대화하고 설명하고 설득하는 경험을 수련기간 동안 많이 가지는 것도 수련의 한 부분이라고 생각한다.

한번은 병원 개원기념일에 시상하는 최고의 수련의로 선정되기도 하였으나 원목께서 담배 피우는 의사는 수상 자격이 없다고 문제 제기를 해 아쉽게도 시상식 전날 일반외과 의사 후배로 바뀌게 되었다. 결국 수상은 못하였지만 병원에서 인정받았다는 사실은 지금도 나를 기쁘게 한다.

일 년 차로 근무를 시작하자마자 제일 아쉬웠던 것은 뇌혈관 촬영을 할 수 있는 특수바늘이 없다는 것이었다. 당시로서는 CT나 MRI 등이 발명되기 이전이었으므로 그 방법 외에는 뇌의 상황을 정확하게 진단할 수 있는 수단이 없었기 때문이다. 임시방편으로 만든 주사바늘을 이용하여 경동맥을 직접 관통하여 경동맥에 주사바늘을 삽입하고 이를 통해 조영제를 주사하여 뇌의 혈관 사진을 찍는 경동맥 혈관 촬영술(Carotid Angiography)을 처음으로 시술하였다.

이를 위한 특수바늘인 커난드 바늘 구입을 신청하였고 납품될 때까지 몇 달 간은 17 gauge의 척추바늘을 이용하여 금강석에 갈아 가이드 바늘을 만들어 사용하였다. 경동맥을 일단 관통함으로써 출혈에 대한 강완익 주임과장의 염려도 있었으나 첫 혈관 촬영이 성공한 것을 보고 주임과장께서도 기뻐하시던 모습이 떠오른다.

이헌재 교수님께서는 나와 함께 일 년 차로 들어온 신경외과의 도종웅(전 국립의료원장), 박상근(전 인제대학 부이사장, 전 병협회장). 고용호(부산서 개업) 이 세 전공의와 함께 네 사람이 3개월에 한 사람씩 교대로 전주로 가기로 결정해 주신 바가 있어 6월 1일 도종웅 선생이 전주에 오고 나는 다시 세브란스 병원에서 근무하게 되었다.

수련기간의 네 가지 시련
- 요추디스크와 간염, 장티푸스 그리고 장인의 죽음

    1974년 8월 어느 날이었다.

  며칠 동안 조금씩 소화가 안 되어 소화제를 먹었으나 갈수록 나빠지고 음식을 보면 속이 메스껍고 기력이 떨어져서 오전 회진을 마치고 동료 의사가 진찰한 결과 황달이 심한 것을 발견하였다.

  급성 A형 간염이었다. 곧바로 입원을 하게 되었고 입원 종합검사를 받게 되었다.

  혈액검사 결과 나의 혈액에 엄청난 변화가 생기고 있다는 놀라운 사실을 발견하게 되었다. 혈액검사에서 백혈구 수가 정상보다 현저히 낮은 ml당 1600개(정상치는 6000-8000)에 불과하였다. 이 백혈구 수치의 저하는 그동안 방사선 피폭량이 과하여 나의 골수가 기능불능 상태에 접근하고 있다는 것이므로 여간 심각한 일이 아니었다. 달리 치료책은 없고 회복될 때까지 방사선 조사를 피하는 수밖에 없었다. 또한 간 효소 수치 GOT, GPT도 기계로 측정이 불가능할 정도로 악화되어 있었다.

  나의 두 번째 시련이 닥친 것이었다.

첫 번째 시련은 인턴 말기인 1973년 12월 2일 응급환자를 수술 침대로 옮기는 도중 대학시절부터 요통과 좌골신경통으로 고생하였던 만성 요추간판탈출증(속칭 허리디스크)이 악화되어 쓰러지게 되고 이틀 후 수술을 받은 것이다. 불거져 나온 디스크를 받쳐주던 인대가 파열됨으로써 급성 파열성 요추간판탈출증이 된 것이다. 수술은 성공적이지 못하였다. 당장의 좌골신경통은 없어졌으나 허리를 굽히거나 회전시키면 허리의 통증이 심한 요추운동 부전 상태가 생긴 것이다. 추측컨대 당시 선배 수련의들의 거친 수술 탓에 요추간의 관절이 다친 결과가 아닌가 생각한다. 당시에는 디스크로 접근하면서 요추와 근육을 박리할 때 치즐을 이용하였는데 가끔은 수련 중에 수술 조수를 서면서 심한 완력으로 박리하는 경우도 있는 것을 목격하기도 했다. 훗날 미국에서 수련 중에 전기지혈기(coagulator)를 이용하여 세심하게 박리하는 것을 보고 왜 미처 저 생각을 못했을까 하고 생각한 적이 있다. 최근에 많은 교육 전문가들이 지적하고 있으나 우리는 어릴 때부터 암기 위주의 교육을 받아옴으로써 창의성이 많이 떨어진다고 한다. 수술법을 배우고 익혀가는 가운데 내가 전형적으로 창의성이 부족한 사람이 아닐까 하는 생각을 많이 하였다.

미국에서 하는 수술법들을 보면서 나 역시 선배들의 수술을 답습하기 바빴었구나 하여 자성한 바가 있다.

지금까지 요추관절불안정증으로 허리 운동 범위의 현격한 제한으로 허리를 많이 굽힐 수가 없고 조금 무리하면 허리 근육의 경련으로 심한 통증과 함께 활동의 제약으로 고생하고 있다. 이 후유증으로 병역의무를 면제받았다. 아무튼 이 두 시련도 지금 생각해보면 운명적인 필연이 아닌가 한다. 뿐만 아니라 그 속에는 하늘의 메시지가 있다고 생각하고 살아왔다.

왜냐하면 첫 시련인 디스크 수술과 그 후유증으로 군대를 면제받게 됨으로써 인생 행로가 많이 바뀌게 되었지만 지금까지 평생을 허리통증과 운동 제한으로 고생하는 것도 매사에 저돌적이고 에너지가 넘치는 나에게 하늘이 자제령을 내려준 것이 아닐까 여기고 있다. 나이가 들수록 만성적인 요통과 허리운동 부전증으로 많이 불편하지만 오랜 친구처럼 함께 동반하여 적응하면서 살아가고 있다.

두 번째 시련인 급성 간염도 요즘 유행하는 전염성이 강한 B형 C형이 아닌 전염성도 없고 완치가 가능한 유형의 간염을 통해서 죽음이라는 낭떠러지에 떨어지는 것을 예방케 해준 것으로 생각한다. 그 이유는 방사선 과다 노출로 인한 위험성을 사전에 인지시켜 더 이상의 방사선 노출을 최대한 줄이도록 조심하게 해줌으로써 골수가 완전히 망가지기 직전에 인지시키고 백혈병 등 혈액암 질환을 사전에 예방해 주었다는 사실이다.

계속 방사선 노출 예방에 무신경이었으면 골수에 현저한 손상을 주어 백혈병 같은 혈액암을 유발시켰을 것이다. 간염이 오히려 생명을 구해준 고마운 시련이 된 것이다.

하늘의 조화가 아니고 무엇이겠는가?

이러한 나의 인생 경험에 비추어 후배들에게 나쁜 일이 생겼을 때에도 너무 낙심하지 말라고 한다. 오히려 그것에는 내가 생각했듯이 다른 의미가 숨겨져 있을 수 있다. 사실 누구나 인생에는 세옹지마 같은 일이 많다는 것을 조금씩은 경험할 것이다.

간염에서 벗어난 이후 자연히 뇌혈관 촬영이나 척추조영술을 시술할 때는 방사선에서 인체를 보호해주는 납으로 만든 애프런을 챙겨 입게 되었다.

또 하나의 시련은 1975년 6월에 찾아왔다. 2년차 수련의로서 전공의

윗선배가 없으니 내가 수석전공의(Chief Resident)로 일하면서 척추종양 수술을 하게 되었다. 우리 도계에서는 집도의로 첫 수술을 하게 되면 의국원들과 수술실 간호사들 모시고 한턱내는 것이 관례였다.

전주의 번화가인 다가동의 어느 중국집에서 한턱 쏘는 회식을 하였다. 그런데 회식이 있은 후 삼사 일째 되는 날부터 열이 조금씩 나기 시작하였고 그것이 법정 전염병인 장티푸스의 시작이었다. 그날 장티푸스에 감염된 것으로 추측하였다.

간염을 앓은 지 일 년이 안 된 시점이라 엄청난 양의 항생제 투여가 걱정이 되었지만 완치를 위해서는 어쩔 수 없는 일이었다. 체온이 섭씨 40도를 오르내려 간호부장까지 합세하여 병실 간호사들과 팬티만 입혀 놓고 알콜 마시지를 할 정도로 사경을 헤맸다. 열성간질이 생기면 어쩌나 하고 걱정하기도 하였다. 신경외과의 입원환자는 많은데 문제는 2년차 수련의인 후배조차 미국으로 유학을 갔으니 일할 전공의가 갓 인턴을 끝낸 1년차 전공의와 나 이외에는 없었다.

일주일 정도 지나자 입원 중임에도 투약과 함께 항생제 주사를 맞으면서 입원환자들을 돌보고 수술 조수를 설 수 밖에 없었다. 엎친 데 덮친 격으로 완치 판정 후 한 달이 지나 재발을 해 다시 한 달여 간 엠피실린(Ampicillin) 등 항생제를 복용하였다. 간염을 앓았기에 엄청난 양의 항생제를 투여하고도 나의 간 기관이 잘 버텨주어 얼마나 감사한지 모른다.

네 번째 시련은, 젊은 나이에 감당하기엔 너무나 벅찬 시련이었다. 간염에서 완전히 벗어나기도 전에 찾아왔다.

전공의 1년차 말인 1974년 11월 2일 밤에 대연각호텔 화재 사건 후 2년 만에 두 번째 대형빌딩 화재 사건인 청량리 로타리에 있던 대왕코너 대화재가 발생했다. 무려 88명이 사망하고 148명이 다치게 된다. 경희대학 한의과대학에서 침술 연수 차 상경하여 대왕코너 건물에 있던 브라운호텔에 투숙해 계시던 빙장어른께서 소사하게 된 것이다.

장인어른의 타계 이후에 일어난 시련들은 참으로 힘들고 고통스러웠다. 수많은 역경을 겪게 하고 이것을 이겨내지 않으면 안 되는 일생일대 사건이었다.

나의 인생항로를 완전히 바꾸어 놓았을 뿐 아니라 겪기 힘든 수많은 경험을 하게 함으로써 세상과 인생을 관조하는 눈을 갖게 한 엄청난 대사건이었던 셈이다.

혼인신고와 병원의 운명

　생로병사는 어쩔 수 없는 인간사이지만 내게는 기이하고 불가사의한 일이 빙장어른께서 타계하시기 한 달 전에 일어났다. 그것은 약혼한 사이였던 우리 두 사람을 빙장어른께서 나의 부친을 찾아 승낙을 얻은 후 혼인신고를 한 것이다. 그때가 1974년 10월 2일이었다.
　부산에 휴양 차 와 있던 내게 아버님은 확인을 받았으나 당사자인 미국에 있는 약혼녀에게는 아무런 의논이나 설명도 없이 장인께서 결정하여 혼인신고를 하였던 것이다. 지금 생각해도 기묘한 것은, 다음 겨울방학까지 얼마 남지 않았으니 몇 개월을 기다릴 수도 있었는데도 불구하고 혼인신고를 하신 것이다. 내가 불가사이하다는 것은 혼인신고한 날부터 꼭 한 달 만에 장인어른이 세상을 떠나셨다는 사실이다. 이 또한 결코 우연이라고 생각되지 않는다.
　혼인신고를 하게 된 연유는 급거 귀국한 아내가 가져온 빙장어른이 보낸 세 통의 편지(9월과 10월에 받은)에 자세히 기술되어 있었다. 혼인 신고에 관한 장인의 편지내용이다.

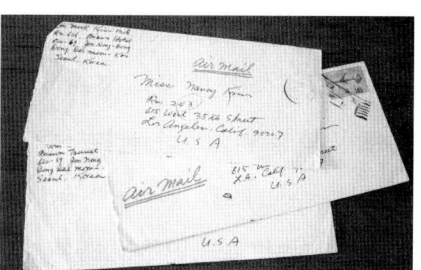

혼인 신고 후 딸에게 보낸 편지와 봉투들

    Nancy 너한테 사전 연락 없이 내가 의화 아버지와 상의하여 호적에 올린 것은 참 너한테 미안하게 되었구나. 그러나 거기에는 퍽 깊은 사연이 있었다. 무엇보다 내가 판단하기에 낸시 자신이 의화를 좋아하고 또 의화 자신도 낸시를 둘도 없는 상대로 좋아하니 서로 거리낄 것이 없을 것이고 … (중략) 그건 그렇고 의화와 낸시 너의 아름다운 관계는 뭐 다가 알고 있기 때문에 앞으로 시일 문제지 이미 결정된 것이 아니냐? 서류상으로나 그렇게 함으로 양가의 관계는 더욱 친밀해지고 또 서로가 충실히 약속을 이행하게 되리라 생각되었다.

    Nancy 너한테 물어볼 시간이 없었던 점 널리 양해해다오.

    (후략)

    편지내용에는 없는 부분이지만 추측컨대는 약혼식을 하였으나 졸업할 때까지는 3년이 더 필요하고 간염으로 입원 기간 동안 2주간이나 단 둘이 입원실에서 지낸 것 등을 미루어 볼 때 딸 가진 부모로서는 걱정이 컸을 것이다. 편지 속의 딸을 설득하는 내용과 관계 없이 그랬을 것으로 추측하였다.

    세월이 많이 지나 회고하면서 이 혼인신고는 우연한 일이 아닌 한 달 후 일어날 일을 예견한 신의 지문이었구나 하고 느끼게 된다.

혼인신고는 한 달 후 장인께서 타계함으로써 약혼자의 지위에서 사위의 법적 지위를 갖게 되므로 사후 병원 승계에 있어 하늘과 땅 차이가 생기게 된다. 장례 이후에 일어난 재산과 관련한 수많은 사건들에서 무남독녀의 남편으로서 사위라는 법적 지위로 인해 처리가 가능하였던 부분들이 많았다.

돌이켜보면 결국 이 혼인신고가 오늘의 봉생병원이 존재할 수 있게 만든 것이라 해도 과언이 아니다. 조금 더 부연설명을 하면 이렇다.

고인께서 급사함으로써 유산은 100% 과세대상이 되었다. 95%의 상속세(당시 유산이 일 억 이상인 경우 상속세는 90%, 방위세 5%로 총액의 95%였다)는 병원을 매각하지 않으면 안 되는 상황으로 몰고 갔다. 장모님은 이런 난감한 사정을 해결할 방법이 없을지 고민하던 중 미국에 수십 년간 거주하던 소니아 석 처이모께서 나서는 바람에 장모께서 결국에는 난처해지는 일이 벌어졌다. 고 육영수 여사와 친분이 있던 소니아 석 처이모의 간곡한 부탁을 받은 정부 권력기관의 장이 S모 변호사를 소개하였고, 그는 사망 직전에 의료법인을 설립한 것처럼 만들어 상속세를 면하게 할 수 있다는 방안을 낸 것이다. S변호사와 처이모가 중심이 되어 추진되었으나 명백한 불법적 방법이므로 나는 이의를 제기하였다. 두 달 여간 끌다가 결국 나와 장모님의 기지로 이 불법행위를 무산시킬 수 있었다. 상속세 처리와 상속절차에 있어 법적 사위였으므로 불의의 사기극에 휘말리지 않고 승리할 수 있었던 것이다. 내가 약혼자의 신분이었으면 그들은 나를 무시하고 그들의 음모를 달성코자 하였을 것이다.

돌이켜 생각해 보면 결과적으로 그 혼인신고가 오늘의 전 국회의장 정의화와 봉생병원을 만들었다. 세상을 떠나기 한 달 전 그 후에 일어날 일들에 대해 장인께서 알 리가 만무하지 않은가? 그렇다면 이것은 봉생병원이

나라와 국민들에게 할 일이 많기 때문이 아닐까?

지금은 병원 경영이 비현실적인 건강보험 수가와 정부가 여전히 과거 독재시절의 패러다임으로 정부 1.0 시대의 행정편의주의에 빠져 있는 등 다각도로 힘든 시기를 지나고 있다. 하지만 더 이상 의료의 왜곡현상이 방치되면 보건의료체계의 붕괴가 초래될 것은 자명하므로 정부도 변할 것이라는 희망을 가지고 있다.

봉생병원이 어떠한 어려움 속에서도 봉생 이념을 지켜 정도를 걸어간다면 영원할 것을 확신하는 이유도 봉생의 과거를 통해 확연히 드러나 있기 때문이다.

일부 병원들과 일부 의사들이 물신주의적인 사회에 물들어 의업의 숭고함은커녕 환자의 질병을 이용하여 오직 금전적 이익만을 도모하는 경향이 점차 강해지는 것을 보면서 절망적이 되기도 한다. 정부가 제대로 할 수 있도록 병협과 의협이 더욱 적극적으로 나서야 할 것이다.

곳곳에서 환자를 위한다는 명분 아래 영리 목적의 과잉 진료 행위들을 수없이 자행하고 있는 것을 보면서 그들의 자발적 변화와 양심에 호소하기엔 늦었다는 판단이다. 이것을 방지하는 수단이 없을까 하고 고민하게 된다. 안타깝게도 국민들이 이 불신 시대에 의사조차도 믿을 수 없는 세상이 되고 있다. 환자들은 스스로 자신을 지키는 방법으로 다른 전문 의사에게 두 번째 의견을 듣는 세컨드 의견(second opinion)을 생활화 해야 한다.

다시 말하면 응급수술이 아닌 경우 어떠한 시술이나 수술을 권유받을 때 반드시 결정하기 전에 다른 병원의 다른 전문의에게 진단을 받은 후 그 2차 의견이 동일할 경우에만 수술이나 시술을 받아야 한다.

처음 병의원에서 검사를 하였다면 그 결과를 챙겨서 가져가면 비용을 줄일 수 있다. 검사 결과를 환자가 원하면 병원은 복사를 해 주어야 한다. 이것을 생활화할 때 환자를 위한 것이 아니라 수익을 위해 행해지는 많은 시술과 수술을 줄일 수 있어 국민을 보호하게 될 것이다. 또한 이 이차적 의견을 구하는 것을 생활화할 때 궁극적으로는 의료인을 지켜주게 될 것이다.

요즈음 주위에서 병원들에 대해 듣는 원성 중 하나가 고액의 검사에 대한 과잉 검사와 고가의 주사약 남용에 관한 것들이다. 병소에 대한 진단을 위해서는 병소만 검사를 하는 것이 원칙이다. 처음 면담하는 환자 경우 스스로 판단하여 병소가 아닌 부분까지 고가의 검사를 하도록 할 때는 해야 하는 이유를 충분히 설명해야 한다.

그리고 환자의 입장에서 의사의 설명이 납득이 안 되거나 과잉이라는 판단이 서면 검사를 거절하고 신뢰할 수 있는 다른 병원을 선택해야 한다. 환자 자신을 위한 것인지 진료 수익을 위한 것인지 구분할 줄 모르는 사람은 없을 것이다. 환자는 자유롭게 의사와 병원을 선택해야 하고 할 수 있도록 법으로 보장되어 있다.

착하고 선량한 요리사는 손님들이 자기가 만든 요리를 먹고 건강하고 행복하기를 바란다. 자연 착한 요리사의 음식은 맛도 좋을 수밖에 없다. 의사나 병원 종사자들은 찾아온 환자를 위해 쾌유를 비는 마음자세가 필요하다.

환자는 병원 이익을 위해 존재하는 것이 아니다. 병원이 환자를 위해 존재하는 것이다. 환자를 위한 의사나 병원이 아니라면 존재 가치가 없을 것이다. 환자인 당사자는 물론이거니와 선진사회로 발전하는 것에도 장애가 된다. 병원과 의사들은 이기적 물신적 사고를 벗어나야 하고 단결된 모습으로 대정부, 대국회 활동을 해야 한다. 국민 의료를 위해 잘못된 의료정책과 터무니없이 낮은 의료수가, 수가체계를 고치고 현실화 하도록 정부를 설득하고 정부를 바꾸어내도록 정치권과 행정부에 보다 적극적으로 노력해야 한다. 이를 위해서도 모든 의료인과 병원 운영주체들은 본연의 존재 이유에 걸맞게 행동해야 한다.

S모 변호사의 간계와 음모

법상으로 상속세는 사후 3개월 이내에 자진신고를 해야 했다.

다음해 3월 2일 상속세 자진신고까지 3개월 간, 고인과 장모 쪽 친인척과 지인들의 갖은 모략과 중상, 감언이설, 그들과 연계된 노련한 변호사의 간계를 동원한 재산탈취 음모들을 겪게 되었던 것이다.

재산 문제는 장모님의 순발력으로 마지막 단계에서 변호사의 간계를 벗어나게 되고 1975년 2월 20일 경 장모님께서 모든 상속절차를 밟도록 위임해 준 덕분에 결국 나의 주장대로 병원의 유지 계승 발전을 위해 유족들이 상속을 받는 것으로 결정하게 되었다.

나는 많은 우여곡절 끝에 봉생병원의 운명을 짊어지게 되었다.

1975년 2월 말 60여 명의 전 직원 조회를 열어 봉생 식구들에게 3년 후 신경외과 전문의가 되어 돌아올 때까지 병원을 잘 지켜주도록 당부를 하고 임금 인상과 끝까지 함께 일하게 하겠다는 등 몇 가지 약속을 했다.

당시에는 일반수가 시대였으므로 신경외과 병원으로 유명세를 타고 있던 봉생병원은 뛰어난 신경외과 의사를 모셔오면 상속세를 벌어서 갚을 수 있다고 판단하였다. 이헌재 교수님 덕분에 세브란스병원 신경외과의 일원이 된 것이 그 후 심재홍, 김수휴 선생님 등을 모셔오는데 큰 도움이 된 것이다. 나의 계산으로는 최악의 경우 3년 후 전문의 자격증을 받으면 은행 대출을 해서라도 부족한 상속세를 정리할 수 있다고 자신하였다. 단 하나 전 직원들이 근검절약하고 주인의식을 가지고 열심히 아끼고 최선을 다해 준다면 가능하다고 보았다.

그러한 나의 판단은 전 직원들에게 용기를 주기 위해 임금을 대폭 인상해주는 것이었다. 지금 생각해도 이해가 되지 않을 정도로 높은 임금 인상을 단행하였다. 즉 그해 3월부터 일반 직원들에게 최소 50%, 부서장들은 100% 인상, 원무부장 경우 최고 300%의 임금을 인상하기로 결정하였다. 전 직원들은 병원장의 급작스런 타계로 인해 수개월 동안 병원의 존폐를 걱정하다가 뜻하지 않게 임금이 많이 인상된 것을 보고 나를 신뢰하게 되고 열심히 노력해 주었다.

그 당시의 직원들은 나이 60세가 지나 스스로 떠나겠다고 할 때까지 병원에서 근무하게 함으로써 나는 당시의 약속을 지켜내었다. 그 중 강신도 원무과장은 나중에 부속실장으로서 67세까지 43년 간 근무하고 2016년 퇴직하였다. 그가 장인 타계 때 근무하고 있던 마지막 봉생인이었다.

상속세는 다행히 3년 연납으로 완납하고 1978년부터 봉생병원은 도약기를 맞이하게 되었다.

국세청에 고발하겠다

김원묵 박사가 불의로 타계하신 이후에 일어난 일로써 신경외과 의사와 관계되는 두 가지 사실만은 기록에 남겨 후손들과 신경외과 후배들에게 경계심을 가지게 하고자 한다.

대왕코너 화재로 봉생신경외과병원의 김원묵 병원장이 타계한 지 불과 한 달여 쯤 지났을 때 일이다. 당시 부원장이었던 의사 한 사람이 석신덕 미망인과 면담을 하면서 향후 병원 경영에 대한 자신의 요구사항을 들어주지 않으면 국세청에 탈세를 고발하겠다고 하면서 한 달 치 입출금 전표를 들이밀면서 겁박한 일이 일어났다.

당시 병원에는 직원 60여 명과 의료진은 고인 외에 신경외과 두 사람, 정형외과장과 마취과장 각 한 분이 계셨다.

요지는 앞으로 자기가 병원을 경영할 터이니 병원 수익의 70%를 자기가 갖도록 해달라는 것이었다. 그것까지는 요구할 수 있다고 이해할 수 있었다. 문제는 그 다음이다.

자기의 요구를 들어주지 않으면 국세청에 탈세를 고발하겠다고 나선 것이었다. 당시는 인정과세를 하던 시절이라 매년 국세청이 액수를 정해 주면 이의가 없으면 정해 준 액수를 납부하는 세금 체제라 해당사항이 없다고 판단되나 고발이 가능한지는 정확히 알 길이 없었다.

그러나 젊은 의사인 나로서는 윤리 도덕적으로 이런 행위가 가능한 것인지 이해할 수 없었고 분노하지 않을 수 없었다. 석신덕 장모님으로부터 그 얘기를 전해 듣자 피가 거꾸로 도는 듯 격분이 일었다.

자신의 목적을 달성하기 위해서 신경외과 선배 의사이며 얼마 전까지 수년 간 함께 일하고 모셨던 원장이 불의의 사고로 비참하게 돌아가신 지 불과 두 달도 안 된 시점에서 슬픔에 빠져 있는 미망인을 겁박한 것을 도저히 용납할 수 없었다.

사회적으로 가장 양식 있는 계층이라고 할 수 있는 의사란 사람이 보여준 인면수심의 인간상을 보면서 물질에 눈이 멀면 인간이 이럴 수도 있구나 하는 것을 알게 되었다.

나는 즉시 당사자인 A모 신경외과 의사를 찾아가 이렇게 말하였다. 그 요지는 "내가 언젠가는 대한신경외과학회 회원이 될 것이다. 그때 이번의 일을 학회에 보고하여 역사의 심판을 받게 할 것이다."

그는 오래지 않아 병원을 떠났다.

신경외과 전문의는 수술하는 기술자가 아니며 우리가 특별한 사람이라 수술을 하는 것도 아니다. 우리는 창조주가 만들어주신 수술 가능한 뇌와 척추의 길을 찾아 수술할 뿐이다. 그러므로 우리는 창조주를 향한 끝없는 겸손함을 가지고 인간 생명에 대한 경외심으로 무장하여야 하고, 최선의 노력을 다해 그 '길'을 연구하고 기술을 연마하여 수술하는 것이다.

뇌수술을 하는 신경외과 의사는 인간의 뇌를 열고 뇌 손상 없이 질병을 찾아 고투하는 천직을 가진 귀한 존재들임을 잊어서는 안 된다.

집도의의 머리는 수술환자 머리 위에 놓여 있으나 수술하는 마음은 환자를 받드는 자세로 수술에 임해야 한다. 대한민국 정부는 의료복지를 행한다 하면서 우리의 이러한 숭고한 직에 대해 제대로 된 보상이나 보호도 거부하고 있다.

그러나 우리는 다각도로 정부에 문제점들을 인지시켜가면서 묵묵히 우리의 길을 가야 한다. 그것이 우리가 선택한 정명(正名)의 길이라고 생각한다. 따라서, 신경외과 의사는 누구보다 인술을 베풀고 세상을 정의롭게 살아가면서 공정하고 올바른 세상을 만드는 일에 앞장설 수 있다고 생각한다.

작금에 일어나고 있는 물질 지상주의에 편성하여 질병을 이용해 하지 않아도 될 수술을 하고 쓸데없이 고가의 약물을 투입하고 비급여라는 이름으로 터무니없는 수익을 챙기려 드는 의료인들이 갈수록 늘어나는 것을 보면서 개탄하지 않을 수 없다. 우리 봉생병원 각 분야의 진료과장들과 신경외과 의사만큼은 이런 부도덕한 사람이 없길 바란다.

정부는 이런 수많은 보건의료계의 왜곡 현상을 바로잡기 위해 하루빨리 의료정책을 수정 보완하고 의료수가를 현실화하여야 한다.

다시 한 번 강조한다.

국민들은 응급환자가 아닌 경우에는 모든 시술과 수술, 값비싼 투약을 권하는 경우 다른 병원의 동일한 전공의 전문의를 찾아 두 번째 의견을 구하고 결정하는 것을 생활화 해야 한다.

이것은 선진국에서는 벌써부터 행해 오는 것으로 다른 전문의의 이차적 의견 즉 2nd Opinion을 구하고 난 후 수술이나 시술을 결정하는 것을 말한다. 시대는 물질중심시대로 치닫고 있어 가진 자나 배운 사람조차 물들어가는 시대가 되었다.

정부와 언론은 이를 널리 알려서 의료인들과 국민들이 생활 습관화 함으로써 잘못된 일부 의료인들의 일탈행위를 막을 수 있을 것이다. 보험제도의 비정상적인 부분을 정상화함으로써 선량하고 정직한 의료인들이 존경받는 공정한 사회가 될 수 있을 것이다.

신경외과 의사로서 나를 포함한 우리 모두가 완벽하게 정의로울 수는 없을 것이나 정의로운 사회, 공정한 사회를 만들기 위한 노력은 다해야 한다고 생각한다.

나는 젊은 시절부터 인술제세(仁術濟世)라는 사자성어를 보면서 진정한 인술을 베풀기 위해서는 인(仁)이 무엇인지 공부하고 사색하여야 한다고 생각했다. 결국 인(仁)이 인간에 대한 무한한 사랑이라면 진정한 인술은 모든 생명에 대한 사랑에서 출발한다고 생각하게 되었다.

의학전문대학으로 8년제로 만들 때 원래의 목적은 인성이 잘 다듬어진 양질의 의료인들을 배출하기 위해서였다. 그러나 경제적 목적으로 의학을 선택하는 학생들이 늘어나면서 결과는 참담했고 다시 옛날로 되돌아가게 되었다. 의예과에서는 인문학을 잘 가르쳐주길 바라고 의과대학에서도 인격을 갖춘 교수님들께서 의료인의 기본적인 덕목을 잘 가르치고 모범을 보여주길 바랄 뿐이다.

1980년 9월 캐나다의 런던 시에 있던 온타리오대학의 찰스 드레크(Chales Drake) 교수에게서 한 달 간 방문 의사로 연수를 받은 적이 있다. 그분은 후두 뇌혈관 동맥류 수술의 세계적 대가였다.

수술 참관 후 차트에 수술 기록을 쓰고 있는 드레크 교수님에게 "Video로 보았을 때 동맥류의 목 부분(Aneurysm Neck)이 석연치 않았는데 그곳을 목 부분으로 확신한 이유가 무엇이었습니까?" 하고 질문하였을 때 그분의 대답을 영원히 잊을 수 없다.

"Dr. Chung, I am still learning."

그렇다! 의사의 길에서는 지식이나 수술 수기도 영원히 배워가야 하고 인성도 계속 키워가야 한다고 생각한다. 아무리 세계적인 석학이 되더라도 죽는 순간까지 배우는 자세를 버려서는 안 된다고 생각하게 해주신 한 마디였다.

그리고 인간의 가장 중요한 장기인 뇌를 수술하는 우리는 반쯤은 철학자가 되어야 한다고 생각해 왔다.

또 한 가지 사례를 소개하고자 한다.

빙장어른의 불의의 타계 후에 있었던 일로서 기록에 남겨 교훈을 삼고자 하는 사안이다. 살아가면서 경계해야 할 일 중 하나는 남에 대한 이야기를 확인하지도 않고 말하는 것이다.

그 무렵 나의 형수께서는 서울의 모 병원 산부인과 4년차 전공의로 근무하고 계셨다.

그 병원의 신경외과 자문의사였고 학회에 꽤나 알려져 일 년차인 나도 누구인지 알 정도로 유명한 대형병원의 신경외과 과장이었던 분이 계셨다. 대왕코너 화재 직후쯤 병원 회식 자리에서 "부산의 봉생병원장인 김원묵 박사가 젊은 여성과 도심을 피해 외도하다가 사고를 당했다더라"고 말했다는 것이다.

불의의 사고로 돌아가신 고인에 대해 같은 신경외과 의사로서 안타까워하고 슬픔을 나누어야 할 사람이 오히려 사실이 아닌 이야기를 하여 고인을 욕되게 하다니! 형수에게서 그 말을 전해 듣고 참으로 어처구니가 없었다. 그러나 이런 언사도 인간이라 그런 것 아니겠냐고 생각하면서도 그가 신경외과 의사라 더욱 화가 치밀었다.

신경외과 후배들에게 참고가 될 듯하여 기록에 남기려 한다.

대화에서 유념해야 하는 것들 중에 남의 험담을 하면 그도 나에 대해 험담을 할 것이라는 것을 알아야 하고, 남을 비판하는 것은 듣는 사람을 불편하게 만든다는 것. 또한, 해서는 안 되는 말 중에는 사실을 모르면서 거짓을 말하거나, 추측해서 지어내거나, 남의 말을 확인 없이 사실인 양 전달하는 것이다. 우리가 살아가면서 겪는 수많은 갈등과 오해는 대부분 여기에서 생기는 것이니 조심하자고 자신에게 타이르면서도 아직 나 자신도 이런 잘못을 저지르고 사는 것은 아닌지 자문하기도 한다.

스스로 살아가면서 경계해야 할 언행이 어찌 이것 뿐이랴!

급성 간염과 함께 빙장어른의 타계로 오랫동안 근무지를 이탈하자 바쁘게 돌아가는 세브란스병원 신경외과에서는 도종웅 선생이 근무했던 3개월 이후로 예수병원으로 전공의를 보내지 않았다. 나의 책임이 컸다. 예수병원에 복귀한 나는 빚을 갚는 심정으로 더욱 열심히 일하였고 매일 당직을 서다시피 하면서 병원 숙소에서 기거를 이어갔다.

간염에서 회복되고 빙장어른 장례 등의 일처리를 끝내고 난 뒤 행정적으로는 내가 그곳 소속이므로 예수병원 신경외과는 내 몫이었고 열심히 노력하는 것은 당연한 일이었다.

아름다운 복수를 할 것이다

나중에 우리나라 척추수술 분야의 대가로 불렸던 김영수 선생께서 군의관 제대 후 첫 부임지로 전주 예수병원 신경외과 과장으로 오셨다.

빙장어른의 타계로 언제 수련을 중단하고 부산으로 돌아가야 할지 모르는 나는 하루빨리 수술 수기를 익혀야 한다는 강박관념으로 김영수 선생님께 간단한 두 개 외상 수술과 요추디스크 수술을 잘 할 수 있게 가르쳐 달라고 간청하였다.

선생님께서는 성의를 다해 수술기법을 Hand to hand로 가르쳐주었다. 수술 수기를 익히는 첩경은 백문이 불여일견이고 백견이 불여일행이다.

한 번은 디스크 절제를 위한 11번 칼을 넣으면서 신경을 당기는 기구 Root Retractor가 조금 느슨해지면서 좌골신경 일부에 손상을 주는 실수를 하였다.

합천서 온 환자로 수술은 무사히 끝냈으나 환자는 꽤 오랫동안 다리 한 부위의 저림을 호소하였다.

그 조그만 실수로 인하여 고생하는 환자의 고통을 생각하면서 며칠을 혼자 괴로워하였다. 다행히 예정보다 일주일 더 입원을 하였으나 저림이 많이 호전되어 퇴원을 하게 되었다.

그러나 이 경험이 나로 하여금 수술에 신중에 신중을 더하게 해주었고 요추 디스크 수술 분야에도 경지에 이르게 해 준 계기가 되었다. 수련을 끝낼 때쯤 전문의 시험 준비로 수술 기록지 정리를 해 보니까 요추간판탈출증을 집도한 례가 100례를 훨씬 넘었다.

당시 전공의로서의 요추 등 척추질병 집도 예로는 대단한 숫자였다. 2년차부터 과장님들이 나를 믿어주시어 간단한 척추질환 수술은 내게 맡겨 주셨다.

선배 전공의가 없었으므로 2년차 때부터 내리 3년간 수석 레지던트를 한 덕분이었다.

그 후 수술 현미경이 도입된 이후에는 내가 겪었던 작은 실수는 일어나지 않게 되었다.

장인이 돌아가신 후에는 두 달에 한 번 꼴로 부산에 가서 봉생병원 경영을 점검하였다. 오사카대학에서 박사과정을 막 끝내신 세브란스 의국 선배이신 심재홍 선생님(전 인제대학 백병원 부이사장)께서 병원장을 맡아주어 봉생병원에 대한 큰 걱정 없이 1978년 2월 무사히 수련을 마치고 신경외과 전문의가 될 수 있었다.

신경외과 수련 중에 또 하나 영원히 잊을 수 없는 사건이 있는데 그것은 전공의 3년 차 초기에 3개월 간 파견근무 차 세브란스 병원 신경외과에 가게 되었다. 공교롭게도 신경외과의 주임교수가 이헌재 교수님으로부터 정상섭 교수님으로 바뀌는 시기였다.

예수병원에서는 뇌동맥류, 뇌종양 등 다양한 수술 례를 경험하기 어려워서 이헌재 교수님에게 특청을 드렸고 교수님의 허락으로 3개월 간 세브란스에 가게 된 것이다.

서울에 와서 출근한 둘째 날 정상섭 새 주임교수께서 불렀다. 어떻게 세브란스에 올라 왔느냐? 내일 당장 내려가라!고 말씀하셨다. 당시에 받은 충격은 청천벽력과 같았다. 자초지종을 말씀드렸으나 결정은 번복되지 않았고 나는 낙담한 채로 전주로 돌아갈 수밖에 없었다. 세월이 지나고 생각해 보니 이런 사건들은 나의 본성에 감추어져 있는 어떤 의지들을 솟구쳐 올려 성장시키는 계기가 되었음을 부정하기 어렵다.

고희의 나이가 되어 과거를 뒤돌아보게 된다. 어처구니없는 일을 당하거나 억울한 일을 당하면 본성이 자극되고 세상에 대한 분노가 솟구쳐 그것을 스스로 성숙한 방어기재로 승화시켜 승자로 만들지 않았나 하는 생각이 든다. 그것은 오직 어머님의 가르침, '아름다운 복수 정신' 때문이다.

전주로 돌아가는 고속버스 안에서 나는 어금니를 앙다물고 훌륭한 신경외과 의사로 성공하여 세상에 봉사할 것이라고 수없는 다짐과 각오를 했다. 육체적으로나 정신적으로 힘든 신경외과 수련을 무사히 마칠 수 있게 된 수없이 많은 동기 중 하나가 이 사건이기도 하다.

그날 퇴근길, 세브란스를 떠나면서 수련 동기인 도종웅 선생과 신촌 로터리의 조그만 일식집에서 못 먹는 소주를 마시면서 예수병원으로 내려갈 수밖에 없는 상황과 지방대학 출신이라는 자격지심과 함께 설움이 북받쳐 많이 울었던 기억은 늘 나를 새롭게 만들기도 하였다. 함께 해 준 도종웅 선생의 위로가 큰 힘이 된 것은 말할 나위도 없다.

돌이켜 생각해 보면 그날의 좌절감과 비애는 신경외과 의사로서의 일생에 큰 영향을 끼친 사건이 되었다.

그날 밤 숙소로 돌아온 나는 창밖을 바라보면서 만감이 교차하였다. 장인의 급작스런 타계와 양질의 수련을 받을 수 없게 된 상황 등을 생각하면서 이 정도 시련도 이겨내지 못한다면 어찌 한세상을 살아갈 수 있겠는가 하고 성찰의 시간을 가지게 되었다. 훌륭한 신경외과 의사가 됨으로써 '아름다운 복수를 하자'라는 결심을 하게 된 것이다.

정치를 하면서도 성노예로 학대받은 위안부 할머니들을 위로할 때마다 자주 쓰던 문구이다. 일본보다 훌륭한 나라를 만들어 내는 것이 그들에게 복수하는 것이라고 생각해서이다.

이 생각은 어릴 때 학교에서 억울한 일을 당하고 집에 돌아와 울며 하소연을 하면 어머니는 항상 나의 어깨를 안아주면서 "의화야, 네가 훌륭한 사람이 되어 아름다운 복수를 하도록 해라"고 하시던 격려를 본받은 것이다.

살아오면서 겪는 수많은 분노들을 마음속 깊이 삭이면서 어머니께서 가르쳐 주셨던 아름다운 복수를 다짐하며 스스로를 극복하고 감내해왔다.

이튿날 전주로 다시 복귀한 후 예수병원에서 24시간 숙식을 하면서 열심히 일하였고 주어진 일에 정열을 쏟아내었다.

수련 이후의 장기적인 계획도 이때 생각하게 되었다.

전문의가 된 후 미국 등 해외 석학들을 통해 수련 중에 부족한 것들을 채우고 특히 미래에는 뇌졸중 환자가 많을 것으로 생각하여 뇌졸중 치료와 미세혈관 수술의 권위자가 되겠다는 결심을 하게 되었다.

1976년 10월부터 6개월 간 무의촌 진료를 가게 되었다. 장소는 전라북도 김제군 용지면 용지보건지소이고 지소장으로 6개월 근무를 하게 되었다.

지금은 많은 발전을 하여 도로가 넓혀지고 아스팔트로 포장되어 있지만 당시에는 무의촌으로 도로 사정이 참으로 열악하였다. 때로는 자전거를 타고 지역을 다니면서 이동 진료도 했다.

내가 거주한 곳은 외양간을 고쳐서 사랑방처럼 만든 대문 옆 작은 방이었는데 연탄가스 중독이 두려워서 추운 겨울에도 한지로 만든 방문의 아래쪽에 두어 개 구멍을 뚫고 잤다.

어느 주말에 예수병원 수술실의 간호사였던 김형자 선생과 최광순 선생이 용지보건지소로 위문 방문을 해주기도 하였다. 연세 지긋하셨던 주인집 모친께서는 김치와 밑반찬을 만들어 주시기도 하고, 가끔 주인집 큰따님이 연탄도 갈아주었다.

그분들의 따뜻하고 애정어린 보살핌을 잊지 못해 국회의원이 된 후에 용지면 보건지소를 한 번 방문하기도 하였다.

혼인신고를 한 후 2년 9개월이 지난 1977년 7월 2일에 미국 남가주대학 상대를 졸업한 아내와 부산에서 결혼식을 올렸다. 결혼식 전날까지 병원에서 근무해야 할 정도로 일과가 바빴다. 결혼 첫날밤은 해운대에서 보내고 서울의 워커힐호텔에서 두 밤을 보낸 후 바로 전주에 신혼살림을 차렸다. 당시엔 제주도가 신혼여행지로 인기 있는 지역이었으나 병원을 오래 비울 수가 없었고 훗날 여유 있을 때 제대로 된 신혼여행을 가자고 약속하였다. 신경외과 전문의사의 딸이라서였는지 잘 이해해 주었다.

결혼한 지 2년 후 미국 뉴욕대학병원 신경외과의 임상펠로우를 하였다.

2주 간 휴가 기간에 대서양에 있는 영국 연방령인 BERMUDA제도로 5박의 신혼여행을 다녀왔다. 2년 만에 약속을 지키게 된 것이다. 지금도 아내는 생전에 다시 한 번 그 곳에 가고 싶다고 한다.

결혼을 하였으나 전문의사 시험이 불과 7개월여 남았으므로 4년 차 수련 전공의로서 일도 하면서 매일 밤 전문의사 시험 준비에 여념이 없었다.

결혼 한 달쯤 되었을 때 주말, 장시간을 의자에 앉아서 공부하던 중 허리를 삐끗하여 근육에 심한 경련이 생겨 꼼짝을 못하게 되었다. 하는 수 없어 응급환자가 되어 살림집을 제대로 정리도 못하고 병원에 입원을 하게 되었다. 중요한 것을 챙겨야 하는데 통증으로 고통이 컸고 아내는 낯선 전주에서 전셋집에 혼자 있기가 무서워 신혼살림을 그대로 두고 우리 부부는 병원 입원실에서 약 20여 일간 지냈다.

요통에서 벗어나 퇴원하고 갔더니 전세방은 쑥대밭이 되어 있었다. 방문 열쇠가 부서져 있고 열고 들어가니 식칼이 문 앞에 놓여 있었다. 물론 그때 집에 둔 결혼예물도 몽땅 잃어버렸다.

시월에는 본격적인 전문의 시험 준비를 위해 예수병원의 생활을 뒤로 하고 상경하였다. 세브란스 신경외과 의국에서 고용호 선생, 도종웅 선생, 박상근 선생과 함께 합숙하면서 열심히 공부를 하였다.

그때 야식으로 먹은 라면 탓에 지금도 배가 조금 나온 것이 아닐까 싶다. 4개월 가까이 매일 밤 김치와 함께 먹은 라면 맛을 지금도 잊을 수 없다. 요즘도 가끔 먹고 싶은 충동이 생기는 것을 봐서는 아마 중독이 된 듯하다.

1978년 2월, 신경외과 전문의 시험을 함께 공부한 네 사람 모두 합격의 영광을 누리게 되었다.

국회의장으로 재직 중이던 2015년 여름 어느 날, 임영진 대한신경외과학회 이사장으로부터 전화가 걸려왔다. 가을에 개최될 대한신경외과학회의 추계학술대회에서 초청특강을 해 달라는 요청이었다. 임영진 이사장은 이사들과 논의한 결과 신경외과 의사 출신으로서 국회의장이라는 3부요인의 탄생이 학회로서는 너무나 자랑스럽고 신경외과 학회 발전에 기여한 공로가 크므로 이번에 초청하고 싶다는 것이었다.

3년 전 국회부의장 시절에 춘계학술대회에서 특강을 한 적이 있어 사양을 하였으나 이사장께서 꼭 와 달라고 하셔서 결국 수락하였다. 추계학술대회는 가장 큰 신경외과학회의 행사이고 전통적으로 외부의 저명한 인사를 초청하여 특강을 듣는 특별한 행사로 대한신경외과학회가 인정하는 인사에 한하는 것은 당연한 것이다. 특별초청 연사로 강연을 하는 영광을 가지는 것은 예사로운 일이 아니다.

나로서는 참으로 기쁘고 자랑스러운 일이 아닐 수 없었다.

1990년대 어느 해에 미국 CNS(Congress of Neurological Surgery) 회원으로서 미국신경외과학회에 참석하였을 때 훗날 미국 국무장관을 역임한 콜린 파월 미국 합참의장이 Guest Speaker로서 특강을 하는 것을 감명 깊게 듣고 부러워했던 기억 탓에 더욱 영광스러웠다.

초선의원 때부터 다른 선배의원들께서 의사 출신임을 노출시키지 않는 것이 좋겠다는 조언에도 불구하고 항상 신경외과 의사임을 자랑스럽게 말하였고 국회의장이 되었으니 신경외과 의사 출신 국회의장임이 자연히 알려지게 된 것이다.

신경외과 의사로서 척추 수술은 물론이고 특히 뇌 동맥류 수술을 주로 하

2016년 가을 대한신경외과추계학술대회에서 초청특강하다.

는 뇌혈관 신경외과 전문의로서나 안면경련증과 삼차신경통에 적용한 혈관감압수술에 일정 부분 권위를 인정받기도 하였다.

그리고 신경외과 의사 출신으로서 3부 요인이 되었으니 과거 수련시절의 좌절감을 딛고 언젠가는 아름다운 복수를 하겠다던 다짐과 각오가 결국 성취되었다는 인가를 학회 이사장과 학회 회원들에게서 받은 것으로 생각되어 더욱 가슴 뿌듯했다.

'우리는 무엇을 추구하며 살 것인가?'라는 제목으로 초청 연사 특강을 하면서 신경외과 의사를 만들어 주신 부모님과 대한신경외과 학회장을 지내기도 했던 빙장어른이신 김원묵 박사께서 하늘나라에서 보고 계시다면 얼마나 흐뭇해 하실까 하는 생각이 들었다.

스스로 자랑스런 자식이 되었음에 감격하면서 이런 순간을 있게 해 준 양가의 부모님께 다시 한 번 감사도 드렸다.

죽음으로 시작된 인연은 죽음으로 숙명이 되다

전문의 합격통지를 받고 예수병원에 들러서 과장님들과 후배 의사들과 기쁨을 나누고 간호사 등 가깝게 지냈던 직원들과 아쉬운 석별의 시간을 가진 후 부산의 봉생신경외과 원장으로 바로 일하게 되었다.

당시 3년 이상 봉생신경외과 병원장을 맡고 계시던 심재홍 선생께서 1977년 12월 자로 부산대학교 교수로 내정되어 있는 상황인지라 나에게 3일 간 회진을 함께 하시면서 환자를 인수인계하시고는 병원을 떠나 부산대학교 신경외과 교수로 부임해 가셨다.

신경외과 전문의사가 되자마자 병원 경영과 함께 즉시 진료를 하게 된 것이다. 두개 외상 수술과 척추 디스크, 고혈압성 뇌출혈, Shunt 수술 등은 예수병원에서 집도의사로서 많은 수술 경험이 있었으므로 해낼 수 있었으나 뇌종양, 동맥류 수술 등은 엄두를 낼 수가 없었다.

하루빨리 신경외과 영역의 어떠한 수술도 완벽하게 할 수 있는 전문의사가 되고자 미국에 가서 수련을 더 하겠다는 계획을 가지고 있었으나 어쩔 수 없이 봉생신경외과병원에 매달리게 되었다.

대한민국에서 신경외과로서는 최초의 개원병원으로서 긍지와 자부심을 이어가기 위해 노력해 온 신경외과 전문병원이었으므로 스스로 책임감을 갖고 있었다.

1978년 당시 신경외과 과장으로 일하고 계셨던 김승일 선생님과 진료부장을 맡고 계셨던 이채현 정형외과 선생님, 배완수 마취과 선생님과 함께 병원을 끌고 나갔다.

39년 전의 일이다.
벌써 아득한 옛날이다.
1974년 타계하신 장인어른의 장례에 임하면서 장인의 영혼과의 대화를 통해 고인의 유업을 계승 발전시키고 장모님을 잘 보살피고 아내를 행복하게 해주어야 할 책임이 있음을 고인의 영전에서 스스로 약속했었다.

33세 약관의 나이로 의욕이 넘쳐난 나는 김승일 선생님께 3일 중 이틀은 내가 당직을 서겠다고 말씀드리고 거의 매일 밤낮을 병원에 매달렸다.

그런 가운데서도 미국 의사자격을 취득해 있었으므로 하루빨리 미국에 가서 미세혈관 수술을 배우겠다는 일념을 갖고 있었다.

미국에 가는 수속도 진행하면서 병원을 맡길 수 있는 능력을 가진 신경외과 전문 의사를 구하는 작업도 함께 진행하였다.

하늘이 오늘의 나를 있게 하고 봉생병원이 지역사회와 나라를 위해 공헌하는 병원이 될 수 있도록 도와준 것일까. 부산대학병원에 조교수로 계셨던 김수휴 교수가 봉생병원으로 오게 된 것이다.

나와 봉생병원과의 인연은 외5촌, 외7촌 아저씨의 죽음으로 시작되었고 장인어른의 죽음으로 강하게 맺어졌다. 그래서 봉생과의 관계는 숙명이라고 말한다.

1969년 어느 날 허리 디스크로 김원묵 박사에게서 수술을 받은 외5촌 아저씨와 보호자로 입원실에서 주무시던 외7촌 아저씨가 함께 연탄가스 중독으로 사망하는 비극적인 큰 사건이 발생하였다.

나의 부친께서 집안의 어른이시고, 외가의 고장인 창원군 웅동면 소재 웅동중학교 교장을 역임한 관계로 외가와 각별히 가깝게 지내셨다. 봉생병원의 원장이셨던 김원묵 박사와도 중부산로타리클럽 회원으로 알고 계신 관계로 김원묵 원장의 간곡한 부탁으로 사건 처리에 중재를 하게 되었다.

사건의 뒤처리가 말끔히 끝난 이후 평양에서 외동아들로 태어나셨고 혈혈단신으로 월남하신 관계로 외로웠던 김원묵 원장은 형님이 되어 달라고 하셨다고 아버님께서 말씀하셨다. 그 사건 이후로 두 분은 의형제를 맺게 된 것이다.

이 인연이 우리 내외가 부부가 되게 이어지고 1974년 대왕코너 화재로 장인어른이 돌아가시므로 무남독녀의 남편으로 어쩔 수 없이 봉생의 경영을 맡게 된 것이다.

나의 일가 어른 두 분의 죽음으로 맺어진 이 기막힌 인연이 5년 뒤 김원묵 박사의 타계로 맥이 끊어질 뻔한 봉생의 운명을 뒤바꾸어 오늘을 있게 한 것이 아닐까?

그 사건이 계기가 되어 김원묵 박사는 2년 후 2층 기와집이었던 병원을 허물고 신축을 하게 된다. 1972년 대지 140평에 건평 1,000평의 7층 건

우연은 신의 지문이다

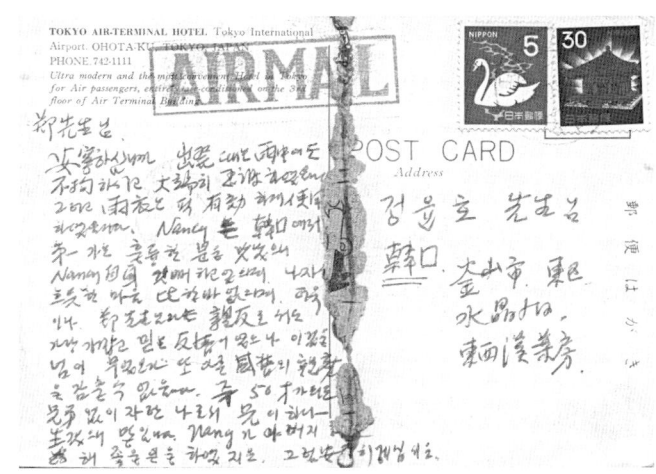

1973년 9월 약혼식을 한 후 미국 방문 중 LA에서 나의 선친에게 보낸 엽서.
"50세가 되도록 형제없이 자란 나로서 형이 하나 생겼으니 말입니다. 낸시가 아버지
를 위해 좋은 일을 하였지요" 이렇게 엽서에 쓰여있다.

물을 준공하게 되었고 이 건물은 중앙로 대로변에 외관을 고쳐서 구관이라
는 명칭으로 지금도 사용하고 있다.

내겐 소박한 꿈이 하나 있다.

아내와의 만남으로 이어진 인연이 더 나아가 통일로 이어지고 훗날 평양
에 봉생의과대학을 만드는 것이다.

그리고 이것은 후손들 손으로 꼭 이루어주리라 믿는다.

처가의 친족들이 전하는 바에 의하면 1910년 경부터 평안남도 대동군
용산면에 김원묵 박사의 조부이신 김낙서 선생께서 한지 의사로 봉생의원
을 운영하고 계셨다고 한다. '봉생'이라는 이름의 유래이기도 하다.

1950년 한국전쟁이 발발하던 당시까지 그 봉생의원이 있었다는 증언을
들은 적이 있다. 2006년 처음 평양을 방문하였을 때 북측 인사들에게 김원

묵 원장의 가계도를 보여드리고 나의 희망이 그 지역에 봉생병원 평양분원을 짓는 것이고 병원 개설이 이루어지게 되면 이 가계도의 친척에게 운영을 맡기고 싶다고 하였다.

평양을 떠나는 날 오전, 그들의 답은 친족들을 찾을 수가 없다는 것이었다. 당시 느낌으로서는 가족을 찾았으나 상봉을 시킬 수 없는 관계로 그렇게 말하는 것이라 생각하고 며칠 더 체류해도 좋으니 찾아봐 달라고 했지만 막무가내였다.

그로부터 10년쯤 지난 2016년 초 Kee Park이라는 재미교포 미국 신경외과 의사가 자주 평양에 가서 척추 수술을 하는 의사를 알게 되어 부탁한 결과, 평양 봉생의원의 원장은 김낙수(실제는 김낙서)이고 손자 김원묵은 한국전쟁 중에 행방불명이 된 것으로 기록이 남아 있었다고 메모를 해 와서 나에게 보여주었다.

김수휴 교수께 병원을 맡기고 미국으로 떠나다

    1978년 2월에 심재홍 원장님께서 부산대학병원에 가기 전까지 부산대학병원 신경외과에는 이영우 주임교수와 나의 세브란스 의국 2년 선배이시고 부산대학 7년 선배이신 김수휴 선생께서 조교수로 계셨다.
    심재홍 선생은 김수휴 선생과는 대학도 선배이시고 세브란스 수련도 3-4년 선배이셨다. 갑자기 심재홍 선생이 부산대로 감으로써 김수휴 선배의 입장이 어려워질 수 있겠다는 점에 착안하여 김수휴 선생님을 만나 봉생병원을 맡아달라는 간청을 드리게 되었다. 김수휴 선생이 나의 제안을 받아들여 줌으로써 그해 7월에 미국 연수를 떠날 수 있게 되었다.
    그 당시는 우리나라 신경외과에 수술 현미경이 도입된 지 불과 4년도 채 안 되는 시기라 선진 의료도 배우고 미세혈관 수술을 익히고 싶어 전문의사가 된 후 도미할 계획을 가지고 있었다.
    1972년에 미국 의사협회가 주관하는 ECFMG(Educational Council For Foreign Graduates) 시험에 합격하여 미국에서 의사로 일할 수 있는 자격을 가지고 있었으므로 전문의가 되기 전부터 미국의 여러 대학병원의 정보를 수집하고 있었다.

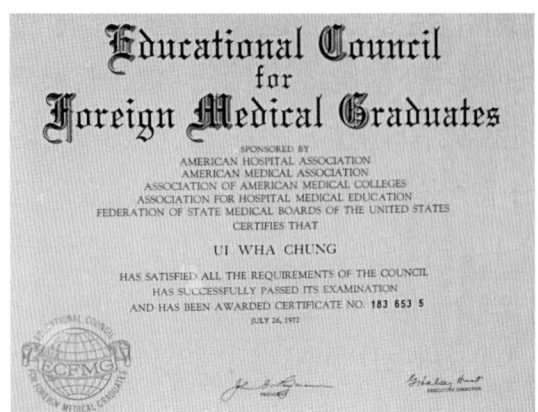

서울에서 치른 ECDFMG시험에서 우수한 성적으로 합격하다. -1972년 7월

　우선 뇌동맥류 수술의 당대 최고 권위자였던 스위스 취리히대학 Gazi Yasagil 신경외과 교수에게 사사를 받고 싶다고 편지를 보내었다. 야사길 교수는 자기 교실은 미세혈관 수술을 위한 실험실이 구비되어 있지 않으므로 Norman Chater 교수가 Director인 미국 샌프란시스코 대학에 미세수술 실험실(Microsurgery LAB.)이 완비되어 있으니 그곳에 연락해 보라는 답장을 보내주었다.

　세계적인 신경외과 의사가 되겠다는 웅지를 품고 아내와 함께 1978년 7월 말, Los Angeles에 도착하여 단칸방 Studio 아파트에 둥지를 틀고 미국생활에 적응하려고 노력하였다.

　운전을 배워 운전면허증을 따고 영어 회화는 TV를 선생 삼아 익히면서도 LA에서 개업 중인 막내처이모부인 일본계 미국인으로 신경과 의사인 Dr. Naruse(나루세)의 도움을 받아 8월에는 UCLA 신경외과(Dr. Rand 주임교수), 9월에는 USC 신경외과(Dr. Kurze와 Dr. Weiss)에 방문의사로 각 한 달 간 수술을 관찰할 수 있었다.

김원묵 박사께서는 돌아가시기 1년 전인 1973년 11월 로스엔젤리스에 있는 foundation of otology에서 현미경 수술법 신경외과 과정을 이수하신 것을 추억하여 샌프란시스코에서 연수를 끝낸 후 로스엔젤리스로 돌아와 피츠버그대학에 가기 전인 1979년 4월 16-20일까지 foundation of otology (Ear Research Institute)의 현미경 수술법 신경외과 과정을 이수하였다.

이때 UCLA 대학병원에서 일본 치바대학의 조교수로 연수 와 있던 재일교포인 신수웅 선생을 만나게 되고 이 만남이 훗날 한일 신경외과학회 교류에 일정 부분 기여하게 된다. Dr.신은 수년 후 치바현에 동선교병원을 개업하고 봉생병원을 방문한 적이 있다.

미국 학술회지에 많이 소개된 뇌하수체 종양 Pituitary tumor 제거를 위한 코를 통한 수술법 Transsphenoidal Approach(TSA)의 대가 중

치바대학의 신수웅 선생이 동선교병원 개업 후 부산을 방문하였다. 왼쪽이 신수웅 선생이고 그 옆이 정헌화 원장(가형)

한 사람인 USC의 40대 젊은 주임교수 Martin Weiss 교수를 통해서 수술법을 익혔다. 나의 석사논문이 이헌재 교수님이 집도하신 TSA 수술 19례의 임상결과를 정리한 것이어서 더 많은 관심을 가지고 배웠다.

현미경 수술 워크샵 중인 김원묵 원장님

당시 우리는 수술 전후에 항생제를 투입했는데 USC에서는 전혀 사용하지 않는 것이 새로웠다. 수술 전 코 안과 입 안에 소독과 드레싱을 철저히 하는 것으로 충분하고 염증이 오면 그 균에 맞게 항생제를 선택해 쓰는 것이 더 나은 결과를 갖고 온다는 Chief(수석) 수련의의 설명이었다. 수술 전후에 10 Doses 주사하는 우리와는 차이가 컸다.

예방적으로 항생제를 수술 전후에 사용하지 않느냐는 나의 질문에 차트를 정리하던 수석 수련의는 오히려 왜 항생제를 사용해야 하느냐고 되물었다. 나에게는 또다른 충격이었다.

봉생병원은 항생제 사용을 최소화 해야 한다고 늘 강조하고 있다.

우리 의학계는 열악한 의료 환경에서 출발한 관계로 항생제 사용이 선진국보다 남용되는 경향이 있다. 슈퍼박테리아가 생길 정도로 항생제 남용이 갖고 올 문제점을 지적하였고 사회적으로 큰 문제가 되고 있다. 이것을 빌미로 김대중 대통령 시대에 미국식 의약분업을 다각적이고 충분한 정책적 검토 없이 한국에 접목하게 된다.

나는 1997년 국회에서 우리의 현실은 미국처럼 OTC(Over The Counter의 약자로 처방약 외는 슈퍼에서 약을 쉽게 구하는 제도) 제도가 시행되지 않고 있음을 지적하면서 최소한 일본의 경우처럼 선택적 의약분업(환자는 병원의 약국과 일반 약국 중 어디서나 약을 살 수 있는 제도)이라도 해야 한다고 주장하였으나 채택되지 못했다. 김대중 정부가 참여연대 등 시민단체의 지원을 받으며 미국식 완전 의약분업을 밀어붙이자 당시 대한약사회는 자신들의 이익을 지켜내기 위해 많은 노력을 한 반면, 의협과 병협은 소극적이고 무관심한 태도를 보임으로써 문제투성이의 의약분업을 시행하게 되었다. 시민들은 불편하게 되고 약국의 독점구조가 형성되었다. 병원은 약으로 인한 수익이 거의 문전약국 등으로 이전됨으로써 경영이 어렵게 되고 문전약국은 성시를 이루는 기현상이 생기게 되었다. 급기야 최근에는 병원은 약사를 구하기 힘들어 운영에 큰 어려움을 직면하고 있다.

봉생병원 경우에도 병원 앞 문전약국은 성시를 이루고 의약분업 실시 후 기존의 약국 외에 5-6곳의 약국이 우후죽순처럼 생겨났다.

우리나라도 슈퍼에서 대부분의 가정상비약이나 위험성이 낮은 일반 약들을 살 수 있는 OTC제도를 선진국 수준으로 확대해야 하고 의사들도 선진국처럼 꼭 필요한 약만 처방하도록 행태를 하루빨리 바꾸어야 한다. 국민 건강을 위해 특히 항생제 남용을 피해야 한다. 병원의 적자 구조 개선을 위해 정부는 약사회를 잘 설득하여 일본과 같이 선택적 의약분업 도입을 적극적으로 검토해야 한다.

이미 병원들은 약사를 구할 수가 없는 지경에 이르렀다. 약사회 지도자들도 병원 없는 문전 약국이 있을 수 없음을 알고 공생공존의 길을 찾아나서야 할 것이다.

국제학회에서 안면경련증 수술례 발표하다

평소 관심이 많았던 안면경련증과 삼차신경통 환자에 대한 미세혈관감압술 MVD 수술은 뉴욕대학병원 신경외과에 임상 펠로우로 취업되어 가기 전인 1979년 5월 한 달 간 피츠버그대학의 신경외과 주임교수인 피터 자네타 교수에게서 사사를 받게 되었다. 이 수술법은 미국생활 2년 10개월을 정리하고 귀국한 후 뇌혈관 수술에 뛰어난 의사를 만나게 되는 계기가 되었다. 이 수술만 수천 례를 한 일본의 Takanori Fukushima 선생의 수술 례를 여러 차례 관찰하게 되고 1979년 5월 한 달 간의 피츠버그대학에서의 연수경험 등으로 자신감을 가지게 되어 1986년 첫 례를 시술하게 된다.

나와 후쿠시마 선생과의 인연은 1985년 경 일본 동북부 어느 도시에서 개최된 한일 뇌혈관신경외과학회에서 비롯되었다. 그의 발표를 듣고 함께 대화를 나눌 기회가 있어 안면경련증 수술에 관심이 많다는 것을 알게 된 그는 다음에 자기의 수술을 직접 보기 위해 일본에서 만나자고 제안하였다. 그는 특별하게도 일정 기간 동안은 일본 각지의 몇몇 병원을 정해두고 직접 다니면서 수술을 하고 있었다. 당시 근거지는 도쿄의 미쯔이 병원에 적을 두고 있었다. 그가 규슈의 가고시마 시의 仁愛会병원에서 안면경련증 환자의 미세혈관 감압술 수술을 하는 날에 맞추어 후꾸오카를 경유하여 가고시마에 가서 2박 3일 동안 다섯 례의 수술을 관찰하고 함께 도쿄의 미쯔이병원에 가서 두 케이스의 수술을 견학하게 되었다. 매우 친절하게 그의 경험을 하나라도 더 가르쳐주고 싶어 하는 열정을 보여 주었다. 뿐만 아니라 함께한 4박 5일동안 호텔비를 제외한 일본 국내 비행편과 식비 등 경비를 선생께서 부담해 주었다.

 내게는 특별한 분이었고 그 후 부산에서 봉생병원이 주최한 김원묵 추모 국제학술회에 여러 번 초청하여 부산에서 즐거운 시간을 함께 하기도 하였다. 그의 부산 방문이 한국의 신경외과 의사들과 교분을 넓히게 하는 계기가 되었다. 그는 지금 미국 듀크대학에 교수로 재직하고 계시고 평생 24,000명의 환자를 수술하였다고 자랑하고 있으며 70대 중반의 나이에도 불구하고 왕성한 수술을 하고 있다. 나는 신경외과 의사로서의 그의 열정에 깊은 존경심을 가지고 있다.

2001년 봄으로 기억된다. 뒤에 자세히 기술하겠지만 전남 벌교에서 오신 70대 후반의 할머니 환자 수술을 한 것이 신경외과 의사로서는 마지막 수술이 되었다. 재선의 국회의원으로서 정치에 전념하고 직분에 충실하기 위해 그간 정성을 다해 준비를 철저히 해 온 이상훈 선생에게 MVD를 포함하여 모든 뇌혈관 수술을 일임하게 되었다. 이 수술을 전수받은 이상훈 선생은 그동안 열정적으로 수술해 온 결과 2018년에 들어와 3,000례를 돌파하는 대기록을 수립하였다.

이것은 내가 젊은 시절부터 꿈꾸어 왔던 대기록이다. 돌이켜보면 자네타 교수나 후꾸시마 교수, 곤도 같은 세계적인 대가들이 3,000례를 돌파하고서 국제적 명성을 얻을 수 있었다. 이제 이상훈 선생이 그 반열에 올라서게 된 것이다.

이제 이상훈 선생이 중심이 되어 봉생병원에 안면질환으로 고생하는 환자들을 위한 안면질환 센터를 마련하고자 하고 있다. 2018년 11월 10일에 미세혈관감압술(MVD) 3,000례 돌파를 기념하여 중국과 일본, 한국의 석학들을 모시고 국제세미나와 기념행사를 조촐하게 치렀다. 단 한 사람의 사망도 없이 3천례라는 대단한 성취를 이루었고 우리 봉생병원 신경외과팀은 안면질환 센터라는 새로운 출발을 할 것이다.

1980년대 초에 이 수술로 사망한 환자 가족의 고발로 서울대 신경외과 교수 한 분이 곤욕을 치르고 의사의 잘못이 인정된다는 개연성 시비로 대법원에서 벌금을 판결받게 되어 이 수술은 기피하는 위험한 수술이 되었다.

안면신경의 줄기가 시작되는 부분 Root Entry Zone에 혈관(주로 동맥)이 압박함으로써 안면에 경련이 생기게 되어 이를 감압하는 수술인데 그

장소가 바로 호흡 중추인 숨골이 위치한 자리라 생명을 잃을 위험성이 큰 만큼 상당한 정신적 부담을 주는 수술이다.

자네타 교수의 3000례 분석에서 0.3%의 사망률이 있는 수술이다.

나의 첫 수술 례는 25세 여성으로서, 결혼 상대의 아버지가 이 신부감의 안면경련을 보고 중풍환자

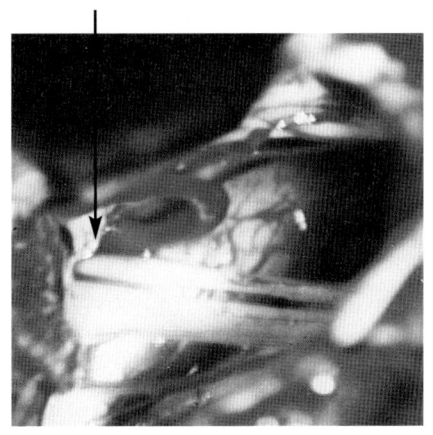

숨골 부위의 안면신경을 동맥이 눌리고 있다.

라고 결혼을 반대했고 그 충격을 받아 자살을 시도해 봉생병원에서 응급처치로 구명한 환자였다. 그 여성의 어머니께서 간호사들에게서 내가 그 수술을 외국서 배워 왔다는 얘기를 듣고 나를 찾아와 "죽다가 산 사람이니 수술하다 죽어도 좋으니 수술해 달라"고 애원하였다.

나는 그 말에 용기를 내어 첫 수술을 하게 되었다.

수술 후 환자는 많은 호전을 보였으나 십 수 년이 지난 후 조금씩 악화되어 이상훈 선생이 재수술을 하여 완치되었다고 한다.

그 후 매년 수술 례가 증가하였고 수술 환자가 두세 달 밀리기도 하였다. 학회에서 수술 기법을 비디오를 통해 발표도 하고 맹렬히 수술 례를 키워 갔다.

세브란스에서 수련을 끝내고 박창일 교수의 추천으로 봉생병원 재활의학과장으로 부임해 온 이영희 선생(그 후 원주 세브란스병원 교수로 병원장 역임)은 근전도에 조예가 깊었다. 안면경련증 수술 례마다 안면 근육의 심전도를 모니터링함으로써 수술 과정 중에 증세의 호전을 예측할 수 있어

수술의 완벽성을 기할 수 있게 되었다.

수술 중 안면근육의 근전도 소견과 수술 결과와 예후 등을 정리하여 1994년 11월 6일 대만 타이페이에서 개최된 제9회 Asian – Australian Congress of Neurological Surgery에서 261 환자의 수술 결과를 직접 발표하였다.

논문 제목은 〈Prospective study of Hemifacial Spasm after MVD and Significance of Electrophysiologic Monitoring〉이었다. 이 논문은 세계적인 신경외과 저널인 《NEUROSURGERY》 1997년 4월호에 게재되었다. 이 논문 게재가 자랑스러웠던 이유는 대학병원이 아닌 봉생병원에서 내가 집도한 임상례만으로 쓴 논문이 세계적인 저널에 게재된 것이었기 때문이다.

1996년 2월 국회의원으로 출마할 즈음 350례를 돌파하였고 6월까지 수술 환자가 예약되어 있었다.

갑자기 국회의원 공천이 결정되어 2월 한 달은 예약환자를 당겨서 거의 매일 수술을 하였으나 나머지는 7월로 연기하는 등 수술 일자 조정에 힘들었던 기억이 새롭다. 환자들의 항의가 심한 경우 일부는 서울로 보내드리기도 하였다.

사망률은 제로였으며 완치율은 96%로 세계적 수준이었다.

최근에는 Sugicel을 이용한 감압술은 재발률이 높아 압박 장소를 옮겨주는 방법을 쓰고 있다고 한다.

이 MVD 수술은 국회의원에 재선한 첫 해인 2001년까지 7월~8월과 12월~1월 등 여름과 겨울 기간 국회가 휴회인 기간에는 매년 약 50례 정도의 수술을 이어갔다.

의사 이상훈과 인연 맺다

이상훈 선생을 미세혈관 현미경수술의 후계자로, 또 이 MVD수술 전수자로 삼아 독일과 미국에 보내는 등 최대한으로 지원하였다.

이 글을 쓰고 있는 현재 3,000례 이상을 시술하고 세계적으로 명성을 떨치고 있는 가운데 김원묵기념 봉생병원의 이상훈 선생이 매주 5-6례의 수술을 감당하고 계신다.

나는 참으로 인복이 많은 사람이다. 이상훈 선생의 경우가 특히 그렇다.

이상훈 선생은 1986년에 부산대학을 졸업하고 입대할 때까지 약 5개월의 기간이 있어 당시 인턴으로 일하던 김철권 선생(현 동아대학교 정신과 교수)의 소개로 입대 시까지 일반의로 나를 돕게 되었다.

어느 날 회진을 돌면서 한 말을 잊을 수 없다.

"원장님 뇌수술 하고 나면 대부분 이렇게 결과가 좋습니까?"

갑자기 뚱딴지같은 질문이라

"아니 당연한 것을 가지고 왜 그런 질문을 하지?"

"대학병원에서 신경외과 실습 때 보니까 중환자가 많아서인지 수술 결과가 나쁜 경우가 너무 많아 보였습니다. 그래서 신경외과를 공부할 흥미를 잃고 있습니다."

바로 이 이상훈 선생이 봉생병원 최초의 신경외과 전공의가 될 줄 누가 알았으랴!

당시 봉생병원은 신경외과 전공의를 수련할 수 있는 병원이 아닌 준종합 병원이었는데 최초의 전공의라니 어떻게 된 일인지 궁금할 것이다.

이유인즉 이렇다.

군에 입대한 후 2년 정도 지난 시점에 이상훈 선생이 편지를 보내왔다. 제대하면 신경외과를 공부하고 싶으니 도와달라는 내용이었다. 세브란스 등 수소문을 해 본 결과 전주예수병원에 TO는 있으나 신경외과 전공의를 받을 계획은 없다고 하였다.

그래서 나는 예수병원 측에 제안을 하였다. 급여는 봉생병원에서 지급할 테니 TO를 살려서 받아 달라고 했더니 병원 측이 받아들여 주었다. 세계적인 신경외과 의사의 씨가 뿌려진 순간이었다.

내가 수술을 더 이상 하지 않게 된 연유 또한 예사롭지 않다.

세상을 살아가면서 늘 뒤따르는 생각이 있다.

이것은 느낌이다. 무언가 초능력자가 나의 인생 항로를 조타하고 있다는 느낌을 지울 수 없다.

고교 때 우연히 만나게 된 L모 양과의 만남도, 그렇게 가고 싶지 않았던 의과대학 진학을 윽박지른 아버님의 강권도, 허리 디스크가 생기고 요추관 절부전증이라는 후유증으로 평생 고생하는 것과 A형 간염의 발병으로 방사선 노출이 한계에 와서 골수의 파괴 직전에 발견된 것도 우연한 일들이 아니었다.

　살아온 궤적 어디에도 그러한 흔적이 없는 곳이 없다. 내가 태어난 것 자체가 천명을 띤 것으로 생각되었다.

　태어나 불과 몇 달 만에 콜레라에 걸려 죽을 고비에 다다랐을 때 아버님의 오수 중에 할아버지가 나타나서 꿈에 처방을 해주셨고, 그대로 처방하여 먹이니 흰 설사가 멎고 회생하기 시작하더라는 것이다.

　"필연은 우연의 탈을 쓰고 나타난다"는 어느 철학자의 말이나 "우연은 신의 지문"이라는 말처럼 우연 같았으나 이런 모든 것이 필연의 연속이라고 생각된다.

　사람들은 별 생각 없이 말하고 생활하는 타성에 젖어 일상을 살아가는 경우가 많다.

　성공한 사람일수록 생각하는 삶을 살아간다. 아침에 일어나면 하루의 계획을 생각하고 스스로 조심할 것을 챙기고 잠자리에 들면서 하루를 유추해 보는 반성의 기회를 가진다. 아무리 바쁜 하루의 일정 속에서도 30분만이라도 혼자 명상하는 시간을 가져 볼 필요가 있다.

　한 주가 시작되는 매 월요일마다, 또 한 해가 마무리되는 매년 12월에 자신만의 시간을 더 많이 가지고 명상으로 자신과의 대화를 즐겨야 한다.

　세월이 지날수록 우리 사회의 지도자나 성공한 사람들은 사유하면서 살아간다는 것을 알게 되었다. 그래서 언제부턴가 명상하는 습관이 들었다. 특히 중요한 일을 앞두고는 깊은 명상을 통해 많은 생각들이 정리되어 좋은 결과를 맺게 해주었다. 신경외과 의사로서, 병원장으로서, 또한 많은 사회활동 등 정신없이 돌아가는 하루하루에서 큰 실수 없이 그런대로 성공적으로 일을 처리할 수 있었던 것도 명상하고 조용히 성찰해 보는 습관 때문일 것으로 생각된다.

특히 국회의장 재임 중에는 무게감 탓에 매일 4시 반이면 잠이 깨어 침대에 걸터앉아 하루의 일과를 연상하면서 챙겨야 할 것, 조심해야 할 것 등을 생각하고 정리하였다.

건물을 지을 때 설계를 하듯 하루건 한 달이건 생각하면서 살아가는 사람이 성공할 확률이 훨씬 높지 않을까 한다.

고요한 가운데 지혜가 생긴다는 옛말이 떠오른다.

이상훈 선생이 50세쯤이었으니 십 년 전 일이다. 하루는 원장실에 찾아와서 서울의 모 대학에서 교수로 초빙하겠다는 데 가는 것을 검토하고 싶다는 요지의 말을 하는 게 아닌가?

갑자기 하늘이 노래지고 머리에 심한 충격을 받은 듯 어안이 벙벙하였다. 가히 청천벽력 같은 말이 아닐 수 없었다.

나는 이상훈 선생에게 단호하게 말하였다.

"이 선생이 떠난다면 봉생병원의 신경외과를 닫겠다. 나도 국회로 떠났고 이 선생도 대학으로 떠난다면 봉생의 신경외과는 죽는 것이나 진배없다. 그러니 교수로 가겠다면 막을 수는 없으니 우리나라 신경외과에서 봉생신경외과가 지니는 역사성이 종언을 고하게 될 것이다, 그래도 좋다면 가라!"

중년의 나이인 우리 둘은 마주보며 눈물을 흘렸다. 나의 결기가 전해졌는지 두 번 다시 교수직 얘기는 없었다. 우리가 흘린 눈물의 의미는 참으로 의미심장하였다. 우리는 봉생의 숭고한 맥을 이어가겠다는 무언의 약속을 한 것이다.

신경외과 의사로서 마지막 수술은 천사 할머니였다

신경외과 의사로서 24년차가 되는 시점에서 마지막 수술이 된 예에서도 예사롭지 않은 느낌을 지울 수가 없다.

재선의원이 된 후에도 안면경련증에 대한 수술은 여름과 겨울 기간에 계속하였다. 이 안면경련증은 시간을 다투는 질병이 아니라서 가능한 일이다.

2001년 8월, 70대 후반의 얼굴에 주름이 많고 키가 작은 할머니가 딸과 사위와 함께 외래로 찾아왔다.

벌교에 사시는데 30년 가까이 안면경련으로 고통 받던 분이었다. 위험한 수술이고 연세도 높으시니까 그냥 참고 사시는 게 어떻겠느냐는 나의 말에 "단 하루라도 경련 없이 살다 죽는 게 소원"이라고 하시면서 꼭 집도를 해 달라고 조르셨다. 가족들도 어머니의 소원이고 위험을 감수하겠으니 수술을 해 달라고 하였다.

수술은 잘 되었고 연세에 비해 마취에서 잘 깨어나서 다행이라고 생각하고 국정감사 준비도 할 겸 상경하였다. 그 후 삼 일째 쯤 환자의 의식 상태가 조금 나빠지는 것 같다는 전화가 왔다. 뇌 CT를 찍어 두라고 지시하고 곧장 부산 행 마지막 비행기 편으로 달려와 환자 상태를 체크하였다.

수술 부위에 약간의 출혈이 있고 약간의 뇌부종이 보였다. 환자의 의식은 몽롱한 상태였다. 응급 수술로 소뇌를 조금 감압시키는 것으로 수술을 마치고 뇌부종을 가라앉히는 수액치료를 하였다. 환자는 다행히 조금씩 회복하더니 완치가 되었고 약 한 달 후 퇴원하였다. 감사한 일이었다.

이 할머니가 나의 22년 신경외과 역사의 마지막 수술 례가 된 것이다.

스스로 더 이상 수술을 하지 않겠다고 결심한 이유는 따로 있다.

재수술 후 퇴원 때까지 한 달 간 제주도와 군산에 산다는 환자 자제들의 협박성 전화가 하루가 멀다 하고 나와 국회 사무실로 걸려왔고 내게 전화가 안 되면 보좌진들에게 겁박을 하곤 하였다.

기억나는 것 중 하나만 소개하면 "만일 내 어머니 죽으면 국회 사무실로 쳐들어가서 다 부숴버릴 것이다."

의료인으로 살아가면서 수없이 겪는 이런 사람들은 부모에 대한 효도라고 착각하는 듯 했다. 이것이 얼마나 큰 범죄행위이며 수많은 의료인들의 의기를 꺾는 일임을 모를 것이다. 의사는 환자를 돕는 사람이며 최선을 다할 뿐 생사를 좌우할 신의 위치에 있지 않음을 알아야 한다.

사망률이 있는 위험한 수술이라 사망도 각오한다고 싸인한 수술승낙서는 한낱 종이에 불과했고 입원 당시 나타나지 않았던 자제들은 그런 감정적 행동을 보인 것이다. 이런 반응은 현재진행형이다. 선진국민이 되기까지는 변하기 어려운 우리 국민성의 단면일 수도 있다는 생각이 든다. 오죽하면 "물에 빠진 사람 건져 놓으면 보따리 내놔라 한다"는 속담이 있지 않던가.

모든 수술은 사망의 위험이 따른다. 맹장염 수술마저도 사망률이 제로는 아니다. 어떤 시술에도 부작용이나 후유증과 사망이 따를 수 있다.

의사는 환자의 질병을 치료하는 선의를 가지고 도움을 주는 사람이 아닌가? 내가 그 한 달 간 받은 분노와 스트레스는 돈으로 계산이 될 수 없다. 다행히 환자가 완치됨으로써 마무리가 잘 되었다.

만에 하나 이 환자가 사망하였다면 그들은 국회까지 와서 난동을 부렸을 것이고, 언론에 소개가 되고, 의료사고로 재판을 받게 되고, 판사는 의사의 잘못을 부분적이라도 있다 하여 배상금을 주라는 판결을 할 수도 있을 것이다.

이 사건은 나로 하여금 깊은 상념에 들게 하였다.

깨끗한 정치를 위해 스스로 경제적 해결을 하는 것도 중요하지만 이제 재선 국회의원이 되었으니 의정에만 전념하라는 하늘의 뜻이며 신경외과 의사의 직분을 떠날 때가 되었다는 생각과 함께 그 벌교 할머니는 이 메시지를 전하기 위해 하늘이 보내주신 천사라는 생각이 들었다.

이 안면경련증은 한쪽 얼굴이 자연적으로 씰룩거리는 경련이 생기는 질환으로서 환자들은 정신적 고통도 함께 받는 괴로운 질병이다.

완치된 환자들의 반응은 다시 태어난 느낌이라는 말들을 많이 하였다.

육체적 고통에 더하여 직장에서 대인관계의 어려움과 특히 여성들은 놀림의 대상도 되는 등 정신적 스트레스가 많은 질병이다.

이 질환 자체는 생명에 지장이 없다. 따라서 결과가 나쁜 후유증이나 사망이 생긴다면 의사에게 일정 부분 책임을 물을 수는 있다. 그러나 그것은 폭력적이거나 의사를 위협하는 방법이어서는 안 된다. 조용히 합법적 방법으로 법의 테두리 내에서 해결되어야 할 문제이다.

지금도 봉생병원에서는 매주 5-6명씩 수술하고 있을 정도로 발병률이 꽤나 되는 질병이다.

국회의장직을 무사히 잘 끝내고 병원장실로 돌아왔으나 다시 수술을 하기에는 너무 오랜 시간이 흘렀다.

영국 속담에 나오는 외과의사에게 필요한 세 가지 덕목이 있다. 그것은 사자의 담력과 독수리의 눈 그리고 여성의 손이다. 즉 담력과 판단력 그리고 손끝의 미세한 기술력을 의미한다. 15년의 세월 동안 수술 메스를 놓은 나에게는 이 세 가지가 모두 부족할 수밖에 없었다.

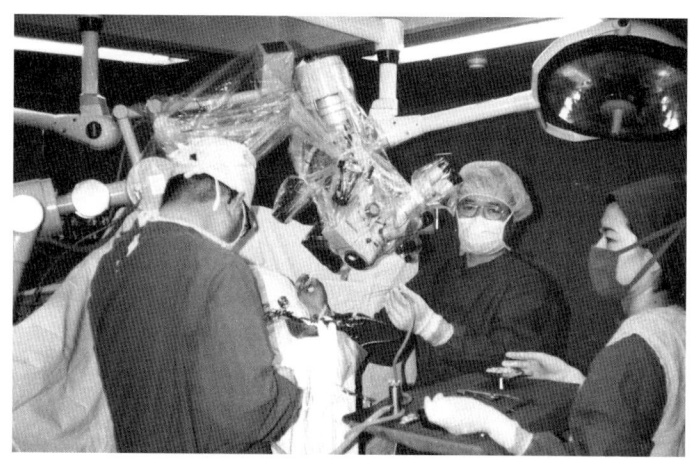

1985년 신축건물 새수술실 최신형 수술현미경 기기 도입. 스틸사진과 동영상 촬영기도 부착하였다. -이대성 조수실장과 임윤정 간호사와 필자

대한민국 국회의장을 지낸 사람으로서 돈을 받고 수술한다는 게 맞지 않다고 생각하였고, 의사는 환자를 위해 존재한다는 대명제를 생각한다면 15년 간 수술을 하지 않았던 사람이 더 이상 뇌수술을 한다는 것은 도리가 아니라고 생각했다.

국회의장 직을 수행하던 2014년 5월 30일부터 2년 간은 겸임이 안 되었지만 현실정치를 떠난 후 다시 본래의 자리로 돌아와 경영이 어려워진 병원에 몰두하면서 가족들과 더 많은 시간을 가지려 하고 있다.

신경외과 의사가 수술을 할 때에는 환자의 머리가 집도의보다 아래에 놓이게 된다. 그러나 집도의의 마음은 생명에 대한 경외심을 가지고 항상 환자보다 아래에서 두 손으로 곱게 받든다는 자세가 중요하다.

나의 수술 결과는 결코 세계적 대가들보다 모자라지 않다고 자부한다.

뇌동맥류로 인한 뇌지주막하 출혈은 수술 현미경이 도입되기 전 1975년 경까지만 해도 수술 결과와 예후가 아주 나빴다.

소위 화장실에서 머리가 깨어지는 두통과 함께 사망하는 질환으로 옛사람들은 주당귀신이 잡아갔다고 한 그 주당귀신이 뇌동맥류이다.

우리 세대가 우리나라 미세혈관 수술의 1.5세대라 할 수 있는데 우리는 논문 등을 통한 이론적 공부와 동물실험을 통한 기술 연마, 수술 조수의 단계를 거쳐서 집도의가 되는 기초부터 다져서 인체에 적용한 과정을 제대로 밟았다고 말할 수 있다.

1세대는 대부분 육안 수술에서 바로 수술 현미경을 뇌수술에 적용하였다. 우리 세대 이후의 후배들은 모두가 제대로 수술 현미경을 이용한 미세혈관 수술을 연마했다.

드레이크 교수에게서 한 달 연수 차 캐나다의 런던에 소재한 온타리오 대학에 갔을 때 경희대학의 김국기 교수께서 원룸아파트 생활을 하면서 내가 방문했다고 반가워하며 만찬 초대를 해주었다. 그러나 사모님께서 마련해 주신 저녁을 수저가 두 벌 밖에 없어서 셋이 함께 식사를 못한 것이 추억이 되었다.

많은 신경외과 의사들이 어려운 가운데 선진국에 가서 희생적으로 공부를 하여 오늘날의 대한 신경외과의 수준으로 올릴 수 있었다. 대가가 되고자 하는 한국인 특유의 DNA 덕분에 성취감과 의지가 있어 가능한 일이었을 것이다.

나라 일을 끝내고 병원에 돌아와 보니 신경외과는 딜레마에 빠져들고 있다는 느낌을 지울 수가 없었다. 세상 민심은 갈수록 악화되고 사람들은 물신주의에 젖어 수술의 결과가 나쁘면 시비부터 걸고, 고소는 다반사가 되었다.

환자들은 젊을 때부터 섭생의 잘못과 술과 담배, 미세먼지 등으로 심폐 기능이 나빠지고 있고 정신자세는 이기심과 물질중심주의에 빠져 있다. 자유시장경제의 대한민국이 의료수가는 사회주의 국가처럼 정부가 통제하고 있다. 생명을 다루는 신경외과의 수술이나 시술의 수가는 쌍꺼풀 수술비에도 못 미치고 의료사고로 인한 사망이나 장애가 심한 후유증에 대한 법원의 배상액 판결이나 조정액은 10억이 넘기도 한다.

정부가 의료수가를 통제한다면 배상액도 상한선 Capitation제도를 도입하여 일정액 이상은 정부가 부담해야 하는 것이 상식 아니겠는가. 뿐만 아니라 미국의 경우를 보면 변호사의 숫자가 늘어나는 것도 의료분쟁의 증가와 무관치 않을 것이다.

그러나 세상의 변화에 고지식한 신경외과 의사들은 고집스럽게 과거와 같은 순수한 생각만으로 수술에 임하고 있다.

신경외과 후배들의 이런 모습이 눈물겹도록 성스러울 지경이다. 그러나 이런 자세가 오래 갈 수는 없다. 의료분쟁의 빈도가 늘어나고 배상액이 천문학적이 되는 세상에 이겨낼 장사가 있을 수 없기 때문이다.

뇌수술은 기피 수술이 될 것이다. 뇌수술을 하는 신경외과 의사도 격감하고 있다. 이대로 방치한다면 병원은 보험료를 지불하고 보험회사의 보상 이상의 배상액은 미국처럼 의사가 부담할 수밖에 없게 될 것이다.

어느 신경외과 의사가 위험한 수술을 하려고 하겠는가? 정치권과 정부는 심각하게 대처 방안을 세워야 한다. 이것은 비단 신경외과에 국한되는 문제가 아니다. 모든 외과 영역에 파급되고 있다.

각 외과 학회와 의협과 병협은 더 이상 직무유기를 해서는 안된다. 적극 나서서 정부와 국회를 설득해야 한다. 곤경에 처한 신경외과 등 외과계 의사를 도와주는 사람은 아무도 없는 세상이 되어가고 있기 때문이다. 정부도, 건강보험 공단도, 법조계도, 정치권도, 의협이나 병협마저도 도움을 줄 생각을 하지 않는다.

세상은 여전히 병원은 돈을 잘 벌고 의사는 강자이며 갑이라는 생각을 가지고 있다. 의료보험 시행 이전의 이러한 고정관념이 지금까지 이어져 와 의료가 무너지고 있는 작금의 현실과의 괴리는 이루 말할 수 없을 지경이다. 지금도 뜻있는 신경외과 의사들은 환자의 생명을 살리기 위해 자신들 생명의 보호는 뒷전이다. 신경외과 의사들은 차츰 힘들고 고된 뇌수술 분야를 공부하는 것을 기피하고 척추수술에 더 많은 관심을 가지고 있다. 일부 병의원은 통증완화를 위한 갖은 진료행위는 비급여라 하여 터무니없는 진료비를 받는 예도 증가하고 있다.

그들로 인해 의사에 대한 인식은 악화되고 있고 잘못된 의료정책과 제도를 바로잡는 데 나쁜 영향을 끼치고 있다. 이러한 현상은 모든 의료분야에 걸쳐 나타나고 있으며 대학병원마저도 결과가 보장되지 않는 위험한 수술이나 중환자를 기피하는 현상이 생기고 있다. 더 악화되기 전에 정부나 정치권과 의료계 지도자들은 이런 왜곡 현상을 바로 잡기 위해 적극 나서야 할 것이다.

비단 신경외과 뿐 아니라 각종 외과와 내과적 시술도 마찬가지이다. 그냥 두면 사망할 병임이 학문적으로 밝혀져 사망을 예방하기 위한 시술의 결과 드물게 생길 수 있는 후유증이나 사망이 두려워 그냥 둘 수밖에 없는 날이 다가오고 있는 것이다.

다시 한 번 분명코 말하건대 우선 정부가 사회주의식으로 의료수가를 통제하는 한 일정액 이상의 배상액은 건강보험공단이 책임지는 의료보상 상한제 capitation정책을 도입해야 한다.

13개월의 뉴욕 생활이 역사를 만들다

나는 참으로 복이 많은 사람이다. 의과대학에 다닐 때 미국 의사시험 공부를 하면서 그렇게 희망하였던 미국병원에 취직을 하게 된 것이다. 1979년 6월말 피츠버그를 떠나 뉴욕으로 들어가는 조지 워싱턴 브릿지를 건널 때 주체하기 힘들 정도의 벅찬 심정이었다.

세계적인 신경외과 의사가 되겠다는 대망을 가지고 미국에 온 지 11개월 만에 드디어 국제 도시 뉴욕에 둥지를 틀게 되는구나! 하는 기쁨과 도전심 그리고 약간의 두려움과 함께 흥분하지 않을 수 없었다. 흥분을 감추지 못해 "여보 드디어 뉴욕이오!"라며 아내의 손을 지긋이 잡았다.

그해 7월 1일부터 뉴욕대학병원(NYU)에 임상 펠로우(Clinical Fellow)로 일하게 되었다. 미국은 2주마다 수표로 급여를 지급하였다. 나는 한국의 수련기간을 인정받아 PGY(Post Graduate Year) 6th에 해당하는 급여를 받았는데 연봉으로 2만5천 불이었다.

NYU의 대학병원과 불과 10블록 떨어진 뉴욕 1st Ave와 37th Street에 있는 중형아파트 건물의 2층에 월세 500 불의 조그만 Studio(단칸방)

에 뉴욕에서의 신혼살림을 시작하였다.

두어 달 뉴욕 생활에 익숙해진 아내는 체이스맨하탄 은행에 취직을 하게 되었고 미국에 온 지 꼭 일 년이 되는 그해 가을에 임신을 하게 된다. 뉴욕은 우리 부부에게 또 하나의 축복을 준 것이다.

대학시절부터 가졌던 꿈들과 수련의 생활 중에 생각하였던 장래에 대한 설계들이 없었다면 그리고 수많은 역경 속에서도 자신을 키워가겠다는 자기계발 정신으로 펼친 도전정신이 없었다면 오늘의 정의화는 없었을 것이다. 뉴욕에서 시작하는 수많은 인연도 생기지 않았을 것이다. 뉴욕에서의 의사생활은 언어 장벽과 삼 일마다의 당직날에는 거의 잘 수가 없어 힘들었지만 나의 인생에서 가장 행복한 기간 중의 하나가 되었다.

뉴욕에서의 13개월여의 생활은 나의 인생에 큰 영향을 끼치는 수많은 사건과 추억, 인연들을 만들어 주었다. 미국에서의 지난날을 돌이켜보면 젊을 때는 발전적 미래를 향한 도전심이 삶을 더없이 풍부하게 해준다는 것을 잊지 말아야겠구나 하는 생각이 든다.

세계적인 도시 뉴욕에서의 도전이 시작되었다.

아직 영어가 서툰 가운데 나의 무의식 세계에 항상 웅크리고 있던 특유의 도전정신은 내심 두렵기도 했지만 쿨한 가운데 차분히 이겨나갈 수 있게 해주었다.

6월 30일 롱아일랜드의 Joseph Ransohoff 주임교수의 해변가 별장에서 새로운 학기 시작을 앞두고 파티가 있었다. 여러 스탭 교수들과 나를 포함해서 13명의 수련의사, 비서들, 중요 간호사들이 참석하는 파티에 우리 부부도 참석하였다. 주임교수 내외께서 잡아온 생선들과 조개류들을 구워 먹는 바닷가 야외 파티였는데 일 년 간 함께 일할 스탭진인 교수들과 동료들, 직원들과 자리를 함께 하면서 처음으로 인사를 나누는 좋은 기회가 되었다.

우리에게는 비교적 흔한 회식문화가 미국에서는 자주 없었다. 이 파티는 일 년에 한 번 열리는 행사였다.

NYU에서 훗날 나에게 많은 도움을 준 당시 신경외과의 수석 전공의 Chief Resident를 하고 있던 Dr. 잭 던(Jack Dunn)과의 인연이 시작되었다.

현재는 아리조나 주의 투손(Tucson)에 살고 있는 그는 지금까지도 가족들과 함께 형제처럼 지내는 파란 눈을 가진 동양인 풍의 인상을 가지고 몸집도 나와 비슷하였다. 1944년 생으로 해군 군의관 출신의 에너지가 넘치는 젊은 의사였다.

처음 인사를 나눌 때 "I am Korean"이라고 해서 잘못 들은 것 같아서 되묻기도 하였다. 그가 스스로를 한국인이라고 한 연유인즉 1904년 평안북도에 사시던 그의 조부모께서 한국인으로서는 하와이 이민 1세대인 사탕수수 이민으로 하와이 Kauai 섬에 오셨다는 것이다.

성이 전 씨라니 추측컨대 평안도 사투리가 전을 던이라고 하니까(정거장의 평안도 사투리로는 덩거장) Dunn이라는 미국 성을 사용한 듯하였다.

잭의 아버지는 후에 여러 차례 만난 적이 있는데 이승만 대통령을 많이 닮아 보였다. 잭은 아리조나로 옮긴 후 장모님과 함께 친부모를 Tucson으로 이주시켜 이웃에 함께 살도록 한 효자였다. 그의 아버지는 한국인으로서 백수를 하고 2016년에 돌아가셨다. 잭의 어머니는 아일랜드 여성이었다.

해군 군의관 제대 후 수련을 시작함으로써 나보다 4년 연상이었으나

잭 던의 부모님과 두 따님(Erica 와 Allison)

년차는 비슷하였다. 그의 덕분으로 일 년 간의 임상 펠로우 생활을 알차고 즐겁게 보낼 수 있었다. 그는 4년차로서 St. Vincent 병원(NYU의 제휴 병원 Affiliated Hospital로 나도 3개월 간 파견 근무하였다)의 신경외과 병동에서 함께 일하던 로즈메리 간호사와 1980년 5월 4일 결혼을 하게 되었다. 이 또한 귀한 인연이 아닐 수 없다.

그 후 만 일 년이 지나 돌날 귀국한 아들은 훗날 부산서 다니던 대연중학교 2학년(1994년) 여름에 어떤 계기가 있어 Tucson의 공립중학교로 전학하게 되고 잭의 장모로서 이태리 출신 여성인 Ms. Phyllis Moroney께서 거두어 주시게 된다. 언어의 장벽으로 고생했던 나는 세 아들 중 하나는 완벽하게 영어를 구사하기를 바라기도 하였다.

인연은 인연을 낳고 키워지게 되고 그것이 인생을 더욱 풍부하게 하고 살맛나게 만들기도 하는 것이다. 그래서 사람들은 인연을 소중하게 여기고 가꾸고 이어가야 한다.

물론 악연이라는 느낌이 들면 가능한 한 빨리 매듭을 지어야 하지만……

1978년 2월 신경외과 전문의가 되어 봉생신경외과병원을 맡아 경영과 진료를 함께 했다. 당시에는 두개외상, 고혈압성 뇌출혈, 요추 디스크 환자가 주를 이루었다. 터줏대감이랄 수 있는 몇몇 병원 직원들은 나의 전문의로서의 역량이 어느 정도인지 관심이 많았던 것으로 기억한다.

특히 당시에는 CT, MRI 같은 첨단 뇌 진단기계가 없던 시절이라 경동맥을 통한 뇌혈관 촬영과 척추 조영술이 뇌와 척추수술 병변의 확진에 절대적이었다. 이것은 신경외과 의사가 직접 시술해야 하므로 얼마나 빨리 정확하게 잘하나 하는 것이 관건이었다.

두어 달 후 진료와 방사선 검사에 대한 처리를 보고 나에 대한 평가는 나쁘지 않았다. 욕 박사로 통했던 노병길 뇌파 실장이나 선비풍의 양남희 방사선 실장은 최고점을 주었다. 그들은 김원묵 박사의 부산 육군병원 시절부터 함께 일했던 베테랑들이었다.

CT가 도입되기 전까지 봉생병원을 찾는 생명이 경각에 이른 응급환자의 경우 뇌혈관 촬영 때마다 방사선 조사를 막는 애프런을 활용하는 시간도 아끼면서 시술하였다. 지금도 함께 일하였던 방사선 기사들은 환자의 생명을 구하기 위해 살신성인의 자세로 임했던 당시의 나에 대해 증언을 하기도 한다. 생명이 경각에 도달한 환자를 맞으면 분초가 아까운 나머지 납 애프런을 입는 시간도 아까워했던 것이다. 지금 생각하면 구태여 그렇게까지 할 필요가 있었느냐는 생각도 들지만 환자가 죽어가는 순간의 안타까움은 단일 초도 아끼지 않으면 안 되는 절박감을 가지고 있었기에 일어난 일들이다. 응급환자의 생명을 구하기 위한 일념은 수련의 동안의 과다 피폭으로 심각한 지경까지 간 것도 잊어버릴 정도였다.

지금도 후배들에게 자랑하고 그렇게 하라고 하는 것 중에 하나는 '의사로 일하면서 항상 환자의 생명을 우선시'하는 정신이다. 의사는 자신의 생명을 환자의 구명을 위해 희생할 수 있어야 한다. 그것이 현재 백여 명 함께 일하는 봉생의 전문의 과장 의료진에게도 봉생의 정신으로 연연이 이어지고 있다.

김수휴 선생의 영입을 추진하면서 뇌혈관 수술 연수를 위해 해외 연수를 가려고 마음을 먹고 있었으므로 앞에서 기술했듯이 우선 스위스 Zurich 대학의 신경외과 교수인 야사길 교수에게 편지를 보냈다.

이 편지 한 장이 나와 봉생병원에 지대한 영향을 끼치게 될 줄 몰랐다. 다시 한 번 강조하거니와 미래에 대한 열망을 가지고 도전하고 추진해 가면 언젠가는 꿈을 이룰 수 있다는 것은 지극히 평범한 진리이다. 누구나 도전심은 있다. 밑져야 본전이란 말처럼 피하지 말고 직접 부딪혀 보라고 후배들에게 조언한다.

고맙게도 세계적인 신경외과 의사로서 바쁘기 한량없는 분일 텐데도 야사길 교수는 곧장 답장을 보내주었다. 내용인즉, 자신은 교육시킬 수 있는 미세혈관 실험실이 빈약하므로 미국 샌프란시스코 대학의 Norman Chater교수가 좋은 실험실을 운영하고 있으니 그 분께 부탁해 보라는 것이었다.

김수휴 교수님이 1978년 6월부터 봉생신경외과 병원에서 근무하기로 결정되자 본격적으로 도미계획을 세우기 시작한 것이었다.

1978년 9월 말 LA생활을 정리하고 우리 부부는 난생 처음 샌프란시스코로 먼 자동차 여행길을 떠났다. 당시 Chater 교수는 UCSF의과대학 부교수로서 뇌혈관 수술 연구실은 인근의 Ralph K. Davis 병원에 있었다.

당시 Chater 교수는 뇌경색환자에 대한 두개 내외 혈관 문합술 EIAB (External Internal Arterial Bypass)수술을 주로 하였다. 수술이 있는 날과 매주 수요일 오후에 신경방사선과 컨퍼런스 때는 샌프란시스코 가주대학병원(UCSF)에 가고 나머지 시간은 미세혈관 실험실에서 쥐 혈관을 이용한 미세혈관 수술 연마에 전념하였다.

Chater 교수께는 혈관 수술을 배우고 있는 펠로우 의사가 한 사람 있었다. 오레곤 대학에서 신경외과 전문의 과정을 마친 Dr. Larry Tice였는데 교분을 가지게 된 것도 좋은 인연이었다. 마침 우리

미국학회에서 만난 Larry Tice, M.D.

는 함께 일하게 되었고 나이도 비슷하여 친구가 될 수 있었다. 서툰 영어도 교정해주고 무엇보다 외로운 이국 생활에 신경외과 의사로 대화가 되는 친구가 생긴 것이 얼마나 다행인지 모른다. 펠로우를 끝내고 콜로라도 Colorado주의 그랜 쟝숀(Grand junction)에서 개업을 하였고 그 후 가끔 미국 학회에서 반갑게 조우하기도 하였다.

지금까지도 샌프란시스코 시기의 기억에 남는 또 한 사람의 친구가 있는데 애칭으로 Zoli라고 부르던 헝가리 출신의 졸텐 스자보(Mr. Zolten Szabo)라는 친구이다. 16세 때 헝가리에서 이민 온 젊은이로 뇌혈관 실험실의 실장이었고 그의 아내인 중국계의 원다(Wonda)도 부실장으로 일하

고 있었다. 나는 채터(Chater) 교수의 배려와 졸텐의 지도로 한 푼의 비용 지불 없이 4개월여 동안 하루 종일 쥐 혈관과 씨름을 할 수 있었고 이 기간 동안 나는 미세혈관 수술 기술을 완벽하게 터득하였다.

매일 생쥐의 경동맥과 대퇴동맥, 대동맥과 대정맥의 혈관을 이용하여 현미경수술 연마를 하면서 치질이 생길 정도로 종일 매달린 결과 30분 내로 직경 0.8mm 동맥에 지름 1.0mm의 구멍을 만들고 1.0mm의 정맥을 10-0 Monofilament 굵기의 육안으로 보이지 않는 실로 12 내지 14 바늘(stitches)로 혈류가 완벽하게 흐르게 할 수 있었다.

또한 당시 야사길(Yasagil) 교수의 논문을 보면 생쥐의 대동맥과 대정맥은 외막이 하나이므로 이 두 큰 혈관을 다치지 않고 박리하는 수준이 되어야 한다고 하였다. 나는 그것을 해냈다.

쥐의 경동맥과 대퇴동정맥, 쥐의 대동맥과 대정맥을 이용한 박리술과 End to End, End to Side 문합술 Anastomosis를 하는 기술 연마에 혼신을 다했던 것이다.

약 5개월 간의 이 시기가 나 자신을 성공적인 뇌의 미세혈관 전문의사로 만드는 결정적인 나날이었다. 파인더를 통해 사물을 관찰하고 촬영하는 사진예술을 취미로 하였던 나에게 수술 현미경을 통해 보는 조직과 혈관들이 아름답게 보여서인지 시간 가는 줄 모르게 빨려들 수 있었다. 30분의 시간으로 문합(end to side anastomosis)을 끝낸 기록이 최고로 빨랐던 기록으로 기억된다.

샌프란시스코의 명소 중 하나인 피쉬맨의 월프(Fisherman's Wharf)를 처음 가 본 것은 Larry와 졸리 내외와의 만찬이었고 그날 처음 헝가리 포도주가 맛있다는 그의 애국심을 들으면서 포도주 하면 프랑스인 줄만 알던 나는 헝가리 포도주도 좋다는 것을 알게 되었다. 국회의원이 된 후 여러 차례 헝가리를 방문하였으며 그때마다 샌프란시스코의 추억과 함께 헝가리 포도주를 들곤 하였다.

샌프란시스코에 도착하자 미국에서의 신경외과 공부를 위한 다음 단계를 준비하였다.

당시에 안면경련증과 삼차신경통의 새로운 수술 기법으로 미세혈관감압술이 도입되고 있었다. 삼차신경과 안면신경 초입부에 대한 혈관감압술(MVD, Micro Vascular Decompression) 수술법인데 수술은 피츠버그 대학의 자네타(Peter Jannetta) 교수가 선구자였다.

나는 6개월 계획의 샌프란시스코에서의 연수가 끝나면 5월 한 달을 자네타 교수에게서 사사를 받고 싶었다.

이 한 생각이 훗날 귀국 후 이 수술을 국내에 보편화시키는 데 일조를 하게 되고 봉생병원의 신경외과 발전에 계기를 심게 될 줄 어떻게 알았을까? 내게 이 혈관 감압술에 관심을 갖게 해준 '한 생각'이 어떻게 떠올랐는지 알 길이 없으나 훗날 이 수술로 꽤나 명성을 얻게 되었다.

앞에서도 기술하였으나 1985년 초로 기억되는데 일본에서 개최된 뇌혈관학회에서 동경대 출신의 후쿠시마 Takanori Fukushima라는 에너지가 넘치는 신경외과 의사를 만나게 되었다.

미세혈관 감압술은 1979년 5월 자네타 교수에게서 배운 후 7년여 간 지난 시점에서 후쿠시마 교수와의 만남으로 꽃을 피우게 되었으니 이 또한 우연이 아니라고 생각된다. 안면경련증이라는 질병에 대한 관심이 자네타 교수를 만나게 해주었으며 후쿠시마 교수를 만나게 된 것이 연결되고 있다는 것을 알 수 있다.

학회나 부산의 지회에서도 여러 차례 발표를 하기도 하고 부산 언론의 칼럼을 통해 이 질병과 수술법을 소개하기도 하였다.

그 이후 후쿠시마 교수를 1985년 11월과 1986년 11월 두 차례 김원묵 기념 추모학술회에 초청하였다. 나의 신경외과 후계자라고 할 수 있는 이상훈 선생도 나의 추천으로 자네타 교수에게 수개월 간 배우게 되고 우리나라에서는 이 수술의 권위자가 되어 국제적으로도 인정받고 있다.

역사는 이렇게 이어가게 된 것이다.

1978년 일 년 계획으로 도미하였으나 미국의 병원생활들을 겪으면서 신천지를 보는 느낌이었고 미국사회가 내게 준 문화적 쇼크도 이루 말할 수 없었다. 의학 분야는 물론이고 병원 시설과 운영을 볼 때도 앞으로 한국에서 의업과 병원 운영을 위해 더욱 철저히 더 많은 것을 배워가야겠다고 결심하였다.

돌이켜보면 미국은 천지개벽처럼 다가온 충격 그 자체였으며 상식이 통하는 사회, 선진국민들의 생활 태도와 양식 뿐 아니라 광활한 대지는 한반도의 남쪽 반이라는 좁은 나라에서 아옹다옹하며 살아온 나에게는 많은 느낌과 생각, 포부를 불러 일으켰다.

떠날 때 아버지와는 일 년 내로 귀국하겠다는 약속을 했으나 좀 더 많은 것을 보고 경험하고 싶어 NYU 대학병원에 취업을 결심한 것이다.

신경외과 저널의 소식란을 통해 임상 펠로우를 구한다는 여러 대학병원에 취업 의사 편지를 보냈다.

그 중에서 텍사스의 산안토니오 대학과 콜럼버스의 오하이오 대학, 그리고 뉴욕의 NTU 대학 신경외과에서 인터뷰를 하자고 요청이 왔다.

바다를 유난히 좋아하는 부산 출신이고 뉴욕에 대한 동경도 있어 NYU

를 선택하여 이력서를 보내고 마침 그해 4월에 LA에서 개최되는 미국 신경외과학회 때 NYU의 프레드 엡스타인 교수(Prof. Fred Epstein)와 만나 인터뷰를 하기로 하였다.

AANS (American Association of Neurological Surgery) 학회장에서 만난 그는 서글서글한 성격의 소유자로 몇 가지만 간단하게 물어보고는 뉴욕서 보자고 단박에 허락하는 것이 아닌가. 다른 지원자가 없었을 것으로 보였으나 한국의 신경외과 전문의사이며 미국에서의 병원 연수와 Chater 교수의 추천 등이 주효한 것으로 생각되었다. 인상도 나쁘진 않았을 것이고 부족한 영어 실력은 짧은 만남으로 잘 알지 못했을 것이다.

이 인터뷰를 계기로 AANS 학회에 참석도 할 겸 하여 5개월 간의 샌프란시스코 생활을 정리하고는 4월에 다시 LA로 돌아왔다.

NYU 대학병원에 취업이 결정되자 바로 피츠버그로 갈 준비를 하였다.

6월 중순에는 NY에 도착할 요량으로 자네타 교수에게 특청을 하였고 5월 중순부터 한 달 간 방문 의사로 피츠버그 대학 신경외과에서 공부하게 되었다. 아내와 함께 자동차에 꼭 필요한 물건을 싣고 LA에서 피츠버그까지 크로스 컨트리를 할 만반의 계획을 세웠다.

자네타 교수와 약속한 시일이 촉박하여 시간에 쫓긴 나머지 매일 약 500마일 이상 운전하는 강행군으로 일주일 만에 피츠버그에 도착하였다. 곳곳의 역사성 있는 도시나 시설, 자연이 아름다운 곳들을 그냥 지나칠 수밖에 없었던 것이 아쉬웠다.

자네타 교수가 마련해 준 피츠버그 소아병원 옆의 몬테피어 병원의 의사 숙소에 여장을 풀었다. 매일 이어지는 자네타 교수의 혈관감압 수술을 수

수술현미경에 부착되어 있는 비디오카메라를 통해 관찰하였다.

실제 집도의가 수술 현미경을 통해 보듯이 입체적이지는 않지만 수술과정을 보면서 배우는 데는 큰 어려움이 없었다.

피츠버그대학의 미세혈관 실험실도 비교적 잘 갖추어져 있었다.

이 실험실에 연구원으로 근무하던 데브라 넬슨(Debra Nelson)이라는 친절한 여성이 있었다. 어머니가 중국인이라선지 얼굴은 동양인 티가 조금 나는 여성으로 한국서 온 나에게 친절하게 대해주어 감사했다. 종일 숙소에서 무료하게 보내고 있는 아내와 자주 맛집을 찾아 함께 다니기도 하였다.

훗날 Debra Nelson은 의학대학원을 거쳐 신경외과 의사가 되었고 학회장에서 가끔 만나기도 하였다.

미국학회에 참석하면 NYU 동료들과 데브라, 래리 Tice 등 미국생활에서 친구가 된 신경외과 의사들을 초청하여 함께 주로 한국식당을 찾아 만찬을 나누기도 하였다. Dr. Nelson은 지금 라스베가스에서 신경외과 의사로 일하고 있다. 세월이 많이 지난 후 라스베가스를 방문한 나를 위해 여러 병원들을 시찰할 수 있게 안내도 해주었다.

그 후 봉생병원이 재활병원을 설립할 계획을 가지고 있어 김수진 간호부장, 윤철한 재활실장 등을 보내어 재활병원과 회복기센터 병원들을 방문할 수 있게끔 병원 측과 조율을 해주기도 하였다.

자네타 교수를 봉생병원이 매년 주최하는 봉생신경외과학술회에 특별 강사로 초청하려 했으나 일정 조정이 안 되어 오시지는 못했으나 후계자인 이상훈 선생을 편지로 소개하게 되고 자네타 교수가 일 년 간 공부할 기회를 주십사 부탁하였고, 그 후 이상훈 선생이 가게 된 것이다.

제1회 봉생 추모 국제학술회를 개최하다

봉생국제학술회 모임은 1984년부터 1996년 국회의원이 되기 전까지 10차례 부산에서 개최하였다.

여기에서 김원묵 추모 국제 학술회에 관한 얘기를 해야겠다.

빙장어른이 타계하신 후 10년이 되던 해에 사위로서 10주기를 맞아 고인을 추모하기 위해 어떤 일을 하면 좋을지를 곰곰이 생각하였다.

효를 으뜸 가치로 생각하는 나는 봉생병원의 설립자이신 고인에 관한 역사를 기록과 흔적으로 남겨야 한다고 생각하였다.

봉생 35주년 기념 책자를 발간하는 것과 고인의 흉상 제작과 함께 학술 모임 개최를 구상하게 된 것이다.

당시 두개골절만으로 일단 개두술을 하고 보는 신경외과 의사가 있을 정도인 후진적 의료수준을 보면서 부산의 신경외과의 평균 수준을 끌어올리기 위한 노력도 봉생과 내가 해야 할 중요한 일이라 여기고 있었다.

왜냐하면 몇몇 서울의 신경외과 선배 의사를 제외하고는 최소한 한강 이남에서는 미국에서 의사로 일한 사람이 나밖에 없다는 자긍심이 컸던 터라 당시 젊은 의사로서 부산의 신경외과 수준을 높일 수 있는 노력이 꼭 해야 할 일의 하나로 보았던 것이다.

의학발전에 선봉이 된다는 봉생 이념에 걸맞기도 하여 부산의 신경외과학 수준을 높이기 위한 국제 학술회를 개최하는 것이 좋겠다는 결정이었다.

마침 NYU에서 함께 일했던 헨리 발카우스키(Dr. Henry Barkowski, 2015년 췌장암으로 타계)가 오하이오 주의 클리브랜드 클리닉에서 근무하던 소아신경외과 전문의사로 일본 도쿄에 학회 발표 차 온다고 하여 초청하였고 일본 치바 대학의 아키라 야마우라(Prof. Akira Yamaura) 교수가 오게 되었다. 우여곡절 끝에 시작한 이 학술행사는 효 정신과 사회공헌 차원에서 시작하였던 것이다.

치바대학 신경외과 마키노 주임교수의 융숭한 대접을 받은 추억이 당시에는 일본의 주임교수 급으로는 유일하게 교분이 있는 그 분을 초청하였다. 그러나 그 분 대신 부교수인 야마우라 교수가 오게 된 연유가 있는데 이로 인해 야마우라 교수와의 오늘날까지 교분을 볼 때 우연으로만 생각할 수 없는 일이 생긴 것이다.

1984년도에 야마우라 교수가 부산에 다녀가신 후 33년이 지난 지금도 우리의 우정은 이어지고 있다. 야마우라 교수는 훌륭한 인품으로 일본의 신경외과 교수들과 유대가 좋았으며 야마우라 교수 소개로 그 분들과의 교분이 늘어나면서 한일 신경외과 간 교류가 획기적으로 증대되었다. 야마우라 교수가 부산에 처음 오게 된 것이 한일 신경외과 교류를 활성화 하는 중요한 계기가 되었으므로 우연이 아니라 필연적 만남이라고 생각되는 대목인 것이다. 만일 마키노 교수께서 오셨으면 연배가 훨씬 위이므로 소통이 클 수 없었을 것으로 추측되기 때문이다.

치바대학과의 인연은 LA 가주대학(UCLA) 신경외과 교실 Rand 교수의 배려로 방문의사로 공부할 때 맺어졌다. 그곳에 연수하고 있던 재일교포 신경외과 의사로서 치바대학 조교수 격인 신수웅 교수를 만나게 되었다. 그의 초청으로 일본의 신경외과 교실을 둘러볼 기회를 갖기 위해 1982년 미국 학회 참석 후 귀국길에 일본 치바대학을 방문하게 되었다.

신 교수의 안내로 대학병원을 구경하고 신경외과 스탭들과 수인사도 나누었다. 그날 저녁 주임교수인 마키노 교수 초청의 만찬이 있었는데 치바에서 제일 유명하다는 일본 전통음식점이었다.

처음 뵙는 주임교수의 호의에 감격하였고 한국의 젊은 의사에게 보여주신 호의가 과분하다는 느낌을 가졌다. 우리나라 대학 주임교수도 그럴 수 있을까 하는 생각도 해 보았다. 그 자리에 부교수인 야마우라 교수와 신 선생과 함께함으로써 야마우라 교수와 많은 대화를 나누는 기회가 되기도 하였다.

마키노 교수께서는 내가 앉은 자리가 얼마 전에 캐나다 온타리오 대학의 드레크(Drake) 교수가 오셨을 때 앉은 자리라고 하신 말씀이 잊히질 않는다. 자연히 드레크 교수와의 만남 얘기부터 하게 되었다.

그 분은 독일에서 8년여 간 공부하고 오신 저명한 교수임도 알게 되었다.

국제학술회를 준비하면서 신출내기 한국의 젊은 신경외과 의사를 환대해주신 그 분을 초청하여 대접하기로 한 것이다.

초청장의 답신은 의아스럽게도 야마우라 교수가 보내왔다. 답신의 내용은 마키노 교수가 최근 뇌출혈로 쓰러져서 초청에 응할 수가 없으니 희망하시면 자기가 대신 갈 수도 있다는 것이었다. 야마우라 교수가 제1회 초청연사로 오시게 된 연유이다.

나보다 8년 연상인 야마우라 교수는 뇌동맥류 수술의 권위자로 특히 후두개와 동맥류에 뛰어나신 분이다. 나와의 인연으로 그 후 한국에 널리 알려지게 된다.

야마우라 교수의 지인으로서 그 후 봉생추모학술회에 함께 오신 분들로는 규슈대학의 후쿠이(Fukui) 교수와 후지(Fugii) 교수, 마쯔시마(Matushima) 교수, 후쿠시마 대학의 고다마(Kodama) 교수, 야마나시 대학의 누쿠이(Nukui) 교수와 케이오대학의 카와세(Kawase) 교수, 와타나베(Watanabe) 병원장과 도쿄의 신경외과 전문병원 모리야마(Moriyama) 병원장 등이 있다.

규슈대학과 부산대학은 자매 병원으로 교류를 오래전부터 해왔으나 봉생 국제학술회를 통해 부산대학의 이영우 교수와 규슈대학의 후쿠이 교수와의 교분이 더욱 두터워졌으며 영호남-규슈 신경외과학회로 진전하였다.

두 분은 비록 타계하였으나 후배들이 이어받아 지금도 격년으로 양국에서 교차로 개최되고 있다. 우리들이 만나 환담을 나눌 때는 후쿠이 교수가 특유의 미소와 함께 작명한 이따리 기따리(왔다리 갔다리)학회로도 부르며 즐겁게 웃곤 하였다. 10여 년 전 타계하신 후쿠이 교수는 특히 우리나라 불교와 사찰에 관심이 많았고 인간미가 넘치는 훈훈한 사람으로 나의 마음에 인상 깊게 남아 있다.

야마우라 교수는 고다마 교수, 누쿠이 교수 내외분과 함께 내가 2017년 5월 9일 일본 황궁에서 일본 최고훈장인 욱일대수장을 수여받던 날 제국호텔의 일식당에서 축하연을 베풀어 주기도 하였다. 현재도 70대 후반의 나이 임에도 그분은 치바 현의 현립병원장으로 근무하고 계신다.

15년 전인가 야마우라 교수가 치바대학 신경외과 주임교수 퇴임식에 내가 직접 참석할 정도로 우리의 인연은 이렇게 깊은 형제의 우정으로 발전하였다. 이 분들 외에 봉생추모학술회에서 특강을 해 주신 석학들의 면면을 보면 독일 하노버의 사미(Samii) 교수, 미국 플로리다 대학의 로톤(Rhoton) 교수, 일본의 수기타 (Sugita) 교수, 아베(Abe) 교수, 브라질의 에반드로(Evandro) 교수, 대만의 두용광 교수, 일본의 타카노리 후쿠시마(Fukushima) 교수 등이다.

십 년 이상 지속된 봉생추모학술회를 도와주시고 특강도 하신 한국의 선배 분으로는 서울대의 최길수 교수, 한대희 교수, 세브란스의 정상섭 교수와 이규창 교수, 한양대의 정환영 교수와 부산대의 이영우 은사님, 인제대의 심재홍 교수 등이 계신다.

이 학술모임을 개최해 가는 데는 봉생병원의 강창구, 이상훈 선생 등 우리 식구들과 부산대학의 최창화 교수, 경북대학의 함인석 교수(전 경북대 총장) 등 영남지역의 여러 교수들의 지지와 성원의 힘이 컸다.

특히 가형인 정헌화 박사와 나와 함께 수련을 하였던 절친인 인제대의

1993년 11월 제8회 추모학술회 후 다음날 연사분들을 나의 집으로 초청.
앞줄 왼쪽부터 정연화(차남), 이시래 명예원장, 정연학(장남), 로톤 교수, 정연석(삼남)
뒷줄 왼쪽부터 김호경 과장, 이영우 교수, 마쯔시마 교수, 이상훈 과장

봉생추모학술회

구분	일시	장소	초청인사
제1회	1984.11.12	태양호텔	정환영 교수 (한양의대 신경외과 주임교수) 임광세 교수 (중앙의대 신경외과 주임교수) 심재홍 교수 (인제의대 신경외과 주임교수) Akira Yamaura, M.D. (일본 Chiba대학 부교수) Henry Barkowski, M.D. (미국 클리브랜드대학 교수)
제2회	1985.11.02	하얏트호텔	Takanori Fukushima, M.D. (일본 동경 미쯔이병원) Akira Yamaura, M.D. 이규창 교수(연세의대 신경외과 주임교수)
제3회	1986.11.08	국제호텔	Takanori Fukushima, M.D. 이규창 교수 심재홍 교수 정상섭 교수 (연세의대 신경외과 주임교수)
제4회	1987.11.14	하얏트호텔	Takashi Kawase, M.D. (일본 Keio 대학 교수) Hideaki Nukui, M.D. (일본 Yamanashi 대학 교수) Kazuo Watanabe, M.D. (일본 와타나베병원 원장) Takashi Moriyama, M.D. (일본 모리야마병원 원장) Akira Yamaura, M.D.
제5회	1989.06.03	봉생병원	Hideaki Nukui, M.D. Kazuo Watanabe, M.D. Takashi Kawase, M.D. Akira Yamaura, M.D. Namio Kodama, M.D. (일본 후쿠시마 대학 교수)
제6회	1991.04.02	국제호텔	Kenichiro Sugita, M.D. (일본 나고야 대학 교수) Evandrode Oliveira, M.D. (브라질 상파울로 대학 교수) 정상섭 교수 심재홍 교수
제7회	1992.05.30	하얏트호텔	Masashi Fukui, M.D. (일본 큐슈 대학 교수) K. Fujii, M.D. (일본 큐슈 대학 교수) T. Matsushima, M.D. (일본 큐슈 대학 교수) S. Nagata, M.D. (일본 이즈카병원) T. Inoue, M.D. (일본 이즈카병원) S. Sakata, M.D. (일본 카이즈카병원) K. Oka, M.D. (일본 후쿠오카 대학 교수)
제8회	1993.11.13	하얏트호텔	Albert Rhoton, M.D. (미국 플로리다 대학 교수) Akira Yamaura, M.D. Toshio Matsushima, M.D.
제9회	1994.11.05	하얏트호텔	Akira Yamaura, M.D. Masashi Fukui, M.D. Yong Kwang Tu, M.D. (대만 타이페이 대학 교수) Madjid Samii, M.D. (독일 하노버 호크슐레 대학 교수) Jack Dunn, M.D. (미국 아리조나 대학 교수) Hiroshi Abe, M.D. (일본 홋카이도 대학 교수)
제10회	2000.11.11.	메리어트 호텔	Kazuo Watanabe, M.D. Namio Kodama, M.D. (일본 후쿠시마대학 교수) Hideaki Nukui, M.D. Masashi Fukui, M.D. Takashi Moriyama, M.D. Akira Yamaura, M.D.

박상근 교수와 의과대학 동기이며 절친인 동아대의 김형동 교수의 적극적이고 헌신적인 도움 없이는 이어가기가 힘들었다고 해도 과언이 아니다.

제1회 행사를 무산시키려는 부산의 모 신경외과 병원장의 음모를 과감하게 대처하여 행사를 무사히 개최할 수 있도록 도와주신 가형인 정헌화 박사의 도움을 잊을 수 없다.

개최 자체를 무산시키려던 선배 개업 신경외과 의사의 방해 작업은 봉생병원에 대한 시기와 질시에서 비롯되었다고 생각하고 있다. 김원묵 박사의 타계 후 봉생병원을 폄훼하는 언행이 많았음을 기억한다. 34년 전 일이지만 의사의 윤리적 측면에서 인간의 마음자리가 왜 그래야 했는지 서글퍼진다.

불과 37세의 나이로 학회에서는 봉생 김원묵 박사의 사위란 것 외에는 존재감이 전혀 없는 젊은 신경외과 의사가 제1회 봉생 김원묵 추모 국제 학술회라는 명칭으로 행사를 한다는 것에 이의를 제기한 것이다. 그것도 행사 전날에 그 분이 내세운 이유는 두 사람의 외국인을 모시고 국제란 이름이 걸맞지 않다는 것이고 부산의 작은 신경외과 병원이 주최하는데 대한신경외과학회 이사장과 원로들이 대거 참석하는 게 말이 되는가 하는 것이었다. 대한신경외과학회 창립에 지대한 공로도 있거니와 학회장을 역임하신 고 김원묵 박사 10주기 추모식도 겸하므로 오셨는데도 시비를 건 것이다. 이러한 이의를 제기함으로써 당일행사 자체가 무산될 뻔한 일이 생기게 된 것이다.

주모한 분이 누군지 영원히 이름을 남기고 싶지 않다. 벌써 그 분을 용서하였고 그 후 공식석상에서 만날 때마다 항상 친근감 있게 대해드리곤 하였다. 그 분에게도 먼 훗날 5선 국회의원으로 국회의장이 됨으로써 아름다운 복수를 하였다고 생각한다.

당시 학회 이사장이셨던 최길수 교수님과 고인과 학회 창설 멤버로서 축사를 하기 위해 하부하신 임광세 교수와 정환영 교수께서는 난감하시면서 학술 모임은 취소하고 10주기 추모행사만 하는 게 좋겠다는 결론을 내렸다.

선배가 젊은 후배의 의욕에 격려는 못할지언정 방해를 하는데 대해 극도로 분개하였으나 두 분의 외국 분과 수많은 초청인들과 참석하실 부산 경남의 신경외과 의사들을 생각하면서 주최자로서는 인내하면서 어찌 되든 행사는 치르고 봐야 한다는 긴박함 속에 동분서주했다.

개최 시간이 한 시간쯤 지났을 때 정헌화 박사의 중재로 국내 분들 발표는 취소하고 외국 분들 발표를 막는 것은 안 된다는 공감을 얻어 어렵사리 행사를 치렀다. 초청한 미국과 일본의 두 사람에게는 국내소요가 걱정되어 당국과 논의가 있어 지연되었다는 말도 안 되는 변명을 한 기억이 지금도 씁쓰레하다.

한 사람의 선배 의사로부터 봉생병원에 대한 시기와 질투, 협량함에 마음의 상처를 크게 입었으나 이런 일들도 성숙한 인간으로 성장함에 큰 도움을 주었다고 생각한다. 왜냐면 살아가면서 더욱 가능한 한 남을 이해하고 배려하려는 자세를 가지려고 노력하는 계기가 되었기 때문이다.

고희의 나이가 되어 역사기록으로는 남기지만 앞장서 반대하였던 그 선배께 한 번도 나의 감정을 내색하지 않고 모른 체 살아온 것을 다행스럽게 생각하고 있다.

나이가 들어가면서 경쟁관계에 있는 경우에는 어리석긴 하지만 인간은 충분히 그럴 수 있다는 이해심이 생기게 되었다. 나 자신만이라도 시기나 질투심으로 짧은 인생의 귀중한 시간을 낭비하고 싶지 않으므로 그러지 않도록 마음을 잘 다스리는 것이 더욱 중요한 일이 아닐까 한다.

NYU 신경외과 임상펠로우 시간들

1979년 7월 1일부터 Joseph Ransohoff 교수가 이끄는 NYU의 신경외과에 임상펠로우로 근무를 시작하게 되었다.

인사과에 가서 ID 명찰을 받고 미국에서 의사로 근무하게 된 개인사적으로는 역사적인 날이었다. 의대 4학년 여름에 치르는 미국의사시험을 위해 본과 3학년 여름부터 정상동과 김홍직 두 친구와 함께 합숙하다시피 하며 준비할 때 우리의 염원은 미국에서 의사로서 배우고 일하는 것이었기 때문이다. 당시엔 아픈 허리와 좌골신경통으로 거의 한 시간 간격으로 앉았다 누웠다 하면서 이를 악물고 두 친구에게 질세라 공부한 기억이 지금도 너무나 선명하다. 그 꿈이 이루어졌으니 개인적으로는 역사적인 것이다.

한국에서 인턴 레지던트로 의대 졸업 5년을 지나고 6년차란 것을 인정받아 PGY (Post Graduate Year) 6년 차로 대우해 준 것도 감사하였다. 왜냐면 뉴욕의 생활비가 너무 비싸니까 급여가 높기 때문이다.

이 대우를 받는 사람은 수석 전공의였던 잭 던(Dr. Jack Dunn)과 마이크 쎄논(Dr. Mike Shannon) 두 사람 뿐이었다.

맨하탄 원호병원(Manhattan Veterance Administration hospital)에서 첫 근무를 시작하였다.

NYU의 신경외과가 담당하는 병원은 대학병원(University Hospital), 시립병원인 벨뷰(Bellevue) 병원과 성 빈센트(St. Vincent) 병원 그리고 맨하탄 원호(Manhatan VA) 병원 4곳이었다.

정식 전공의 12명으로 모두 돌볼 수가 없으므로 임상펠로우를 구하는 것 같았다. 나의 전임자는 일본의 히로끼라는 신경외과 의사로 2년 간 근무하였다고 한다.

뉴욕은 삼 일에 한 번 당직을 서는 것이 법제화 되어 있었고 휴가는 년 4주를 주게 되어 있었다. 자연히 인력이 더 필요한 것이다. 우리나라에 비하면 선진국다운 수련의에 대한 배려라고 생각되었다.

우리가 한국에서 수련 받을 때는 이틀에 한 번 당직을 서야 하고 휴가도 년 3박 4일이 고작이었다.

지금은 사정이 판이하게 달라졌다. 수련의들도 주 52시간 근무제에 해당된다는 것이다. 교육생이면서 노동을 제공하는 수련의를 노동자로 보는 것이다. 제대로 된 수련이 이루어질 수 없는 큰 문제를 안고 있다.

우리나라의 병폐 중 하나는 잘못된 정책인 줄 알면서 고치지는 못하고 덮어가는 어리석음과 모든 분야에, 모든 지역에 차별성을 두지 않고 일률적으로 적용하는 우를 범하는 것이다. 대표적인 것이 최저임금제와 주 52시간 근무제 등이다.

지금 생각해 보면 첫 2개월 근무지로 맨하탄 VA병원으로 배치한 것은 당시 수석 전공의인 Dr. Dunn의 배려로 여겨진다.

왜냐면 근무해 보니 그곳은 비교적 응급환자가 거의 없고 장기 환자가 많아 수술이 적은 편이어서 미국병원 적응에 안성맞춤이었다. 당시 나는 미국 병원에서 의사로 근무한 것이 처음이며 영어가 여전히 서툰 것을 참고한 배려임에 틀림없다고 생각된다.

첫 당직을 하던 날, 당직실에서 자다가 받은 첫 전화에 "Hello"하고 자연스럽게 받았던 것이 스스로 대견하다고 생각될 정도였다.

수술은 많지 않았고 입원환자들은 나이 많은 퇴역 군인들의 만성 질환자들이 대부분이었다.

신경외과의 모든 수술 케이스는 매주 목요일 오후에 Bellevue병원 회의실에 주임교수를 비롯한 전 교수들과 수련의들이 모여 수술 컨퍼런스(Surgical Conference)에서 발표를 한다. 흥미로운 것은 프레젠테이션은 각 수술을 집도한 의사가 하게 되어 있다.

내가 처음 집도한 케이스가 두정부에 생긴 양성 혹 제거수술이었다.

조금 긴장된 마음으로 프레젠테이션을 하였는데 랜소호프(Ransohoff) 주임교수가 지적한 것은 종양의 수술부위를 설명하면서 "We can see…"라고 한 표현을 "You can see…"로 교정해 주신 것이 기억난다.

한번은 VA병원의 마취과에서 수술 스케줄을 접수 시간이 지났다고 받아주지 않아 마취과 수간호사에게 갖은 아양(?)을 떨던 일도 아련한 추억으로 남았다. 그 후 감사하다는 뜻으로 집에 있던 한복차림의 작은 인형을

벨뷰병원 수술실. 조셉 랜소호프
(Joseph Ransohoff) 주임교수와 함께 1979년

갖다 주니 좋아했는데 그것을 계기로 함께 대화를 나누고 한국 자랑을 한 기억이 난다.

미국은 2달러 지폐를 잘 상용하지 않는 대신 행운을 준다는 뜻이 있어 가끔 선물로 준다. 마이클 디다스라는 환자가 퇴원할 때 보호자였던 여동생 디더스(Sister Didas)께서 2달러 지폐에 자기 이름으로 사인을 해 주었다. 지금도 나의 추억 앨범에 곱게 간직하고 있다.

MVA병원과 NYU대학병원 사이에 있는 Bellevue병원은 남쪽 맨하탄 지역의 유서 깊은 뉴욕 시립병원으로 외상센터 역할을 하는 곳이다. 이 병원에서 79년에 3개월, 80년에 3개월 간 약 6개월 간을 근무하였다.

우리 수련의사들의 사무실도 이 병원 6층에 있었다.

당시에 CT가 막 도입되는 시기였으나 네 병원 중 UH병원에만 설치되어 있었다. 그래서 CT가 필요한 응급환자를 앰블런스로 함께 UH병원 CT실로 우송하여 사진을 찍곤 하였다.

벨뷰병원에서 함께 일했던 수련의사로 친하게 지낸 의사를 소개하면 Dr. Jack Dunn과 Dr. Michael shannon(일리노이 주에서 개업), Dr. Nancy Epstein(수련 후 롱아일랜드에서 척추 신경외과의사로 활동), Dr. Henry Barkowski(수련 후 소아신경외과 전문의사로 Ohio의 Columbia 대학 근무), 빅터 호(Dr. Victor Ho. 수련 후 뉴욕에서 개업), 제프리 위숍(Dr. Jeffrey Wishop. 현재 NYU에서 소아신경외과 주임교수) 등이다.

우리들은 미국 신경외과학회 때마다 만나 동창 파티를 하며 서로 회포를 푸는 시간을 가지기도 했다.

특히 나의 선친께서 회갑이시던 1982년 가을에 우리 내외는 캐나다

1982년 시월 호놀루루의 세라톤 호텔에서 NYU Reunion 파티를 하였다.
앞줄 부모님, 뒷줄 왼쪽부터 Jeffrey Wishop, Michael Shannon, Jack Dunn, Victor Ho, Heney Barkowski 부부

밴쿠버와 하와이로 부모님을 모시고 회갑 여행을 함께 하게 되었다.

나도 회원인 미국 CNS(Congress of Neurological Surgery)학회가 하와이의 호놀루루에서 개최되어 참석도 할 겸 부모님을 모시게 되었다. NYU의 친구들 중 학회에 참석한 여러 친구들과 아버님의 회갑을 축하하는 만찬을 가지게 되었는데 부모님께서는 참으로 흐뭇해 하셨으며 인상에 깊이 남았는지 생전에 가끔 말씀하시곤 하셨다.

그 중 잭과 핸리는 나의 초청으로 부산을 방문한 적도 있다. 최근에 투손에 들러서 들은 바로는 안타깝게도 갑장인 헨리가 2015년에 췌장암으로 타계했다고 한다. 그리고 나를 채용해 준 활달한 성격의 Fred Epstein 교수는 자전거 사고로 머리를 다쳐 오랜 기간 의식 없이 중환자로 입원하다가 2016년에 타계하였다 했다. 잭 던도 다발성 골수종(Miltiple Myeloma)으로 7년째 투병 중이라 한다. 다행히 항암치료를 받으면서도

건재해주어 참으로 다행이다.

생로병사는 어쩔 수 없는 인생사이긴 하지만 미국에서 함께했던 친구들과 세브란스 병원의 신경외과 선배들도 몇몇은 75세 이전에 세상을 떠나는 등 세월이 흘러가는 동안 많은 변화가 있었다.

우리시대의 신경외과 의사는 방사선에 노출이 심한 나머지 혈액암이나 골수 이상 병변으로 사망하는 경우가 많다. 나도 예외일 수 없으므로 섭생에 많은 신경을 쓰고 있다. 신경외과 의사는 건보공단에 생명수당을 요청할 권리가 있다고 생각되는 대목이다.

Bellevue병원은 시립병원이므로 매주 한 번씩 신경외과의 의료보호 환자들을 위해 외래진료를 한다. 매주 외래진료를 담당했는데 하루는 키가 아주 작은 준족의 중국 할머니가 오셨다. 진료를 끝내고 약간 뒤뚱거리면서 걸어 나가는 모습을 보면서 불현듯 '빨리 돌아가 훌륭한 병원을 만들어 우리 국민들에게도 미국처럼 양질의 진료를 베풀어야겠구나' 하는 생각이 들었다.

야간 당직 중에 뇌에 총상을 입은 환자를 수술하게 되었다. 다행히 전두엽 일부를 뚫고 지나 환자는 살아났다. 두개골 총상 케이스는 한국에서는 경험해 보기 어려운 환자가 아닐 수 없다.

이 경험이 훗날 봉생병원에서 금강석을 전기 틀에 갈다가 파편이 전두골을 뚫고 전두엽에 박힌 두개외상 케이스를 수술할 때 도움이 되었다.

뉴욕은 언제나 날씨가 쾌청하여 구름 한 점 없는 날의 연속이었다. 근자에 특히 1월부터 6월까지 북서풍이나 서풍이 잦아 우리나라의 대기가 너무 나빠 전 국민이 숨쉬기가 어려운 날이 많다. 심각한 일이 아닐 수 없다.

그런 날에는 뉴욕 하늘이 그리울 때가 많다. 미세먼지가 매우 나쁜 날에는 호흡하기가 힘들 지경이다. 특히 담배를 다년간 피우기도 하였고 국회 부의장 시절 한미 FTA 본회의 상정 시 사회를 보다가 동료 의원이 뿌린 최루가루를 들이마셔 순간적으로 호흡을 할 수 없어 질식할 뻔한 일이 있은 후 폐포의 섬유질화가 진행되고 있는지 해가 갈수록 호흡하기가 너무 힘들고 미세먼지 상황에 민감하다. 이 시기에는 잠시라도 한국을 떠나 있는 것을 심각하게 고려하고 있다.

국민들의 건강을 위해서 미세먼지를 줄이기 위한 특단의 대책이 요구된다. 문재인 정부가 들어서면서 화력발전소 발전 중단 등 이산화탄소와 미세먼지를 다량 생성하는 공장이나 발전소들에 대한 대책과 경유차에 대한 대책을 내놓겠다고 하여 기대해 본다.

전 국민들의 이해와 협조 없이는 어려운 일이라는 생각이지만 그나마 정부가 문제의 심각성을 알고 있다니 다행스럽다.

여전히 지구 온난화에 따른 사막화와 매년 1월부터 6월까지 고비사막과 몽골에서 발원하는 황사와 중국과 서해안 공장지대와 화력발전소 등으로 미세먼지가 바람을 타고 한반도를 급습하는 것은 우리의 자구노력과 함께 한중의 협력으로 풀어가야 할 사안이다.

아무튼 수년 전부터 대기오염은 심각해졌고 한국의 봄은 나들이가 어려운 지경이 되어 환경오염에 아름다운 봄을 빼앗겨 버렸다. 매년 전반기에는 특히 심하여 전 국민들의 건강을 악화시키고 사망을 초래하는 경우가 많아 걱정이다. 특히 길에서 생활을 위해 일해야 하는 소상인들과 택시기사들에게는 여간 심각한 일이 아닐 수 없다.

미세먼지가 나쁨으로 야외활동 삼가하라는 보도에도 학교는 운동회를 열고 산책하는 사람과 사이클링이나 골프를 치는 사람이 여전한 것을 보면 우리 국민들이 아직 미세먼지와 초미세먼지의 심각성을 모르는 듯하여 걱정이다.

　재래시장 상인이나 길에서 요구르트를 파는 사람들 그리고 택배기사 같은 사람들은 최악의 발암물질을 마시면서 살아갈 수밖에 없다. 정부와 지자체는 가능한 모든 방법을 동원하여 미세먼지 발생을 막고 예방하는 일에 매진해야 한다. 골프장도 이익만 챙기려 하지 말고 미세먼지가 '매우 나쁨'이면 운동을 못하게 하고 '나쁨'인 경우에도 고객이 희망하면 패널티 없이 취소해 주어야 한다.

　모든 지도자나 책임자들은 언제나 국민 건강 우선, 고객 우선의 자세를 보여야 한다. 심폐를 중심으로 망가지고 있는 건강을 의사인들 어쩔 수 없다. 급사와 조기유산 등도 늘어가고 있고 수술 전후에 예기치 않은 급사 등의 발생이 증가할 것이라는 것은 명약관화하다.

　뉴욕은 대기 습도가 낮은 탓인지 겨우 두세 시간 밖에 잘 수 없었던 세인트 빈센트의 야간 당직 근무 후에는 여러 차례 코피가 나와 아침 회진 때 콧구멍을 솜으로 틀어막고 회진하는 경우가 많았다.

　뉴욕주 법은 의사가 아니면 혈관주사를 놓을 수가 없으므로 입원환자들의 혈관주사가 문제가 생기면 당직의사를 깨울 수밖에 없는 구조였다.

　숙소가 병실에서 너무 멀리 있는 관계로 병실 곁의 당직실에서 당직을 설 수 밖에 없고 당직실에는 책상과 소파, 캐비닛 하나가 전부였다. 소파에서 선잠을 자는 일이 일상 다반사였다. 그래서 미국인들은 급여의 수십 배로 부려먹는구나 하는 생각이 들 정도였다.

　세인트 빈센트 병원에서는 매일 밤 10시부터 11시 경에는 야식으로 햄

버거를 하나씩 주었는데 그것을 챙겨 다음날 오후 귀가 때 임신한 아내의 간식으로 가져가곤 하였다. 비쩍 마른 햄버거를 볼 때마다 그 시절이 생각난다. 아내는 세 번의 유산 후 생긴 임신인지라 단칸방에 감옥처럼 지내고 있었다. 청소나 빨래도 당연히 내 몫이었다.

지금 사우디아라비아에서 의사생활을 하고 있는 Victor Ho란 친구와 함께 세인트 빈센트 병원에서 일했는데 요추간판 탈출증(허리 디스크) 수술을 가르쳐 달라고 하여 함께 수술하면서 시범을 보여주기도 하였다.

1981년 5월 귀국 후 제정한 봉생이념의 네 개 항목 중 세 번째와 네 번째는 세인트 빈센트병원의 이념을 딴 것이다.

1981년 6월에 제정한 봉생이념은 다음과 같다.

1. 봉생병원은 의학발전에 선봉이 된다.
2. 봉생병원은 국가와 지역사회 발전에 최선을 다한다.
3. 봉생병원은 환자의 권익과 생명을 보호하는 데 만전을 기한다.
4. 봉생병원은 최신의 의료 양질의 의료를 베푸는 데 최선을 다한다.

1996년 4월 15대 국회의원 총선에 당선되어 서울로 주거지를 옮길 수밖에 없을 때 박경흠 행정원장께 신신당부한 것은, 봉생이념을 지킴으로써 수익에 손해가 가더라도 꼭 지켜 달라는 것이었다.

봉생이념과 정직, 성실, 박애라는 원훈을 정할 때 나이가 만 33세였지만 사람에게도 신념이 있듯이 기업에도 이념이 있어야 한다고 생각하였고 봉생병원이 영속하고자 한다면 꼭 봉생이념을 지켜야 한다는 것이 나의 신념이다. 물론 병원도 모든 기업이 그렇듯이 이익을 창출해야 한다.

그러나 병원이 기업과 다른 것은 이익을 손해보는 한이 있어도 환자의 생명을 보호하는 것이 최우선이란 점이다.

1998년 건강보험으로 통합되고 시간이 지날수록 의료가 복지적 측면이 강조되는 시대에 와 있다. 이것은 한편으로는 시대에 걸맞은 것이나 시장경제 속에 살아남아야 하는 병원의 현실과 의료의 특성을 살피고 충분히 감안하면서 의료수가와 의료정책을 펼쳐가야 한다. 현재와 같은 비현실적 수가와 30년 전 확립된 구시대적 행위별 수가체제 그리고 대형병원 위주의 의료정책과 주먹구구식의 보건행정은 의료를 심각하게 왜곡시키고 국민들은 심각한 피해를 입게 되는 것이다. 결국에는 국민 건강보험이 위기에 처하고 존폐의 기로에 설 수도 있다고 생각한다. 경제학의 법칙 중 하나가 가격을 왜곡하면 나중에 꼭 복수한다는 것이다. 그 복수가 건강보험의 실패가 아니기 위해서는 정부가 심각성을 알고 고쳐가야 할 것이다. 지금도 중소병원들은 신음소리를 내면서 점점 괴물화 되고 있다.

예를 들면, 의과대학 병원조차 수익을 올리기에 급급하다. 중환자를 기피하는 현상이 나타나고 신경외과, 흉부외과 등 육체적으로나 정신적으로 힘들고 야간에도 환자를 지켜야 할 뿐 아니라 위험한 수술을 많이 하는 진료과는 의대생들에게서 점차 외면당하고 있다.

난립하는 각종 전문병원들의 일부는 수익 올리기에 혈안이 되어 있다. 의료 윤리나 병원 윤리는 찾기 힘들어지고 있는 것이다. 종국에는 의사에 대한 국민들의 신뢰가 바닥을 칠 것이다.

작금의 요추 디스크, 치질, 관절 등의 시술과 수술의 증가, 갑상선암 수술 증가, 제왕절개 수술 증가 등의 문제나 일회용 의료자재 재사용 등으로 각종 감염 유발 문제 등등 헤아릴 수 없을 지경이다.

그 외 지방병원이나 중소병원이 갈수록 의사와 간호사, 약사의 채용이 힘들어지는 것은 어제 오늘의 문제가 아니다.

의료업에 종사하는 기사, 간호사 등 직원들의 임금이 타 업종의 80% 이하 수준으로 불만에 차 있으며 간호사의 경우 힘든 근무 탓에 타 업종을 찾음으로써 장롱 면허가 늘고 있다. 급여가 대학병원에 비해 상대적으로 적은 중소병원에서는 간호사 부족으로 병동을 닫아야 하는 지경에 이르는 등 여간 심각하지 않다.

의사나 간호사의 서류 작업량도 갈수록 늘어나고 있어 진작 진료에 쓸 시간들이 부족해지고 있다.

뿐만 아니라, 복지부의 병원정책이 대학병원 등 대형병원 중심으로 펼쳐짐으로써 중소병원은 상대적으로 규제만 늘고 있는 현실이다.

1%대의 수가 인상, 규제와 요구는 늘고 병원 운영에 힘을 실어주는 정책은 보이지 않은 가운데 의료분쟁의 증가와 천문학적 배상액까지 문제가 한둘이 아니다. 최근에는 응급환자를 위해 수술실 간호사, 기사 등은 야간 당직을 서야 하는 현실을 무시한 규제도 늘리고 있다. 대책 없는 최저임금 대폭 인상 주 52시간 근무제한으로 수련의 교육과 병원 운영이 점차 막다

른 골목으로 치닫고 있다는 느낌을 지울 수 없다.

500병상 이하의 중소병원들은 병원 경영 악화로 근본적 해결은 생각도 못하고 비급여 항목을 개발하려고 혈안이 되어 있다. 나 하나 살아 보겠다고 불법 의료행위나 비양심적 의료행위가 늘어나는 등 바람직하지 않은 일들이 벌어지고 있다.

이러한 일부 병원들의 시도나 행태는 일시적인 방편은 될 수 있을지 모르나 결국은 상황을 최악으로 이끄는 악수가 아닐 수 없다.

의협과 병협, 각 학회와 의사들 개개인들은 국민을 위한 적정 수준의 의료를 유지하기 위해 의료정책과 의료수가를 현실화하도록 보다 강력하고 적극적인 노력을 해 나가야 할 것이다.

2017년 8월에 발표한 문재인케어에서 간과하고 있는 것은 의료공급자들에 대한 배려가 전혀 없다는 점이다. 근본적인 문제인 건강보험수가를 현실화시키고 병원 중심의 의료정책을 펴야 할 시대에 와 있으나 정부는 외면하고 있다. 건강보험의 성공은 의료공급자의 적극적 협조 없이는 불가능하며 병원이 존재하지 않는다면 건강보험은 성립되지 않기 때문이다. 민간 의료를 위헌적 발상으로 국유화 하겠다는 의도를 갖고 있지 않다면 의료공급자의 견해도 존중하는 자세를 가져야 할 것이다.

의료계의 위기상황 극복을 위해 정부차원의 근원적 해결을 위해서는 의료수가 현실화와 행위별 수가 체제에서의 변화와 나아가서는 의사개방형 병원 도입 등 의료 시스템의 획기적인 변화도 연구해 볼 가치가 있을 것으로 생각한다.

우리나라 정부와 국회의 자세를 볼 때 현실적으로 불가능하다고 판단되나 의료계의 안정적이고 발전적인 변화를 위한 제언을 한다면, 현재의 건강보험 제도를 근간으로 두고 병원운영과 의사업을 분리시켜 소위 '의사 개방형 병원'으로 유도해야 한다.

해방 후 이어온 의원 중심의 의료를 병원 중심으로 바꿀 필요가 있다.

이 제도는 미국의 현 제도를 벤치마킹하는 것으로 의사가 변호사들처럼 독립적으로 개업을 하되 입원실 없는 개업을 하게 하는 것이다.

의료수가를 일정부분 인상하여 현실화 해주면서 의사비(Dr's FEE)를 책정해 주어 병원은 의사를 응급의사, 마취의사 등 필수 요원을 제외하고는 고용하지 않고 계약할 수 있게 하는 것이다.

가정의와 전문의들도 그들의 사무실에서 간단한 검사와 투약 등 일차 진료를 하게 하여 의료 전달 체계도 세울 수 있고 자연히 입원실 등을 가지는 의원 개업이 없게 될 것이므로 의사들의 필요 없는 투자를 막아 자원 낭비도 지양될 것이다.

의사들은 좋은 병원과 계약하기 위해 능력을 키울 것이므로 의사들의 수준도 향상될 것이다.

신출내기 미국에서의 의사로서의 에피소드를 소개한다.

뉴욕 시립병원인 Bellevue병원에서 근무를 시작한 지 며칠 되지 않아 낭패를 당한 적이 있다. 환자 이송을 위한 전용 엘리베이터가 있는 기본적인 미국 병원의 시설에 대한 인식 부족이 나은 해프닝이었다.

환자를 특수검사 촬영을 위해 침대로 오드리 대신 모시고 가면서 침대보다 길이가 조금 짧은 일반 엘리베이터를 이용하여 침대 바퀴가 엘리베이터 문 틈새에 낀 것이다.

환자용 승강기가 별도로 있다는 것을 몰랐던 나는 당연히 침대가 들어갈 수 있다고 생각한 것이다. 침대가 기울어 환자가 떨어질 상황이 되었는데 주위에 도와줄 사람은 아무도 없었다. 얼마나 난감했는지 지금도 생각하면 아찔하다.

다행히 그 환자가 상황을 알고 침대를 내려와 준 덕분에 곤경에서 벗어날 수 있었다. 환자의 넓은 아량에 얼마나 감사했는지 모른다. 만일 수술실로 가는 중환자였으면 큰일 날 뻔하였다.

또 하나 아찔한 순간이 있었다. 이 역시 시립병원인 벨뷰어병원 중환자실에서 일어났다.

일 년 간의 계약이 거의 끝날 무렵 중환자실에 입원한 흑인 환자의 요추천자를 하면서 실수로 바늘에 손가락이 찔리게 되었다. 환자는 최하류 생활을 하는 사람으로 보여 에이즈나 각종 전염성 질환이 있을 가능성이 높아 보였다. 병원당국에 신고를 하고 응급실에 가서 주임과장의 처방으로 감마그로블린으로 기억되는데 면역제 주사를 맞게 되었다. 다행히 그 후 검사에서 나쁜 질병에 감염되지 않았음이 밝혀졌으나 아찔한 일이 아닐 수 없었다.

우리와 다른 병원 문화 몇 가지를 소개하면 미국의 병원 종사자들 대부분은 점심을 도시락으로 싸 들고 온다. 병원 내 카페테리아가 있으나 의사나 직원 방문객 모두 현찰로 직접 사서 먹었다. 그리고 의사를 제외하면 전 직원들은 누구나 칼퇴근을 하는 문화였다. 미국에서는 병원 직원들과 의사가 함께하는 회식 문화는 없었고 우리끼리도 우리 문화처럼 한 잔 문화는 없었다. 철저히 가족 중심이었으며 총각의사를 제외하고는 퇴근 후에는 가정으로 직행하였다. 우리도 차츰 가정 중심의 사회로 바뀔 것으로 추측된다.

주임교수인 Ransohoff 교수는 3년 더 고생해 주면 미국 신경외과 전문의 시험 자격을 주겠다고 했으나 귀국해야 한다고 거절하였다.

또 동맥을 통해 각종 질환을 치료하는 새로운 방법으로 각광을 받기 시작한 Intervention 중재 시술을 열심히 하는 알렉스 번스타인이라는 멕시코 출신의 NYU에서 함께 일한 신경외과 의사는 자기의 임상펠로우가 되어 일년만 함께 일하자고 제의하기도 하였다. 귀국 계획을 세우고 있던 나에게 3년 이상 미국에 체류하는 것은 봉생병원의 상황을 볼 때 현실적으로 불가능하였다.

귀국 전에 잠시라도 미세혈관 수술 기법을 다시 습득하기 위해 미세혈관 실험실이 잘 된 곳을 찾게 되었다.

LA에서 60마일 쯤 떨어진 로마 린다(Loma Linda) 대학의 조지 오스틴(George Austin) 교수가 좋은 실험실과 미세혈관 수술을 많이 한다는 것을 알고 그 분에게 서신을 보내었고 1981년 1월부터 6개월 간 연구 펠로우로 받아주겠다고 하였다.

우여곡절은 많았으나 여러 동료의사들의 도움으로 NYU 대학병원의 신경과 한 달 파견 근무를 끝으로 임상펠로우십을 무사히 끝내고 뉴욕을 떠날 준비를 하였다.

훗날 봉생병원에 신경과와 재활의학과를 누구보다 먼저 개설하게 되는 것도 이때의 임상 경험 덕분이다.

응급수술을 요하는 환자나 척추수술 환자를 제외한 환자는 신경과를 통해 입원 검사 후 수술 병소가 있으면 신경외과로 옮겨 수술을 하고 수술 후에 장애가 있는 환자는 재활의학과로 전원하는 역할 분담을 보았기 때문이다.

당시 우리 실정은 간질 환자, 편두통 등 신경과 환자도 신경외과에서 외래 진료를 하였으며 재활의학과는 걸음마 단계의 시기였다.

찰스 드레크 교수와 야사길 교수께 연수하다

　귀국은 만 3년이 되는 1981년 여름에 할 계획으로 마지막 6개월은 로마린다 대학에서 보내기로 했다. 앞서 기술한 대로 1980년 후반기 수개월은 뇌동맥류 수술의 세계적 권위자인 스위스의 야사길 교수와 캐나다 온타리오 주의 Drake 교수를 찾아가서 뇌동맥류 수술을 익히고자 추진을 하였다. 생후 백일을 갓 지난 큰아들 연학이와 아내를 일시 귀국시키고 혼자 캐나다와 유럽으로 갈 계획을 세운 것이다.
　그 당시 뇌동맥류 수술에 있어 세계적으로 가장 명성을 떨친 분이 두 분 계셨다. 한 분은 뇌혈관의 전반부 부위의 뇌동맥류 수술의 대가인 스위스 취리히대학 신경외과의 가지 야사길(Gazi Yasagil) 교수이며, 또 한 분은 뇌혈관의 후반 부위에 발생하는 뇌동맥류의 대가로 캐나다의 런던 시에 있는 온타리오 대학의 찰스 드레크(Chales Drake) 교수님이시다. 이 두 분에게 각 한 달씩 방문의사로 배우기를 청하였고 다행히 받아들여졌다.
　당시 나이아가라 폭포가 근처에 있는 버팔로 시에는 절친인 오정길 선생이 그곳의 Sister병원에서 산부인과 수련을 받고 있었다. 그가 사는 타운

흰가운 입으신 분이 드레크 교수 1980년 9월

하우스에 며칠을 함께 지내면서 Up State New York의 용크스(Yonkers)에 살면서 산부인과 수련 중이던 절친 정상동 가족도 휴가와 주말을 틈타서 함께 나이아가라 폭포를 구경하기도 하였다. 셋이 함께 모인 것은 7년 만이었다. 이 두 사람은 부산의과대학을 함께 다니던 동기생 중에서도 각별한 친구들이었다.

버펄로의 친구 집에 며칠 머물던 때가 마침 첫아들 연학이의 백일 째 되는 날(8월 11일)로 오정길 선생의 부인께서 필자의 큰아들 백일 케익을 사 와서 우리 두 가족만으로 조촐한 파티를 열어주었다.

2012년 초 뉴욕시에 태풍이 몰아쳐 맨하탄 남쪽이 바닷물이 넘쳐 물에 잠겨 도시가 수일 간 마비된 적이 있었다. 이 허리케인 샌디(Sandy)는 세계 10대 환경 대재앙의 하나일 정도로 피해가 엄청났다.

마침 그때 정연학 군은 갓 첫딸을 낳고 뉴욕 맨하탄 남쪽에서 대학원 공부 차 아파트에서 생활하고 있었다.

오정길 선생은 산부인과 전문의가 된 후 롱아일랜드에서 개업하고 있었고 나의 손녀도 받아주었다. 여전히 그곳에서 생활하고 계신 덕분에 아들 내외는 갓난아기를 데리고 오정길 선생 집으로 피난을 할 수 있었다. 거대 도시의 모든 것이 마비된 끔찍한 재난 속에서 삼촌 같은 아버지 친구 덕분에 위기를 모면하게 된 것이다.

백일잔치부터 장성하여 결혼 후까지 오정길 박사와 정연학의 인연은 가장 가까운 친척처럼 끈끈한 것이라고 여기고 있다. 친구 내외에게 항상 감사하는 마음을 지니고 살아가고 있다.

캐나다와 유럽 방문을 위해 사랑하는 아내와 백일을 갓 지난 아들을 뉴욕의 J.F.Kennedy 국제공항에서 한국 행 대한항공으로 보내고 다시 버팔로로 돌아와 바로 온타리오 대학 신경외과를 찾게 된다.

경희대학교의 김국기 교수께서 그 교실에서 연수 중에 있었다.

당시 우리나라의 의사들은 우리 의학을 발전시키기 위해 박봉을 털어서

오정길 박사 내외는 슬하에 따님을 하나 두었으며 변호사시험 합격 후 롱아일랜드 지역 검사로 근무하고 있다. 손주 보는 즐거움 때문인지 여전히 젊다
-롱아일랜드의 저택

유학을 하였고 힘들게 공부한 후 귀국하여 각 대학에서 후진을 양성했다. 그 힘이 오늘의 우리 신경외과 의학 수준을 세계적으로 끌어올리는 원동력이 된 것임을 다시 한 번 여기에 기록으로 남기고자 한다.

대학을 졸업하고 바로 미국에 가서 수련한 거의 모든 의사들은 미국에 남아 살고 있으나 반면에 국내에서 전문의가 된 후 연구와 공부를 더하기 위해 해외 유학한 분들은 거의가 돌아왔다.

Drake 교수는 후두부 뇌혈관 동맥류를 측두뇌 하방 접근법(Subtemporal Approch)으로 주로 수술하였다.

뇌동맥류 수술 중에서도 후두부 뇌혈관 동맥류는 수술의 난이도가 가장 높은 질환 중의 하나였다. 최근에는 과거처럼 직접 개두술로 하지 않고 중재 시술(Intervention)이 발전하여 후두부 뇌혈관의 동맥류는 이를 통해 수술하는 경우가 많다.

Drake 교수님은 인품이 온화하고, 첫눈에 고매한 인품의 소유자임이 느껴지는 분이다. 세계적 대가로 명성이 자자함에도 불구하고 항상 배우고 있다는 겸손한 자세로 수술에 임하시는 것이 내게 큰 가르침이 되었다.

귀국 후, 후두부 뇌혈관 동맥류 수술의 접근법을 드레크 교수와는 달리 하였으나 한 달 간 모델에 기거하면서 배운 나날들은 수술의 기술 뿐 아니라 신경외과 의사로서의 인성을 가다듬게 해 준 소중한 기간이었다.

신경외과 의사로 살아오면서 항상 그 분의 온화함과 환자에 대한 따스함, 수술에 임하는 겸손한 자세를 본받으려고 노력하였다.

여러 차례 강조했지만 우리 의사는 환자의 수술부위를 집도자의 머리 아래에 두고 수술을 하지만 마음은 환자를 떠받드는 자세, 즉 환자의 생명에 대한 경외심을 항상 가져야 한다.

수천 례의 수술을 하면서 수술용 메스(First Knife)를 들고 두피나 피부를 절개하기 전에 항상 "하느님, 이 수술이 끝날 때까지 실수하지 않게 도와주소서"하고 기도했었다.

우리는 환자의 질병을 치료하는 의사이지만 수술이나 시술을 행할 때는 환자의 생명에 대한 존엄성을 항상 가슴에 품고, 산이 있으므로 산에 오른다는 등산가와 달리 환부만 보는 것이 아니라 진정한 생명 그 자체를 통찰하여야 한다.

나는 후배들에게 수술을 결정하기 전에 난해도가 자신의 능력에 80%를 넘는다고 생각하면 하지 말고 다른 의사에게 넘기라고 말한다. 그리고 수술을 결정할 때에는 나의 부모 나의 가족이라면 어떻게 하겠는가를 자신에게 먼저 물으라고 말한다.

돈을 벌기에 혈안이 되어가는 일부 병의원들의 작태를 보면서 이 말을 해주고 싶고 환자들에게는 의사의 능력도 잘 살펴야 하지만 물신주의에 빠져들고 있는 사회에서 의사라고 해서 완전히 신뢰하기 어렵다고 말해주고자 한다. 특정한 의사 한 사람의 의견에만 매달리지 말고 같은 전문과의 중립적인 다른 의사의 의견, 즉 2차 의견(2nd Opinion)을 듣고 수술 여부를 판단하라고 말하고 싶다. 이것은 모든 국민들에게 상식화 되어야 한다.

미국이라는 선진국에서 훌륭한 의사들의 진료와 수술에 임하는 모습에서 생명에 대한 경외심으로 우러나오는 환자에 대한 각별한 관심과 친절함을 배웠다.

아내가 과로로 오후 9시 경에 양막이 터져 밤 11시의 응급 분만을 해야

함에도 보호자인 나를 안심시키는 말과 함께 지체없이 상황을 정리해 준 뉴욕대학병원의 산부인과 교수 Dr young과 다음날 소아과 교수가 보여준 산모와 보호자를 친절하게 상담해주고 안심시켜주는 언행을 보면서 환자 중심의 진료에 임하는 진정한 의사의 자세를 배우기도 하였다.

뿐만 아니라 그들은 직업적 호의(Professional Courtesy)가 불문율이 되어 의사에게는 의사료(Dr's Fee)를 받지도 않았다. 의사로서 환자의 편에 서서 환자의 어떤 호소에도 깊은 관심과 애정을 보일 뿐 아니라 직업 윤리에도 철저한 것이다.

현실적으로 상이한 점이 많으나 선진국 의사들의 환자와 그 가족에 대한 자세에는 많은 것을 배워야 할 것 같았다.

물론 미국의 의료비는 우리와 적게는 10배, 많게는 20배가 되고 진료 환자의 수도 훨씬 적은 것은 사실이다. 그로 인해 그들보다 몇 배의 환자를 진료할 수밖에 없는 우리는 3시간 대기에 3분 진료하는 현실이므로 불가능하다. 그러나 의사로서의 기본자세와 태도, 의료 윤리, 병원의 조직 윤리 등은 본받아야 할 것이다.

정부도 우리가 1970년대 후반에 의료보험제도의 롤 모델로 삼은 일본도 변화를 지속적으로 행하고 있고 NHS(National Health System)의 영국조차도 제도 개혁을 하는 마당임을 주지해야만 한다. 우리는 다른 분야도 그런 점이 두드러지지만 시대상황에 따른 변화에 인색하기 그지없다. 하루빨리 오늘 현재의 전 국민 개보험 제도가 사회주의적 의료 시스템이므로 자유주의 시장경제를 운용하는 우리나라에 걸맞게 많은 것들을 보완해 가야 한다. 예컨대 수가를 보다 합리적으로 조정하고 현실화하는 것은 물론이고 처방전 없이 살 수 있는 약, 소위 슈퍼약을 선진국 수준으로 확대해야 한다. 앞서 지적했듯이 행위별 수가제도를 보완하고 의사들의 자질을 높이고 의료전달 체계를 위해서 의사개방형 병원제도 등 제도적 보완도 강구해 가야 할 것이다.

뿐만 아니라 의사 간호사 등 의료 인력 수급도 원활하게 될 수 있도록 인력 양성과 필요하면 베트남 등지에서 간호사를 양성하여 과거 우리가 독일에 파견하듯 간호사 수급에 활용하는 방안도 강구해야 할 것이다. 베트남은 우리와는 여러 가지로 인연이 깊고 6만 명 이상의 베트남의 여성들이 우리의 며느리로 살고 있다. 베트남은 한자 문화권이고 유교 문화권으로서 우리와 유사한 점이 많다. 보건의료 정책을 변화시켜가야 하고 의료사고 보상과 관련해서도 지금처럼 정부가 무책임하게 개개 병원이나 의사들에게 내팽개쳐 두어서는 안 된다.

의료계 전반에 악성 바이러스처럼 번져가는 현실에서 사태가 더 이상 왜곡되고 악화되기 전에 서두르기를 바랄 뿐이다.

캐나다에서 한 달을 보낸 후 스위스로 가게 되었다. 야사길 교수는 취리히 대학교 기숙사를 한 달 간 쓸 수 있게 배려해 주셨다. 지금 생각하면 스위스가 중립국이라 북한과도 외교 관계가 있으므로 철저한 안보 교육을 받은 탓인지 길을 다니면서 신경이 많이 쓰였던 기억이 난다.

기숙사 옆방에 유고슬라비아 학생이 기숙하고 있었는데 그의 방에 초청받은 적이 있다. 그 학생의 생일날이었다.

생전 처음으로 당시 적성국가 사람을 만난 것이다. 신경이 조금 곤두서는 느낌으로 그 방에 들어갔는데 벽에 미국 배우와 엘비스 프레슬리 등 가수 사진과 포스트가 잔뜩 도배질해진 것을 보고 안심이 되었다.

우연은 신의 지문이다

야사길 교수께 인사를 하고 소정의 절차를 밟은 후 그 분의 모든 뇌수술을 참관하게 되었다.

특이한 것은 조수 없이 스크랩 간호사와 단 둘이 수술을 하는 것이었다.

조수가 할 일을 자신이 만든 기구들을 사용함으로써 수술하는 데 아무런 지장이 없었다.

신의 손가락(GOD FINGER).

한마디로 그분의 수술하는 손을 보고 떠오른 단어는 바로 신의 손가락이구나 하는 경탄이었다.

스크랩(수술 전 손과 팔목까지 소독 비누로 씻는 것)을 하는 모습에서 느낀 것은 제사를 모시는 제주에게서 느끼는 '경건함'이었다. 경건한 마음으로 옷깃을 여미는 제주에게서 느끼던 바로 그것이었다.

나는 헤드 핀에 고정하는 것에서부터 수술의 전 과정을 열심히 기록에 담았다. 그 분은 한 달이 되어 떠나기 전에 훗날 기념이 되게끔 증명서를 만들어 달라는 부탁에 비서를 시켜 타이핑을 하고 내용을 구술해주시고는 자신

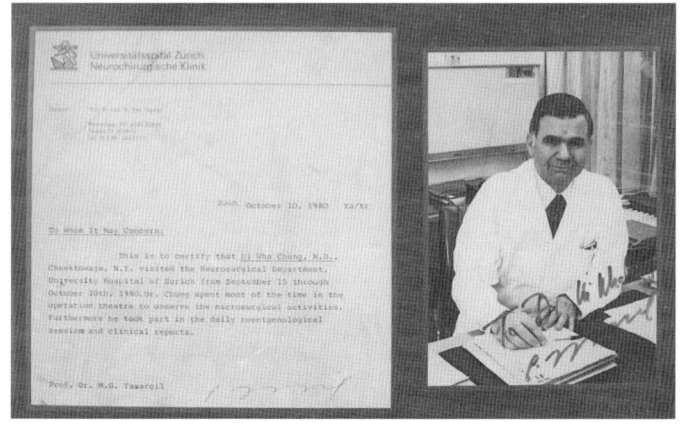

한 달간의 연수를 마치고 떠날 때, 야사길 교수는 당신의 사진에 사인을 하고 함께 했다는 증서 대신 서신을 주셨다.

의 사진에 사인을 하여 내게 주었다.

나는 야사길 교수의 수술을 보면서 '나도 언젠가는 저 수준에 도달하고 말리라'하고 각오를 다지기도 하였다. 롤 모델을 찾은 것이다.

훗날 미국 신경외과학회장에서 에스쿠렙(Aesculap) 기구상의 부스에서 우연히 만났는데 양극 수술포셉(bipolar forcep)의 끝부분 tip을 0.1mm를 사용한다고 자랑하였더니 자신은 0.2mm Tip을 쓰신다면서 0.1은 너무 위험하니 0.2mm를 쓰라고 충고를 해 주셨다.

나는 전반부 뇌혈관에 생기는 동맥류 수술을 원도 없이 많이 보았다. 야사길 교수님은 뇌동맥류 수술을 매일 두세 사례씩 하였고, 그 분의 현란한 손놀림은 짧은 시간에 수술을 끝나게 하였다.

거의 대부분이 전반부 뇌동맥류 수술이었던 것으로 기억된다.

세계 최고 수준 신경외과 의사의 수술을 보고 배울 수 있어 크게 고무되었으며 흥분으로 가슴이 뛰었다. 또한 그런 기회를 가졌음이 너무나 행복하였다.

야사길 교수는 90세까지 미국 알칸사 주의 리틀록의 대학병원에서 수술을 하셨다고 하며 그 후 은퇴하여 모국인 터키로 돌아가서 여생을 보내고 있다는 소식을 최근에 들었다.

스위스에서의 한 달의 연수 후 한 달 간 유럽 여행을 다니게 되었는데 훗날 필자는 스스로 유럽 배낭여행 원조라고 자랑하기도 했다. 당시는 냉전 시기라 동유럽은 갈 수가 없었다.

동유럽은 국회의원이 된 후 체코, 헝가리 등 여러 나라를 방문하게 된다.

로마린다 대학의 조지 오스틴 교수의 도움을 받다

　뉴욕으로 돌아와 약 3개월 만에 아내와 아들을 만나 마지막 행선지인 California의 로마린다(Loma Linda)대학으로 떠나게 되었다. 오스틴 교수의 허락으로 6개월 간의 뇌혈관 연구 펠로우를 위한 길이었다.

　일 년 반 만에 뉴욕을 떠나는 데 올 때와 다른 것은 아들이 생긴 것이다. 자연히 이삿짐이 늘어나서 U-Haul을 빌려 승용차 뒤에 달아서 캘리포니아까지 크로스 컨트리를 하였다.

　뷰익 레갈(Buick Regal) 승용차의 뒷좌석을 침대처럼 꾸며 생후 6개월 된 첫아들 연학을 눕혀서 안전벨트 없이 먼 길을 열흘 간 운전하고 다녔으니 지금 생각해 보면 교통법규 위반은 물론이고 하늘에 운명을 맡긴 꼴이다. 교통사고가 나면 아이는 어찌 될 것인가? 사실 당시에는 그런 생각조차 못하고 다녔다.

　1979년 5월 LA를 떠날 때와 달리 약 15일 간의 시간적 여유를 두었기에 느긋한 마음으로 곳곳의 명승지와 유적지 등을 관광하면서 다녔다. 캔터키를 거쳐 테네시 주의 내슈빌(Nashville)과 택사스 주의 엘 파소(El

Paso)를 지나 아리조나 주의 투손(Tucson)에 도착하였다.

NYU의 동료였던 Jack Dunn이 투손에 있는 아리조나대학병원에 교수로 근무하고 있었으므로 며칠을 함께 보내려고 그곳을 중간 기착지로 삼았던 것이다.

며칠 간 잭의 가족들과 함께 즐거운 시간을 보내었다.

그곳에는 사막박물관과 거대 선인장(Giant Cactus) Saguaro 국립공원이 있어 사진으로만 보았던 거대 선인장을 직접 보고 신기한 마음에 경탄하였다.

Loma Linda 대학병원은 남가주 지역의 안식교 병원의 메디컬센터 역할을 하는 병원으로 깔끔하고 아담한 느낌을 주었다.

응급환자 이송을 위한 의료 헬기도 운영하고 있었다.

George Austin 교수님께 인사를 드리고 동물 실험실에 주로 출퇴근하면서 전극(electrode)을 활용하여 고양이 뇌 혈류량을 체크하는 연구를 하는데 고양이 뇌에 손상이 가지 않게 하면서 두개골을 여는 수술이 쉽지

1981년 4월 로마린다 대학 신경외과 팀의 단체사진. 앞줄 중앙 조지 오스틴 교수.

않았다. 오스틴 교수는 두개 내외 문합(EIAB Anastomosis) 수술을 많이 하였으므로 대부분 수술을 관찰할 수 있었다. 샌프란시스코에서 하던 쥐의 혈관 수술을 연마하는 것도 게을리 하지 않았다.

귀국 후 EIAB anastomosis 수술을 3례를 하였으나 투약의 결과와 수술의 결과가 비슷하다는 리포트가 많고 실제 수술 후 경과도 썩 좋아 보이지 않아 중단하였다.

조지 오스틴 교실에 6개월 계획으로 갔었으나 두 번째 아기를 가진 아내의 건강에 문제가 생겨 돌이 얼마 안 남은 아들과 아내를 돌본다는 것이 불가능하였다.

며칠 간은 출근하면서 아이를 교수님의 나이 많은 여비서에게 맡기면 그분이 챙겨주었으나 도저히 견딜 수가 없어 오스틴 교수에게 말씀을 드리고 중도에 기권할 수밖에 없었다.

약 3년 간의 이국 생활을 정리하는 것도 간단한 일은 아니었으나 초인적인 힘을 낸 시기였던 것 같다. 1981년 5월 4일 귀국길에 오르게 되었다.

약 3년 간의 미국 유학생활을 정리하는데 꽤나 힘이 들었으나 1981년 5월 4일 KAL 비행기 안에서 돌을 맞은 아들과 임신 6개월에 수술을 받은 환자인 아내는 나의 허벅지에 머리를 대고 누워 12시간의 비행 끝에 무사히 김포공항에 도착하였다.

당시에는 경제사정이 허락지 않아 엄두도 못 내었지만 환자인 아내만이라도 일반석이 아니라 일등석으로 모셨어야 했구나 후회하고 있다.

귀국 후 일주일만에 7개월 된 아기의 유산을 당하면서 부산까지의 귀국길에 아내에 대한 나의 생각이 얼마나 부족하였는지 스스로 후회 막심할 뿐 아니라 아내에게 너무나 큰 잘못을 저질렀다는 자책이 들었다. 돌 된 아들과 환자인 아내와 무사히 귀국하는 것에만 신경을 쓴 것이 보다 중요한 사안들을 놓치는 우를 범한 것이다.

갑자기 3년 간의 미국 생활을 정리한다고 나름으로는 힘든 시기였으나 중요한 것과 급한 것의 경중을 잘 따져 판단했어야 했다.

나는 어리석은 자가 분명하다.

둘째 태아의 유산이 너무나 가슴 아팠으나 훗날 생각키로 연화, 연석 두 아들이 태어날 운명이었기에 그런 일이 벌어졌구나 하고 위안하였다.

로마린다대학에서는 연구팀에서 중도 탈락하게 되었으나 샌프란시스코에서 익힌 미세혈관 수술을 다시 연마하는 좋은 기회였으므로 큰 의미가 있었다.

귀국하면 바로 미세 뇌혈관 수술을 해야 하는 나로서는 그런 기회를 제공해 준 오스틴 교수가 너무나 감사하였다.

그때 헤어진 후로는 한국 생활이 간단치 않아 돌아가실 때까지 단 한 번도 만난 적도 문안드린 적도 없었던 것이 못내 아쉽고 죄송할 뿐이다.

돈 버는 병원 만들려고 미국에서 공부한 것 아닙니다

봉생신경외과병원에 3년 만에 복귀하였다. 지난 3년 간 병원을 지켜 주셨던 김수휴 원장께서 이렇게 말씀하였다.

"국내에 정착하여 안정되는 데 일 년이면 될 터이니 앞으로 일 년 간은 같이 일하도록 하겠다."

당시 병원은 현재 구관으로 통칭되고 있는 건물인데 대지가 140평에 건평이 약 1,000평 되는 작은 건물로 주로 좁은 일인실로 구성되어 있었다.

환자가 입원하게 되면 이불도 가져 오고 보호자가 직접 요리를 하는 구조로 운영되고 있었다. 새로운 병원을 신축하기 전까지라도 이런 것을 그냥 두고는 안 되겠다는 생각이 들었다.

맨 먼저 한 일은 벽을 허물어 중환자실을 만들고 각층의 한쪽 입원실 벽을 허물어 보호자들이 조리를 할 수 있는 공간을 만들어 주었다. 입원 시 일체 침구류 등은 반입을 금지시키고 환자복과 이불 등을 병원에서 준비하게 하였다. 미세혈관을 시행할 수 있게 수술 기자재가 준비되지 않아 수술 기구 등을 구매신청을 하는 등 본격적으로 뇌혈관 수술을 할 수 있는 준비도 아울러 하였다.

당시 사용하고 있던 현미경 수술기구는 1973년 한다(Handa) 교수가 이끌던 일본의 유서 깊은 대학인 교토대학 신경외과 주최로 개최되었던 국제 미세뇌혈관수술학회에 수많은 한국의 신경외과 의사, 교수들과 함께 참석하신 김원묵 박사께서 귀국하면서 이비인후과용 독일의 짜이스(Zeiss) 제품인 수술 현미경을 사 오신 것이 있었다.

이 테이블 형 수술 현미경에 움직일 수 있게끔 받침과 바퀴를 단 몸체를 조립하여 신경외과 수술에 사용할 수 있게 만든 것이었다.

1973년 교토학회가 중요한 의미를 지닌다고 생각하는 이유는 우리나라 신경외과 영역에 미세혈관 수술에 대한 관심을 불러일으켰기 때문이다. 실제 이 학술 모임이 있은 후 1975년 경 각 대학 신경외과에 수술현미경이 도입되기 시작하였다. 따라서 당시 신경외과를 이끌던 대부분의 교수님들은 특별한 미세 혈관수술을 위한 수련과정을 밟지 않고 바로 뇌수술에 적용하게 된다.

수술부위가 가열되지 않으면서 훤하게 밝은 조명과 몇 배로 수술 부위를 확대하여 볼 수 있게 됨으로써 신경외과는 일대 전환을 맞게 된다. 일반 무영등을 이용해서 육안으로 수술하던 암흑시대를 벗어날 수 있게 되었으므로 오늘날 아날로그 시대에서 디지털 시대로 전환하듯 혁신적인 변화가 생기게 되었다. 수술 사망률이 높던 뇌혈관 질환과 뇌종양을 비롯한 각종 질환의 수술 결과가 엄청나게 좋아진 것이다.

해외에서 연수받은 전문의들이 돌아오고 국내 각 병원의 의사들도 미세혈관 수술의 기술이 발전해가면서 우리나라 신경외과의 현미경

수술 1세대가 형성되었다.

나는 2세대에 해당된다고 보지만 실험용 쥐를 이용한 미세혈관 수술을 통해 현미경 뇌혈관수술법을 익힌 후 임상에 적용한 몇 안 되는 전문의의 한 사람이라는 자부심이 컸다. 육안으로 하는 수술과 큰 차이가 있는 것 중 하나는 육안수술은 보는 각도대로 수술을 하게 되나 현미경수술은 양안 파인더를 통해 봄으로써 수술부위가 프리즘을 통해 굴절된다는 점이다. 따라서 신체적-정신적 적응기간(Physical-Mental Ajustment)이 필요하고 이것은 수술 현미경을 통한 오랜 훈련으로 가능한 것이다.

봉생신경외과병원의 미래를 위한 여러 가지 계획을 세우고 이념도 정하고 시스템과 구조를 변경해가는 와중에 문제가 생겼다. 회장으로 모시고 있는 장모님이 제동을 걸기 시작한 것이다.
예컨대 장인이 만든 병원을 함부로 벽을 허무느냐? 급기야는 이대로 병원 경영해 가면 되지 않겠느냐? 등등.

당시 장모님은 당뇨병이 심해 매일 오전 오후에 인슐린을 맞고 백내장 수술 후 시력도 아주 나쁜 상태였으므로 건강상 아주 힘든 시기였다.
그럼에도 불구하고 아랑곳하지 않고 젊은 패기를 앞세워 병원을 개축하면서 장모님을 설득하고 양해를 구하는 노력을 제대로 하지 않았던 것 같다.
"병원 해서 돈이나 벌려고 미국에서 공부한 것 아닙니다."
훗날 장모님께서 세상을 하직하고 나이를 먹어 사려가 깊어지고 난

뒤에야 장모님에 대한 무례를 깨닫게 되었다. 심한 당뇨로 건강도 나빠 신경이 날카로워진 장모님께 너무 심한 행동이었던 것 같아 부끄러운 마음이 들기도 한다.

귀국 며칠 후 유산으로 어려움도 겪고, 무엇보다 수술과 외래환자에 치어 마음의 여유가 없었다는 것이 변명 아닌 변명이지만 고인께 불효막심한 것에 대해 송구한 마음 이루 헤아릴 수 없다.

"앞으로 병원 경영에 필요한 의사는 구해드리겠으나 사위인 저는 봉생에서 빼 주십시오."

이런 가운데 일을 해나갈 수 없다는 생각이 들어 막말을 하고 말았던 것이다. 가슴을 열고 내가 뜻하는 바를 설명드리고 동의를 받아가면서 했어야 하는 일임에도 장모님의 마음에 상처를 주는 큰 잘못을 저지른 것이었다.

김수휴 원장 등 중요 병원 식구들에게 사직한다고 통보한 후 다음 날부터 출근을 하지 않았다.

지금 생각해 보면 당시로서는 완고한 성격의 장모님과 한 번은 터질 것이 터진 사건이라고 할 수 있는 일일지는 모르나 내 자신이 인격적으로 얼마나 부족했는지가 가장 적나라하게 나타난 부끄러운 사건이었다.

집에서 두문불출하며 미국서 공부한 자료들을 정리하면서 몇 주를 보낸 후 대학의 전임강사 자리나 취직처를 찾아 다녔다. 미국에서 보고 느낀 것들을 젊은 후배들에게 나누고 싶은 생각이 있어 대학의 교수 자리도 생각해 보았다.

부산의대와 고신의대, 크게 신축 개원한 울산 동강병원 등을 찾아다니기도 하였으나 적절한 곳을 찾지 못하고 결국에는 동래구에 뇌졸중 센터를 만들려고 대지를 보러 다니기도 했지만 역부족이었다.

안타까운 눈으로 지켜보던 가형인 정헌화 박사가 자신이 운영하는 유일신경외과병원의 부원장을 하라고 하면서 일제 나가시마 수술 현미경을 마련해 주셨다. 함께 일하면서 원래 아버님의 계획처럼 형님과 함께 집안 병원을 만들 생각을 전혀 하지 않은 것은 아니었으나 언제까지 봉생병원을 내버려둘 수 없다는 사실도 깊이 인식하고 있었다. 고인과의 약속이기도 하고 나의 사명이기도 하였다.

두어 달이 지난 후 원장 직을 수행 중인 김수휴 선배께서 간곡하게 말씀하셨다. "닥터 정은 봉생을 맡아 키우는 것이 숙명인데 길을 두고 뫼로 갈 수는 없는 법이니 돌아와라"고 말씀하셨다. 아마 장모님께서 부탁드렸을 것으로 생각되었으나 일 년 후에 떠날 예정인 선배로서는 젊은 후배가 미국에서 어렵사리 공부해 와서 허송하고 있는 것이 못내 안타까웠을 것이다.

그러나 나는 내키지 않았다. 완고한 장모님의 고집을 꺾지 못하면 평생을 바쳐야 하는 봉생병원에서 일한다는 것이 의미가 없어 보인 것이다. 진퇴양난에 빠진 격이었으나 차일피일 하면서 세월은 속절없이 지나고 있었다.

병원을 떠난 후 약 3개월이 지난 12월 초순이었던 것으로 기억된다. 여느 때처럼 손주를 보러 아파트에 들른 장모님께서 느닷없이 "원장 없이 송년회를 어찌 할 수 있나? 내일부터 출근하라"고 간곡하게 말씀하시는 것이 아닌가. '원장 없이'라는 말씀에는 원장으로 인정하고 계신다는 함의가 들어 있었다.

한참을 생각한 끝에 정확한 기억은 안 나지만 이렇게 말씀드린 것 같다.

"그러시면 이제 병원 운영을 맡아서 할 테니 제가 하자는 대로 해주시겠습니까?"

요지는 그랬던 것 같다.

'자식에게 이기는 부모 없다'는 말처럼 그렇게 완고하시던 장모님은 기가 찬 느낌이었을 것이다.

아무튼 고개만 끄떡이시면서 순순히 승낙하였다.

혼인신고 한 달 만에 장인께서 대왕코너 화재 사고로 타계하시고 95%의 상속세와 방위세로 병원을 폐원의 위기에서 구하고 미국에서 3년 만에 돌아온 나는 봉생병원을 제대로 만들기 위해서는 장모님의 완고함을 극복하지 못하면 불가능하겠다는 판단이었던 것 같다. 자기 합리화 같지만 만일 그 판단이 맞았다면 젊은 시절 좌절감 속에서 결과적으로 큰 의미 없이 보낸 3개월여 간의 사보타쥬는 나름의 의미는 있었다고 여겨지지만 여전히 마음 한구석 아픈 것 또한 사실이다.

그 후 국회의원으로 정계로 투신하는 1996년까지 14년 간 일주일에 한두 번 집에 가서 자는 날을 제외하고는 병원에서 숙식을 할만치 맹렬히 일했다.

병원이 다시 활기를 찾게 되자 차츰 장모님은 물론이고 오래된 병원 직원들 사이에서도 호평이 나기 시작하였다. 다음 해인 1982년 초인가 김수휴 선배님은 부산 인제대 백병원으로 자리를 옮기시고 나는 김승일 선배와 둘이서 신경외과를 꾸려갔다. 김승일 선배님은 중고교 부산대학교 7년 선배로서 무골호인으로 마음이 늘 넉넉한 분이셨다. 야간 콜

당직은 김승일 선배님께 3일에 한 번만 부탁드리고 이틀은 내가 맡았다. 당시엔 뇌 수술을 변변히 하는 곳이 드물었고 교통사고도 워낙 많은 후진 사회였으므로 매일 밤 응급환자가 넘쳐났다.

김수휴 선생은 대인이셨다

　김수휴 선배님은 봉생병원을 5년 간 병원장을 맡아 봉생신경외과의 명성을 이어가게 해 준 봉생병원의 큰 어른이었다. 성악을 전공할 뻔했다는 성악가 수준의 노래솜씨는 아마추어를 뛰어넘었으며 선구자를 즐겨 부르셨다. 언제나 처신이 명확했으며 가슴이 참으로 넉넉한 분이셨다.
　슬픈 소식이 들려온 날은 인제대학병원 교수로 가신 지 7년째가 되던 1989년 2월 23일 밤이었다.
　교통사고로 돌아가셨다는 비보였다.
　나는 망연자실한 나머지 대동병원 영안실로 달려갔다. 이미 얼음처럼 차가운 고인의 두 발을 잡고 생의 허무함에 치를 떨었다.
　10년을 살든 100년을 살든 인생은 짧은 것이다. 그러나 50세도 채 안 된 김수휴 선배님이 그렇게 허무하게 가다니 은혜를 크게 입은 나로서는 슬픔이 클 수밖에 없었다.
　선배님께서는 세브란스병원에 갈 때 김원묵 박사의 도움을 받기도 한 인연이 있는 분이었다. 그것이 봉생에 대한 남다른 애착을 갖게 하였는지 모를 일이다.

　봉생신경외과병원이 절망의 늪을 빠져 나온 후 새로운 도약을 위해 내가 공부할 수 있게 큰 은혜를 받은 두 분의 신경외과 의사는 심재홍 선생님과 김수휴 선생님이시다. 심재홍 선생님은 수련을 끝낼 수 있게 3년 간 병원을 지켜주셨으며 김수휴 선생님은 3년 간 해외 연수를 할 수 있게 병원을 지켜주시고 연수 후 돌아와 병원에서 완전히 자리를 잡을 때까지 지켜준 은인 중의 은인이었다. 시신을 선생님 댁에 모신 후 참담한 심정으로 거실의 벽에 기대앉아 묵상을 하던 중 고인의 두 자녀 교육이라도 책임져야겠다는 생각이 떠올랐다.

　두 자녀가 대학을 마칠 수 있게 등록금을 봉생에서 책임지겠다고 사모님과 약속하였다. 그 중 한 아드님은 의사가 되었다. 사모님과 여러 동료 신경외과 의사들이 고맙다고 격려해 주었으나 봉생병원장인 나로서는 지하에 계신 김수휴 선생님의 몫을 자녀들 대학 학비로 전했을 뿐이다.

장인 생존 시 부산 시민들이 '신경외과 하면 봉생'이라고 하던 봉생신경외과의 명성을 되찾기 위해 혼신의 노력을 다하였다. 임상 경험은 많지 않았으나 거의 모든 신경외과 질환에 대한 수술적 접근법에 대한 자신감은 있었으므로 현미경 미세 수술의 경우에는 수술시간에 구애받지 않고 조심에 조심을 더하면서 신중하게 수술을 해 나갔다. 뇌세포를 단 하나도 다치지 않고 완벽하게 보호하면서 수술을 하려는 자세를 견지하였다.

나이가 들고 정치를 하면서도 역시 세상은 '조화와 균형'이 가장 중요하다는 것을 체험하였다. 신경외과의 힘든 수술은 젊을 때는 체력이 받쳐주고 나이가 들어가면 기술과 경륜이 받쳐준다는 것도 조화가 아닌가?

그 후 10년 이상 일요일은 물론이고 명절날을 제외하고는 가운을 벗을 수 없는 생활의 연속이었다. 그것은 특별할 것도 없는 당연한 것이었다. 병원 운영과 환자 진료 그리고 그에 연관되는 사람들을 주로 만나면서 하루를 보내는 것이 나의 삶이었고 즐거움이었다. 삶의 의미 그 자체였으며 육체적으로는 고달팠으나 행복 이상의 기쁨이 충만한 나날이었다.

일반외과를 개설하고 진료의 질을 높이려고 하였으나 워낙 좁은 건물로는 더 이상의 방법이 없었다.

특히 내과, 외과, 산부인과, 소아과 등 필수과가 없어 다양한 환자를 돌보는 데 한계가 많았다. 예컨대 뇌손상이나 뇌졸중 환자 등이 협심증 증세를 호소할 때는 대학병원으로 전원해야 했고, 임산부가 신경외과 질환으로 입원하면 난감하였다.

나를 아끼는 많은 사람들이 신경외과로 유명한 병원이니 신경외과 전문병원으로 성장시키는 것이 수익이 훨씬 좋을 것이라고 조언을 많이 해 주셨다.

그러나 당시 35세의 청년의사에게는 물질적인 이익에는 관심이 적었고 어떻게 하면 신경외과 환자를 제대로 전인 치료가 가능한가에 지대한 관심을 가지고 있었다.

결국 신경외과를 중심으로 한 종합병원을 설립하기 위해 신축을 하는 것으로 마음을 정하게 되었다. 병원 뒤에 있던 대지 곁에 일부 대지를 매입하여 설계에 들어갔다.

1984년 연건평 1,200평의 5층 건물을 신축하게 되었다.

장모님께 자세한 설명을 드리고 허락을 받게 되었다.

봉생의 미래를 생각할 때 지금도 종합병원으로의 방향 설정은 잘하였다고 생각한다.

그 후 10년이 지난 1994년 10월, 1,400평의 10층으로 본관을 증축하였으며, 그후 약 10년이 지난 2005년 5월 2,500여 평의 신관을 신축하였다. 2012년 4월에 1,400여 평의 지원센터 등을 신축하여 420 병상의 종합병원으로 완성되었다. 구관 완공 후 40년 만이었고 1985년 첫 종합병원 개원 후 27년이 걸린 셈이다.

반듯한 부지에 멋진 새 건물을 지어 개원하는 재력가들의 병원을 볼 때마다 부럽기도 하였으나 열심히 살아가면서 감당 가능한 범위의 은행 부채를 내어 단계적으로 신·증축 해 온 봉생병원은 내겐 삶의 흔적이며 유산이다.

최고의 복지는 일자리라는 것이 정설이다. 언제나 일자리 창출이 가장 큰 사회 이슈가 되는 이유이기도 하다. 일자리 없는 사회는 출산도 성장도 삶의 질 향상도 기대하지 못하기 때문이다.

1967년 이전의 의원시절

김원묵기념 봉생병원 현재모습
-431 병상, 20여개과의 종합병원

　김원묵 기념 봉생병원 직원 730명, 동래봉생병원 직원 450여 명의 두 중규모 종합병원과 40여 명의 봉생복지회, 봉생문화회로 성장하여 1,200여 명의 일자리를 만든 것을 자랑스럽게 생각한다.
　신경외과의 명성을 이어가고 부산의 신뢰받는 종합병원으로 자리매김한 것만으로도 의료인으로서 병원장으로서 소임을 잘하였다고 생각한다.
　수많은 난관을 거쳐 1985년 3월에 종합병원으로서의 첫출발을 하였다.
　기본 네 개 과를 포함하여 신경외과, 정형외과, 마취과, 방사선과, 임상병리과, 치과 등을 갖추었다.
　당시에 복지부 정책이 얼마나 넌센스였는지를 보여주는 대표적인 것 중에 200병상 이상의 종합병원에만 뇌 CT 설치가 가능하다는 규제로 인해 한국 굴지의 신경외과 전문병원임에도 80병상으로 병상수가 부족하다고 뇌 CT 설치가 불가능하게 한 것이다. 결과적으로 나를 분노케 하여 종합병원으로 키우는 계기를 만들었으니 전화위복이라고나 할까? 그러나 4년 세월 간 성장의 걸림돌이 되었으니 지금도 아쉽게 생각되는 대목이다.
　신경외과 전문병원에서 종합병원 봉생병원으로 승격을 하게 되었고,

신경외과 환자의 전인치료를 위해 필요하였던 내과, 외과, 산부인과, 소아과가 생기고 4년 간 숙원이었던 뇌 CT도 설치하게 되었다.

의료계 인사들과 지역유지 분들을 모시고 새 건물 옥상에서 성대한 개원식을 하였다. 부모님과 장모님께서도 흡족해하시면서 손님들을 접대하시던 모습이 눈에 선하다.

병원 이름을 어떻게 정할 것인지 고민을 하였다.

김원묵 박사께서는 1949년 초가을 서울 종로구 소격동에서 봉생소아과로 출발하였으나 다음해 한국전쟁이 시작되면서 자진 입대를 하게 된다. 전쟁 중에 신경외과 반에 배속되었고 전후에 미국 월트리드 육군병원에서 일 년 간 수학하신 것은 여러 차례 기술한 바 있다.

군의관 대령으로서 부산 56육군병원에서 병원장을 끝으로 예편하고 부산 좌천동에 1967년 개원을 하게 된다.

나는 평소 외국 선교사들의 이름을 딴 병원들에 주목하고 있었다. 부산의 최근 경영 악화로 폐업하게 되었으나 침례병원이 왈레스기념 침례병원이 그 중 하나이고 세브란스병원도 설립자의 이름을 딴 기념병원이다.

나는 우리 사회가 설립자나 창시자 등 선구자들에게 인색해서는 안 된다고 믿어왔다. 그리고 효는 나의 근본 사상이었다. 최종 결정은 고인에게 사위로서 화룡점정의 마음으로 '김원묵기념 봉생병원'으로 하였다.

김원묵기념 봉생병원 탄생하다

　삶에서 효(孝)정신이 가장 근본이라는 나의 철학에도 부합하여 결국 '김원묵기념 봉생병원'이라고 결정한 것이다.
　향후 아무리 나의 공로가 크다 하더라도 신경외과 병원을 설립하고 불과 7년 후 불의의 사고로 타계하셨으나 병원설립자의 명예를 영원히 기념해야 한다는 생각이었다.
　영문으로는 Bong Seng Memorial Hospital로 하기로 하였다. 우리나라 의사의 이름으로 기념병원은 봉생병원이 최초가 될 것이다.
　이때 에피소드 하나가 있는데 장모님께서 병원 이름이 너무 길다는 것이었다. 공식 문서에만 그렇게 기재하고 일반적으로 호칭할 때는 '봉생병원'이라고 부를 것이라고 설명하니까 그때서야 이해하셨다.
　우리나라의 문화적 자본의 핵심은 '효 정신'이라고 생각해 왔다.
　유교 문화권에서도 우리의 문화와 사상이 가장 인본주의적 성격을 가지는데 그 이유가 바로 효 문화 때문이다.
　20세기 인문학의 최고 석학인 아놀드 토인비도 "한국이 장차 인류문명에 기여할 것이 있다면 그것은 효 문화일 것이다"라고 했다.

우리의 국민성과 국가의 정체성이 바로 효 정신에서 비롯되는데도 불구하고 현대인에 걸맞는 기본적 가치로 승화시키지 못하고 세계화의 대변화 물결에 휩싸이게 됨으로써 방향타를 잃은 사회로 표류하고 있다. 산업이 발달되고 세계화가 되면서 대가족제에서 소가족제 가정으로 바뀌게 되었으며 시간이 흐를수록 다시 가족이 뿔뿔이 떨어져 생활할 수밖에 없는 사회로 변모하였다.

최근에는 1인 가구가 급속도로 증가하고 가정이라는 사회의 기본적인 세포가 걷잡을 수 없이 무너져 내리고 있다.

세상이 이기적이 되고 물질중심으로 빠져들면서 인성 부족의 사람들이 양산되는 이유를 소위 '밥상머리 교육'의 상실에서 찾는 사람들이 많다. 서양문화가 급격히 들어오고 가치를 떠나 물질이나 쾌락과 편리성에 의존하는 풍조가 만연하는 것이 자연스런 현상이 되었다. 그 속에서 '충효인의예지신(忠孝仁義禮智信)'의 우리 국민정신이 쇠퇴되어가는 것도 당연한 현상이 아닌가 싶다.

그러나 나는 마냥 이런 변화를 자포자기적으로 받아들이는 것을 거부한다. 정체성을 잃은 대한민국은 대혼란을 겪게 될 것이므로 문화적 자본인 효 정신과 정신적 자본인 인성과 사회적 신뢰 자본을 바로 세우는 일에 매진해야 한다고 생각한다.

나의 꿈은 국민정신이 부활하는 것이고 그래서 언젠가는 우리나라가 정신문화를 중심으로 문화강국 대한민국이 되는 것이다. 내가 희망을 버리지 않는 이유는 아직 우리의 효 문화가 완전히 소멸된 것은 아니기 때문이다.

포은 정몽주 선생의 20대 자손으로 부모님의 엄격한 유교 가풍 속에서 성장하였기 때문에 장인의 존함을 영원히 기리고 봉생병원이 영원하기를 바라는 소원을 담아 김원묵기념 봉생병원으로 명명한 것이다.

물론 창시자의 공로를 지켜 드린다는 것 또한 효 정신에 기인한 것이라 생각한다.

오늘날 나라가 어지럽고 생산인구가 줄어드는 인구절벽이 다가오고 경제가 어려운 이유도 효 문화가 쇠퇴하고, 도덕이나 윤리의식을 무시하고, 신뢰라는 사회적 자본도 미약한 탓이 아닐까 한다.

잠시 효의 본질에 대한 평소 존경하는 홍일식 전 고려대학교 총장님의 고찰을 소개하고자 한다.

첫째, 효는 지극한 인본주의에 바탕을 두고 있다. 현대를 살아가는 우리의 절실한 과제는 인간성 회복이다.

둘째, 효는 이타주의를 본질로 한다. 효는 부모도 다른 개체이므로 부모를 먼저 생각하는 효심과 실천행위인 효행을 말하는 것이다.

셋째, 효는 인내심을 필수로 한다. 부모를 섬기고 받드는 과정은 곧 나의 감정과 욕구를 자제해 가는 과정이다. 따라서 효를 실천하는 것은 인내심을 함양하는 과정이기도 하다.

넷째, 효는 절충주의를 필수로 하고 있다. 윗세대와의 조화를 이루기 위해 절충의 지혜를 발휘해야 한다.

다섯째, 효는 화평을 이상으로 한다. 위로는 부모를 받들어 모시고 아래로 자식과 손주에 이르기까지 가족 전체를 이끌어 가정의 화평을 이루어 가는 것이 가정의 원래 모습이다. 나아가 이것이 국가사회에 대한 공동체 의식으로 또한 인류의 공생 공영의 정신으로 발전케 되는 것이다.

그래서 '효는 백가지 행실의 근원' 즉 백행지원이라고 선인들이 가르쳐 온 것이다. 효 정신 속에는 이처럼 인본주의, 이타주의, 절충주의, 인내심, 화평의 정신이 응축되어 있는데 이것은 인류가 갈망하는 최고의 정신적 가치이다.

우리에게 효 문화의 불씨가 남아 있는 것은 참으로 다행한 일이며 우리는 이 불씨를 살려 문화강국 대한민국을 만들어야 한다.

이상이 홍일식 총장님의 분석이고 나도 완전 동의한다.

현대에서는 부모님을 자주 찾아뵙고 자주 전화하고 만나면 안아 드리는 것이 효의 실천이므로 모두가 그리하면 좋겠다.

봉생신경외과병원이 종합병원이 될 때 의료진의 면면을 보면 내과 구대영 과장, 외과 이경윤 과장, 산부인과 안정모 과장, 소아과 박홍규 과장, 정형외과 남기천 과장, 신경외과 정의화, 지연근 과장, 정신과 홍완호 과장(2개월 후 제대와 함께 근무), 방사선과 이중석 과장, 마취과 송군성 과장, 임상병리 설미영 과장, 치과 우국명 과장 등이다.

종합병원 개원과 함께 당시 김석철 원무부장을 행정처장으로 승진시키려 하였으나 본인이 고사하여 필자의 고교 일학년 때 짝지로서 절친인 박경흠 친구가 한일시멘트 인사과장을 끝으로 퇴직을 하고 봉생병원 행정처장으로 부임하게 되었다. 부산 병원계에서 행정처장이라는 직함과 나중엔 행정원장이라는 직함도 내가 최초로 만들어 도입하였다.

3년이 경과한 시점에 나는 새로운 고민에 빠지게 되었다.

국내 최초의 신경외과 전문병원인 봉생을 소규모이지만 종합병원으로 성장시켜 일단 전인적인 신경외과 환자 진료는 가능케 되었으나 종합병원으로서 경영의 비전이 보이지 않았다.

개원 3년이 지나도 대부분의 시민들은 '봉생' 하면 신경외과 전문병원으로 깊이 인식된 나머지 종합병원인 것을 모르는 사람이 대부분이었다. 내과, 외과, 산부인과, 소아과 등 주요 과들의 입원환자는 평균 20여 명에 불과하였고 나아질 기미를 보이지 않았다.

나의 초등학교 시절의 부산 동구는 인구가 40-50만 명에 육박하였으나 원도심의 공동화 현상으로 동구의 인구가 급격히 줄어들었다.

그 주된 이유는 한국전쟁의 피난민 촌으로 출발한 산복도로 주변의 노후된 주거환경개선 사업을 위해 동래와 해운대 지역 등으로 강제 이주를 시키게 되고 젊은 자녀 세대들이 빠져나가면서 급격히 줄기 시작한 것이다.

봉생의 미래를 항상 염두에 둔 장기적 안목으로 보았을 때 심각한 고민에 빠질 수밖에 없었다. 도심 공동화 현상이 심해지므로 특별한 계기가 없는 한 이곳에서 종합병원으로 성공하기가 어렵겠다는 생각이 들었다. 결국 제2의 봉생병원 설립을 고민하게 된다.

그 당시부터 현재까지 나는 10년, 20년 이후의 봉생병원의 모습을 숙고하면서 지내왔다고 해도 과언이 아니다. 언제부터인가 사람은 긴 안목으로 살아야 한다는 것이 몸에 배었다.

아마도 27세의 젊은 나이에 장인께서 급작스럽게 타계함으로써 얻은 경험을 통해서 인생에서는 언제 무슨 일이 생길지 전혀 알 수 없으므로 항상 미래에 대해 대비해야 한다고 습관처럼 생각하게 된 듯하다.

이 글을 쓰고 있는 지금도 10년, 20년 후의 봉생의 모습을 그려 보면서 다음 세대로 영속적으로 이어지는 봉생을 위한 봉생 철학의 정립과 생활화 그리고 보다 창의적인 아이디어가 없을지를 모색하고 있다.

더구나 4차 산업시대가 도래하면서 의료에도 엄청난 변화가 생길 것임을 직감하고 있기 때문에 김중경 의무원장이나 이상훈 의무이사, 박화성 의무원장을 비롯한 주요 보직 과장들과 가끔 이에 대한 대비에 관한 논의를 하기도 한다.

또 하나의 숙명, 동래봉생병원

1987년경 종합병원으로 승격시킨 후 3년이 채 안된 시점에서 진료를 하면서도 시간 나는 대로 새로운 지역의 메디컬 센터 역할을 할 수 있는 종합병원을 건립할 원대한 그림을 그리기 시작하였다. 부산의 미래 발전 상황을 나름으로 그려 보면서 인구가 밀집된 지역으로 종합병원 건립이 가능한 곳을 찾기 시작하였다.

부산 전도를 두고 기존의 종합병원들의 위치를 지도에 표기해 두고 여러 가지 요소들을 검토해 가면서 주말마다 응급환자 상황을 점검하는 가운데 직접 운전하고 다니면서 부산의 각 지역을 확인하고 다니기도 하였다.

종합병원은 일정 지역의 주민들을 위한 메디컬 센터 역할을 해야 하므로 현재 운영되고 있는 기존의 종합병원들과 부딪치지 않고 역할 분담이 가능하고 장래성이 있는 곳을 물색한 나머지 동래구 안락동 로터리 주변이 좋겠다는 결론을 내렸다. 당시 그곳은 낙후지역으로 쓰레기 하치장이 있고 인근에 구공탄용 석탄가루를 쌓아 둔 곳도 있을 정도로 건너편의 충렬사 공원 지역과 너무나 대조적이었다.

부지 확보에 큰 걸림돌이 있었던 것은 부동산 가격이었다.

하필이면 1988년 당시에 부동산 가격이 하루가 멀다 하고 상승하였고 장모님께서 다른 지역에 더 이상 병원을 확장하는 것에 대해서는 완강하게 반대함으로써 경제적 도움을 얻기가 어려운 상황인 관계로 대지 매입을 위한 준비금이 부족하였다.

종합병원으로서 미래를 보고 건설하겠다는 생각은 제대로 하였으나 경제적 여건이 여유가 없어 통 크게 생각을 하지 못한 것이 당시의 한계로 후회되는 부분이다.

사실 이 프로젝트에 부모님과 장모님과 아내와 형님을 포함한 주변의 모든 사람들이 반대하였다.

봉생의 미래 비전을 사색해 왔던 나는 고집을 꺾지 않고 건립을 하기로 결심하고 밀고 나갔다.

처가에 물질적으로는 기대지 않겠다는 자존심이 항상 내 마음 속에 작용하고 있었던 것은 사실이나 메디컬 센터를 구상하면서도 그에 따르는 부지

확보를 위한 자금 마련에 소홀했던 것은 두고두고 후회스러운 일이 되었다.

자금 확보를 위해 금융기관을 활용치 못한 것이나 부지를 충분히 마련키 위한 자금지원을 위해 장모님을 설득하지 못한 것은 당시 세상물정에 어둡고 협량한 자존심 탓이 컸다는 것이 확연하게 드러나는 대목이 아닐 수 없다. 지금 돌이켜 생각하면 미래를 보는 눈도, 상황에 따른 판단도 좀 더 진중하게 하지 못한 결과 동래봉생병원 경영에 있어 협소한 병원 공간 때문에 지속적으로 마음고생을 하게 되었다.

지금 이 순간에도 동래봉생병원의 미래가 자신 있게 그려지지 않아 고심에 고심을 거듭하고 있다.

물론 1996년 이후는 국회의원이 됨으로써 병원운영이나 병원의 미래를 위한 고심을 침잠반목 하지 못한 것 또한 한몫을 했을 법하다.

나는 어떤 중요한 일을 결정하거나 문제 해결이 고민스러울 때에는 아버님의 가르침처럼 염을 하게 되었다. 혼자서 고요한 곳에서 조용히 눈을 감고 긴 시간 앉아 고심하는 것을 말한다.

침잠반복(沈潛反復)이란 말은 중용장구서(中庸章句序)에 나오는 말로, 어떤 문제를 받아 들고 그 문제에 푹 빠져서 다각도로 고민하여 해결하는 방식을 말한다. 선불교의 참선이나 오늘날의 명상과 같은 의미이다.

나는 40대부터 중요한 결정을 할 때는 혼자서 고요한 장소에서 염을 하는 습관이 생겼고 이런 명상을 통해 결정을 내리면 결과가 만족치 못해도 마음은 편안함을 느끼곤 한다.

연륜을 더해가면서 또 정치를 하면서 어려운 사안들이 생길 때마다 명상과 사색을 하게 되었고 이것이 얼마나 중요한지를 깨닫게 된 것이다.

후손들이나 후배들에게 조언을 한다면 살아가면서 아주 중요한 일이나 문제와 맞닿게 되면 판단의 실수를 줄이고 좋은 결과를 얻기 위해서는 그 문제를 화두로 잡고 한두 시간이라도 '침잠반복'하라는 말을 해 주고 싶다.

지역 메디컬센터 병원으로서는 대지가 협소했으나 우선 확보한 600여 평으로 1988년 12월 기공식을 가졌다.

병원 설립을 위한 준비 중에 중요한 것은 의료진과 간호 인력, 그리고 행정 책임자를 누구로 하느냐 였다.

사람을 물색하던 중에 고교 후배로서 대학시절 사진예술 동호인으로서 가깝게 지내던 성병년 선생이 적임이라는 생각이 들었다. 당시 천안 순천향대학병원에서 정형외과 교수를 하고 계셨다. 삼고초려하듯 천안까지 두 번 찾아가 계획을 설명하고 함께 일하자고 설득을 하였다. 한번은 추석 전이라 야간열차에 좌석이 없어 입석으로 부산까지 내려오기도 하였다.

두 번째 천안을 방문하였을 때 성병년 선생은 순천향대학을 떠나기로 하고 바로 봉생병원에서 유급으로 일 년 간 미국에 연수하도록 지원하는 조건으로 부산에 오기로 결정하였다.

병원을 신축할 동안 미국 Colorado대학에 일 년 간 연수를 가게 배려한 것이다. 그는 1990년 개원한 이후 동래봉생병원의 원장 겸 정형외과 책임 과장으로 일하면서 정형외과 발전의 기반을 닦았다.

또 한 사람은 간호와 의료물품 등 진료 준비와 개원준비 팀장으로 본원의 김수진 수간호사를 과장으로 승진시킬 계획으로 책임을 맡기기로 하였다.

중요한 책임자 중 한 분은 행정 총책을 결정하는 것인데 적절한 인물이 없어 외부에서 적임자를 모시고 오는 것이었다.

나와 1984년부터 국제자선단체 중 하나인 Y'S MEN CLUB 활동을 함께 한 박용호 회장이 떠올랐다. 내가 입회할 당시에 회장을 맡고 계셨는데 그의 성품이나 정직성이 유난히 돋보였다.

교회 장로로서 인격이 원만하고 덕망이 큰 분으로 5년여 간 함께 회원으로 생활하면서 성실하고 매사에 빈틈이 없을 뿐 아니라 온화한 인품을 흠모하고 있었다.

박용호 회장은 당시 부산 굴지의 유통회사인 서원유통의 경리이사로 근무하고 계셨다. 삼고초려를 통해 승낙을 받아내었고 1990년 개원 이래 28년 간 근무하시고 79세가 다 된 지난 8월 말 퇴직을 하였다.

기본 진용도 짜였으며 수많은 사람들의 노고로 드디어 1990년 6월 2일 동래봉생병원이 개원하게 되었다.

개원 기념으로 다른 지출을 줄여서 시각장애인 후원을 위해 천만 원을 기부하였고 당시 시각장애인 후원회장이시던 부산일보의 김상훈 사장께서

동래구 안락동의 안락로타리에 있는 동래봉생병원. 17개 전문과로 한때 인턴과 정형외과 수련을 하기도 했으나 규모가 작아 변신을 연구하고 있다.

개원 기념식에 오셔서 전달받으시고 축사도 해 주셨다.

동래봉생병원 이야기는 뒤에 다시 하도록 하겠다.

1978년 2월 신경외과 전문의가 된 후 1985년 막 CT나 MRI가 도입되는 시기까지 정확한 진단을 위해서는 뇌혈관 조영술 등 방사선을 이용한 촬영을 많이 할 수밖에 없었다.

뇌질환의 경우에는 경동맥을 통한 뇌혈관 촬영과 동맥류 환자의 경우 5% 정도는 후뇌혈관에서 발생하므로 대퇴동맥을 통한 4 Vessel Angiography라는 뇌혈관 촬영을 시행하였다.

척추질환 경우에는 척추조영술을 하게 된다. 이런 방사선 검사는 요즘과 달리 당시에는 신경외과 전문의가 직접 할 수밖에 없는 시절이었다. 시술자가 방사선에 많이 노출되는 위험성이 높을 뿐 아니라 시간도 꽤 많이 든다. 수련 때부터 봉생병원 원장 때도 이 시술은 대부분 직접 할 수밖에 없었다.

양남희 방사선 실장은 혈관촬영(Angio)과 척추검사(Myelo)에는 마스터라고 극찬을 하기도 하였다. 지금도 그때 방사선에서 함께 일했던 남태모 실장이나 엄화익 실장은 옛날을 떠올리곤 한다.

신경외과 의사가 평균수명이 짧고 백혈병 같은 혈액암의 발생률이 높은 이유도 스트레스가 가장 심하고 담배 등 외부 요인도 많겠지만 과도한 방사선 노출이 크게 관련이 있다고 생각된다.

19년 전 2000년에 조금씩 피우던 담배를 끊기는 했으나 누구보다도 방사선에 오랫동안 노출이 심했던 나 역시 혈액암 질환에 대한 염려가 없는 것은 아니었다. 노년을 보람있게 보내고 행복한 노년의 건강을 유지하기 위해 남들보다 더욱 섭생과 운동, 정신적 여유로움을 가지려고 노력하고 있다.

나는 비교적 남들보다 집중력이 강한 편이었다.

한번 일을 시작하면 고희의 나이임에도 3~4시간은 의자를 벗어나지 않고 몰두하는 편이다.

뇌혈관 수술은 비교적 시간이 많이 걸리는 편인데 수술에 몰두하다 보면 두세 시간이 일각인 듯 느껴지기도 하였다.

고된 일과의 연속인 봉생병원의 원장으로서 또 스트레스가 많은 신경외과 의사로 살아오면서 품고 살았던 두 가지 생각을 소개하고 싶다.

하나는 나 자신의 정해진 수명을, 쌀을 기계로 뻥튀기 하듯 튀겨서 경한 환자에게는 조금씩 나누고 중환자에게는 많이 나누어 주어 그것이 모두 떨어지고 나면 세상을 하직할 것이라는 각오로 일해 왔다는 것이다.

또 하나는 소설가 이상 선생이 젊은 날 손수건 크기만큼의 햇살이 들어오는 작은 방에서 사랑하는 여인의 허벅지를 베고 죽었듯이 환자를 보다가 환자 곁에서 쓰러져 세상을 떠나는 것이 가장 행복한 죽음일 것이라는 생각으로 일해 온 것이다.

나는 어떻게 이런 신념을 가진 신경외과 의사가 되었는지 모른다.

목사님과 신부님께서는 교회와 성당이 성전이듯이, 봉생병원은 흰 가운을 입고 고통받는 환자들을 돌보는 나의 성전이었으며, 결국에는 환자 곁에서 일하다 쓰러져 죽음을 맞이할 성스러운 장소라는 생각이었던 것이다. 지금도 그렇게 생각하고 살아온 나를 자랑스럽게 생각할 뿐 아니라 행복 이상으로 삶의 의미를 깊게 느끼게 해 주고 있다.

파열성 뇌동맥류 수술 년 100례 돌파하다

1980년대까지는 봉생병원에서 주로 한 신경외과 수술은 두개 외상환자와 요추간판탈출증(속칭 허리 디스크)이 가장 많았다. 1980년대 후반부터 뇌동맥류, 안면경련증, 고혈압성 뇌출혈, 양성 뇌종양 등이 많아지기 시작하였다.

장인께서 유품으로 남기신 이비인후과 용 수술 현미경을 개조한 것으로 1982년 뇌동맥류 수술을 처음 하게 되었다. 중 대뇌동맥에 생긴 동맥류였는데 생애 첫 미세혈관 수술이라 각별히 조심을 더했다.

우리 신경외과 의사들은 조심해서 수술하는 것을 미리 바이 미리(mm by mm)라고 표현하는데 뇌세포 하나라도 다치지 않게 극도로 세심하게 수술한다는 뜻이다.

이 첫 수술은 오전 9시부터 시작하여 오후 4시 경에 끝났으니 수술 시간만 7시간이 걸렸다. 그 후 숙련된 뒤에는 서너 시간이면 충분하였지만 최초의 뇌동맥류 수술인 탓에 신경을 더 많이 쓴 것이다.

신경외과 의사는 첫 50례를 경험할 동안 좋은 결과를 내는 것을 굉장히 중요시 생각한다. 그 이유는 첫 50례를 하게 되면 수술로 일어날 수 있는 대부분의 경험을 할 수 있게 되기 때문에 승승장구할 수 있는 교두보를 마련할 수 있다. 물론 외과계 의사들은 첫 50례를 경험하고 나면 교만해지기가 쉽다. 그러나 늘 신중하게 접근하면 외과의사로 성공할 것이다.

회진을 끝내고 유일병원에 들러서 형님에게 첫 동맥류 수술을 성공적으로 하였다고 자랑하였던 것이 아련한 추억이 되었다. 그 후 약 400례의 뇌동맥류 수술을 할 때 쯤 국회의원이 됨으로써 이 수술은 더 이상 하지 못했다. 오늘날 양쪽 봉생병원의 신경외과에서는 매년 각각 100례 이상의 시술과 수술을 하고 있다.

내가 한 뇌동맥류는 파열한 경우지만 근자에는 MRI 덕분에 비파열 뇌동맥류가 대부분을 점하고 있다. 비파열 뇌동맥류 수술의 결과가 나쁘면 법정 문제가 될 소지가 많으므로 철저한 대비와 과학적으로 검증된 프로토콜 하에서 하지 않으면 안 될 것이다. 양 병원 모두가 말 그대로 뇌동맥류 수술의 센터 역할을 잘 수행하고 있다.

첫 뇌동맥류 수술을 한 이후 매년 증가하여 뇌동맥류 수술 례는 1992년 이후에는 년 100례를 돌파함으로써 전국에서 열 손가락에 들 정도가 되었다. 당시 세브란스 교수로 뇌혈관 수술로 명성을 떨치던 이규창 교수께서 이 점을 크게 격려해 주시기도 하였다. 당시에는 지금과 달리 뇌동맥류가 파열된 후에 병원에 오게 되고 생존자에게만 수술을 시행할 수밖에 없었으므로 지금과는 격세지감이 있다. MRI가 도입된 이후에는 종합검사를 하면서 뇌 MRA를 함으로써 Unruptured intracranial Aneurysm, 즉 터지지 않은 뇌동맥류를 쉽게 발견하고 예방적으로 시술하거나 수술함으로써 수술 례가 현저히 증가하고 있다.

드물게 수술이나 시술 후 사망으로 환자에게 불행한 일이 생기기도 하지

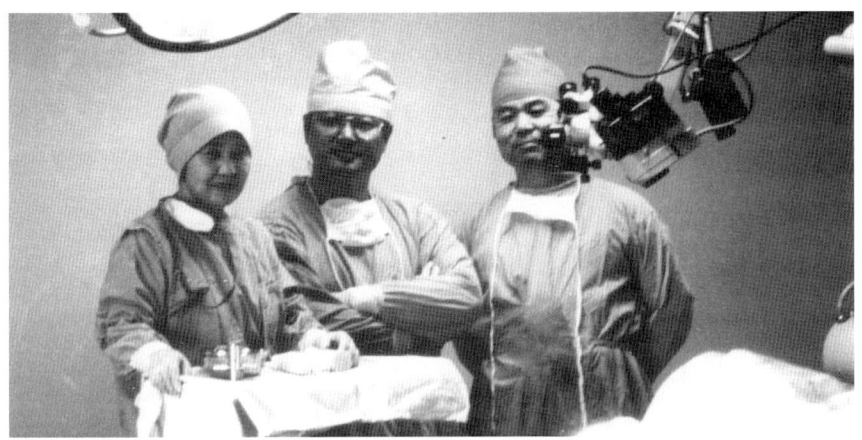
1981년부터 나의 수술을 도왔던 이세레나 여사와 이대성 조수실장의 모습

만 이 병소의 특성상 터지면 50%가 수술도 못해 보고 사망하는 병이므로 보호자의 적극적인 성원으로 터지기 전에 발견할 경우에는 터질 위험성을 분석한 후 시술이나 수술을 하게 된다.

뇌동맥류 수술은 얼마나 많이 수술을 했느냐 하는 수술의 량도 중요하지만 결과도 매우 중요하다. 나의 경우 수술 전 의식수준이 Grade 1-2 경우에는 수술 사망률은 사망이 한 례밖에 없을 정도로 결과가 자랑스러웠다.

1996년 국회의원 입후보로 더 이상 뇌동맥류 수술은 할 수가 없었다. 지주막하 출혈의 후유증인 뇌혈관 경련(Vasospasm)으로 장애가 생긴 환자들이 몇몇 있었으나 대부분 좋은 결과였던 것은 감사한 일이 아닐 수 없다.

포도송이처럼 9개의 뇌동맥류가 주렁주렁 생겨 있는 경우 등 여러 개의 뇌동맥류가 있는 경우도 있었고 마취 후 혈압 상승으로 집도 중에 이유 없이 재출혈을 한 례도 있었으나 잊을 수 없는 환자는 뇌동맥류 환자가 아니라 뇌 동정맥 기형 환자이다.

뇌동정맥 기형 수술 최고 기록 만들다

　내가 집도하거나 수술에 참여한 약 3,000례의 환자 중에 두 가지 신기록을 가진 한 환자가 있는데 20대 젊은 환자로서 뇌에 비교적 큰 동정맥 기형 (AVM)을 가진 예이다. 뇌출혈로 의식이 혼미하였고 우측반신 운동장애로 응급실에 온 것은 1986년 어느 날이었다. 일단 응급으로 입원시킨 후 뇌혈관 촬영을 한 결과 비교적 드물게 발생하는 뇌 동정맥 기형으로 인한 뇌출혈로 진단되었다.

　환자의 유일한 보호자인 모친과 면담을 하였고 수술 아니고는 재출혈을 막을 방법도 없는 이 질병에 관해 설명을 해드렸다. 환자의 모친은 재래시장에서 장사하다 급하게 오신 분처럼 몸빼를 입고 있었는데 갑자기 바지 속 주머니에 손을 넣더니만 꾸깃꾸깃 아무렇게나 접힌 돈을 수북이 책상 위에 올려 놓는 것이 아닌가. "원장님 자식이라고는 이 아이 하나인데 제발 살려 주십시오. 돈은 제가 가진 것이 이것이 전부입니다만……." 울면서 간절히 애원하기 시작하였다.

　이 동정맥 기형 수술을 직접 집도해 본 적은 없었으므로 직접 해보고 싶은 욕심이 컸다. 미국에서 충분히 수술기법을 익혔으므로 수술에 대한 자신은 있었다.

환자 어머니의 간곡한 간청을 들어주어야겠다는 생각에 엄청난 병원비를 가족들이 감당하기는 어려울 것이나 수술을 하기로 결정을 하였다. 이 수술 사례가 신경외과 의사로서의 역사에 영원히 잊을 수 없는 여러 기록을 만들었다.

첫째 기록은, 세 번에 걸쳐 수술을 하게 된 것이다.

신경외과 영역에서는 두 번 수술을 하는 경우는 종종 있을 수 있으나 나의 경우로서는 한 환자에게 세 번 수술을 하게 된 것은 이 환자가 유일하다.

둘째는, 최장 수술 기록이다.

첫 수술 때 오전 8시에 수술실로 옮겨 9시 경 집도를 시작하여 다음날 새벽 두 시에 끝났으니 무려 17시간을 사투를 벌인 것이다.

점심 저녁은 빨대로 마신 우유팩 두 개가 전부였다. 얼마나 수술에 집중하였던지 시간이 언제 그렇게 흘러갔는지 알지 못하였다. 집중하면 항이뇨

홀몬이 많이 나와서인지 17시간 동안 요의(尿意)도 생기지 않았다.

새벽 한 시경 체력이 한계 수준에 도달하였다. 수술 현미경을 통해 보니 수술 부위가 약간 흔들리는 느낌이어서 더 이상 진행한다는 것은 무리다 하는 판단으로 수술을 중단하였다. 수술을 도운 조수와 간호사, 마취의사 등 모두가 얼마나 고생하였는지 고마울 따름이었다.

1차로 수술을 마무리하고 다음날 9시에 다시 들어가기로 한 것이다.

다섯 시간 정도 잠도 자고 휴식을 취한 후 다음날 8시간 동안의 2차 수술을 하여 성공적으로 동정맥 기형을 완전 제거하였다고 판단하였다. 환자는 다행히 마취에서 잘 깨어나서 의식도 뇌출혈 이전으로 돌아와 우리 수술 팀은 안도의 숨을 쉬고 그대로 잘 회복한다면 좋은 결과가 예견되었다.

그러나 이틀이 지난 일요일 오전 시간에 주말 콜을 받고 있던 신경외과의 김호경 과장이 전화가 왔다. 환자의 상태가 조금 나빠지는 것 같아 CT를 찍으니 또다시 약간의 출혈이 보인다는 것이다.

당시 김호경 과장은 차분한 성격의 소유자로 나와 일한 지도 꽤 기간이 지난 시기로 상당한 수준의 미세혈관 수술의 능력이 있으므로 일단 세 번째 수술을 준비하라고 지시한 후 다시 수술실로 돌아왔다.

두 번째 수술에서는 보이지 않았던 한쪽 귀퉁이에 혈관기형이 조금 남아 있었고 그것을 약 4시간 만에 완전 제거를 하였다. 그로써 환부는 완전 제거가 되었던 것이다.

한 환자에게 세 번에 걸친 대수술과 나의 신경외과 전문의 역사상 최장인 총 29시간의 수술을 하게 된 것이다.

희귀한 질병으로 직접 집도한 첫 사례였으나 큰 용기를 내어 혼신을 다해 수술을 하였던 잊지 못할 사례가 된 것이다.

30대 젊은 의사의 용기와 기백으로 해낼 수 있었던 생명과의 전쟁이었다.

환자는 2개월여 물리치료를 한 후 혼자서 걷게 되고 오른팔도 어깨 높이로 올라갈 때쯤 퇴원을 하였다. 환자 어머니의 하나 뿐인 자식 생명의 은인이라고 기뻐하시던 모습이 지금도 떠오른다.

수개월이 지난 어느 날 부산진역에서 연락이 왔다. 정의화 원장 앞으로 울산에서 책상과 의자 한 세트 왔으니 찾아가시라는 전갈이었다.

울산서 그런 선물 보낼 만한 지인이 없었으므로 의아하였으나 받고 보니 바로 그 환자 친형이라는 사람이 감사의 편지와 함께 보낸 것이었다. 그 편지에는 자신의 어머니가 자식이 그 환자 하나 밖에 없다고 하여 직접 문안도 못 드렸다면서 감사하다는 인사와 함께 은혜를 갚고자 자신이 목수로서 직접 정성들여 만든 물건이라고 적혀 있었다.

환자의 어머니가 하나밖에 없는 아들이란 말이 거짓말인 셈이었지만 수술 결과도 좋고 치료비 대신 좋은 선물도 받았으니 나의 마음은 흐뭇하였다.

30년이 지났으나 그 책상은 지금도 사용하고 있고 무궁화가 새겨진 의자는 잘 보관하고 있다.

병원장으로서 또 신경외과 의사로서 의료보험이 안 되던 시절이라 어려운 서민 환자들에게 나름의 선한 일들을 하였다고 기억된다. 수십 년 원장으로 일을 하면서 단 한 번도 치료비를 받기 위해 소송을 해 본 적이 없었다고 자랑삼아 말하곤 하였다. 요즈음에는 전 국민 개보험 시대로 저렴한 치료비이지만 당시에는 중환자로서 장기간 입원하게 되면 치료비가 서민들에게는 큰 재난 수준인 경우도 많았다.

그 중 기록으로 남기고 싶은 경우가 하나 더 있다.

양산의 물금에 사는 어린 중학생이 시골 개천에서 다이빙을 하다가 목이 부러져 사지 마비로 응급실에 왔다.

경추 뼈가 손상을 입고 척수를 다친 것이다. 경추 뼈를 고정하기 위한 수술을 하고 미국에서 배운 Halo로 서너 달 고정 시술을 하여 물리치료를 했던 환자가 약 5-6개월 후 퇴원을 하게 되었다.

당시엔 건강보험이 안 되는 때라 치료비가 수천만 원이 나왔던 것으로 기억된다.

입원 중에 자식을 그렇게 극진하게 간호하던 어머니가 퇴원비를 지불할 돈이 없어 땅문서를 가지고 원장실을 찾아왔다.

평수는 기억에 없으나 물금역 앞의 밭이라고 하면서 치료비가 없으니 대신 받아 달라는 것이다.

참으로 안타까운 일이라 환자 모친에게 이렇게 말한 기억이 난다.

"이 군 모친! 우리가 그동안 함께 노력하여 살려 놓은 것은 환자를 위해서인데 이런 재산까지 다 없어지면 무엇으로 아드님을 돌볼 겁니까? 모친의 마음을 알았으니 도로 가져가십시오. 퇴원시켜 드리겠습니다."

그 후 아예 봉생병원 근처로 이사하여 기초생활 보호자로 등록하고 욕창 관리와 요도염으로 치료를 받았다. 그 후 컴퓨터도 익히고 의정활동 중에 가끔 스마트폰으로 복지 혜택의 맹점을 지적하여 보내주기도 하였다.

수년 간 신경외과에서 함께 일하던 김승일 선생님은 성격이 참으로 유순한 고교와 대학 7년 선배님이셨다.

입원 100여 명, 외래환자 평균 150여 명, 수술 매달 30례 전후로 우리

두 사람이 보기에는 벅찰 지경이었다.
 이렇게 환자가 많으니 여름이라고 단 며칠을 쉬는 것조차 어려운 지경이었다.
 여름휴가 대신 주말에 퇴근 후 틈을 내어 해운대를 잠시 바람 쐬는 것으로 만족하였다. 나 자신에게 스스로 해운대를 들리면 그것이 휴가가 아닌가 하고 위로하였다. 부산 해운대는 전국적으로 여름휴가를 즐기러 오는 피서객들이 많은데 해운대가 지척이니까 그렇게 달래면서 여름을 보내기도 한 것이다.
 세상만사 '일체유심조' 아닌가.
 나에게는 아름다운 추억이이지만 아이들에게는 추억을 많이 만들어 주지 못해 미안하였다.

1부

이러다가 순직할 수도 있겠구나

김승일 과장님은 휴가를 보내 드리는 것이 당연지사라 3박 4일 여름휴가를 떠나시라고 하였다. 원래 일복은 많은 사람이라선지 하필 그 4일 기간에 응급환자가 쏟아져 들어왔다. 인턴 시절에도 당직 서는 날에는 밤에 응급환자가 유달리 많았던 기억이 있고 내가 가는 식당은 그날 손님이 많을 확률이 높은지 식당 주인들이 좋아하곤 하였다.

혼자서 4일 동안 13케이스의 뇌와 척추 수술을 하였다. 그 중 하루는 꼬박 새기도 하였다. 오후 9시 경부터 새벽 6시까지 세 사람의 응급 뇌수술을 연이어 하기도 하였다. 당시엔 뇌출혈이 의심되면 뇌동맥 촬영을 하고 촌각을 다투는 응급환자의 경우엔 시간 절약을 위해 직접 머리도 깎아야 했다.

낮에는 외래 환자진료와 수술을 하자니 식사를 제대로 하기 어려웠다. 점심은 국수로 때우고 밤에는 수술을 해야 하는 두세 명의 응급환자가 밀어닥쳐서 연이어 수술하다 보면 날을 꼬박 새게 된다.

이 4일 간 다행스러웠던 것은 한꺼번에 온 것이 아니라 한 사람 수술이 끝나면 응급실에 또 한 사람이 와서 별 지체 없이 응급 구명 수술을 소화할 수 있었다는 점이다. 하늘의 조화인 듯하였다.

집도자인 나도 나지만 마취과 의사와 간호사, 수술 조수와 스크랩 간호사 등 수술방 식구들이 초죽음이 될 지경이었다. 그래도 누구도 한 마디 군소리 없이 잘 따라주었다. 새벽 늦게 수술이 끝나면 병원서 10분 거리에 있는 영주터널 입구의 원조 할매복집을 자주 애용하기도 하였다.

야밤중에 수술을 끝내고 원장실 간이침대까지 갈 힘조차 없어 중환자실의 중환자 침대 아래에 놓여 있는 보호자 침대에서 잠을 자기도 하였다. 오늘의 봉생병원을 일으켜 세우는 데는 봉생인들의 이러한 노고가 있었기에 가능한 일이었다.

오늘의 봉생병원이 있게 해 준 여러 직원 중에서 수술과 관련하여 스크랩을 서 주신 이세레나 여사와 문숙희, 이병엽, 임효정 간호사 조수를 도맡아 준 이대성 조수실장과 강정일 군, 중환자실의 김수진 간호과장(봉생병원의 초대 간호이사 역임)과 황일숙 간호감독, 그리고 이름을 일일이 기억 못하고 있는 수술실과 중환자실, 응급실에서 노고를 아끼지 않았던 모든 분들께 가슴속 깊은 곳으로부터 감사를 드린다.

지금 이 시간에도 밤낮으로 봉생병원을 찾는 환자들의 생명을 지키는 모든 봉생식구들에게 늘 감사하고 있다.

그들은 하느님의 대리역할을 하는 찬양받아야 할 천사들이다.

최근의 사회풍조가 특히 젊은이들은 가능한 한 힘든 일을 피하고 싶어 하지 않는가? 환자를 돌보고 환자의 생명을 지켜주는 일은 노동임에는 분명하고 힘든 일이지만 삶의 의미를 더해 주는 가치 있는 일이 아닐 수 없다.

봉생병원의 의사와 간호사를 위시한 전 가족들이야말로 진정한 의료인이며, 더구나 국민 개보험 제도 아래에서는 성실한 애국자들이다.

　김승일 선배님이 휴가 중이었던 그 기간 이후에 붙여진 별명은 슈퍼맨이었다. 김수진 당시 중환자실 수간호사가 붙인 별명이다.

　1977년부터 7년 간 수고를 해 주신 김승일 선생님께서 사정이 생겨 다른 병원으로 떠난 후 지연근 선생께서 오셨다. 지연근 선생은 호탕한 성격으로 생선회를 좋아하여 함께 자주 광안리의 횟집들을 찾곤 하였다. 이때 부산 출신의 잡어 체질인 내가 배운 생선 이름이 몇몇 있다. 특히 이시가리라는 회도 서울서 온 지연근 선생 덕분에 알게 되었다. 지연근 선생은 어느 날 갑자기 개인적인 사정이 생겨 본의 아니게 병원을 떠나게 되었다.

　갑자기 혼자서 진료를 할 수밖에 없는 긴급한 사정이 생긴 것이다. 고교 동기생인 김상훈 선생이 1985년 5월 경에 봉생병원으로 오실 때까지 두 달간은 육체적으로 힘든 시기였다.

　난생 처음으로 '이러다가 순직할 수도 있겠구나' 하는 생각이 들었다. 급하게 처리해야 할 환자들이 밀리거나 일이 꼬여 오금이 저리던 순간도 여러 차례 있었고 상황이 바뀔 것 같지 않아 참으로 막막하였다. 혼자서 보아야 하는 외래환자만 150명이 넘고 입원환자는 100명이나 될 뿐 아니라 응급 수술을 해야 할 환자는 계속 들이닥쳤다.

　거의 매일 한 사람 이상의 수술을 하게 되었다. 수술할 동안에는 인턴에게 외래를 부탁할 수밖에 없었다. 이렇게 계속 환자를 돌본다는 것은 불가능하였다. 신 환자들은 내가 수술을 끝내고 올 때까지 기다려야 했다. 몇 가지 일을 한순간에 치러야 할 정도로 시간에 쫓기면서 가슴이 타들어가듯 하고 울고 싶은 심정이 한두 번이 아니었다. 이것은 결코 과장이 아니다.

은퇴한 지금은 그런 나날이 마음의 훈장으로 남아 있지만 조력자가 절박한 두 달이었다. 사투라는 말이 적절한 나날의 연속이었다.

　사방으로 신경외과 의사를 구하려고 수소문을 하였다. 마침 한 사람이 찾아왔다. 누군지 이름도 얼굴도 기억에 없지만 이제 살았구나 하는 심정으로 면접을 보게 되었다. 웬만하면 같이 일하자고 해야 할 정도로 나로서는 절박한 상황이었다. 원장실에서 면담을 하는데 첫 질문이 급여를 얼마를 주겠느냐는 것이었다. 크게 실망하였고 황당한 느낌이었다. 수술 경험은 얼마나 되며 어느 수준의 수술까지 자신 있느냐고 묻는 등 대화를 나누면서 아무리 사람이 없어서 죽을 지경이지만 이런 의사는 곤란하다는 결론에 도달하였다. 돈을 버는 게 목적이라면 하루라도 빨리 개업하는 게 나을 것이라고 조언을 해주었다. 아무리 힘든 상황이라도 신경외과 의사를 함부로 정할 수는 없었다. 가능하면 내가 인정할 수 있는 수준은 되어야 했고, 가능하면 인성이 갖추어지고 오랜 기간 동안 함께 일할 수 있는 인격체를 찾아다닌 것이다. 아무리 위급한 상황이지만 그것은 나의 고집이었고 신념이었다.

　사람은 때로 없는 것보다 못한 경우도 많다는 것을 경험으로 알고 있었다. 의사로의 자세와 성품을 보고 선택하려니 당시엔 신경외과 전문의 숫자가 워낙 적은 관계로 간단치 않았다. 지연근 선생의 후임을 무려 두 달 이상 못 구하고 전전긍긍하고 있을 때 고교 동기생인 김상훈 선생이 서울 백병원에서 수련을 끝내고 온천장의 모 병원에 내려와 있다는 소식을 접하게 되었다. 밤 9시 경 일을 끝내고 온천장에서 김상훈 선생을 만나 자초지종을 설명한 후 기도하는 심정으로 도움을 요청하였다. 당시 봉생에 와서 돕겠다는 그는 생명의 은인이나 진배없었다.

초창기에는 능력 있는 후배들을 물색하다가 세브란스 후배를 모시고자 노력하기도 하였다. 세브란스 병원의 이규창 교수님과 김영수 교수님을 찾아뵙고 융숭한 대접을 하면서 제자를 한 사람 보내 달라고 간절히 부탁한 적도 있었다. 그러나 우리나라는 대학들이 분원을 만들어 자체 수급하기도 급급하여 여유가 없었고, 젊은 의사들이 문화적으로나 자녀 교육 등의 이유로 낙후한 부산에 쉽게 오려고 하지 않았다. 그뿐 아니라 좀 더 세월이 지나자 세태도 바뀌어 주임교수의 명령도 통하지 않고 삶의 질과 높은 임금을 요구하는 시대라는 현실을 인정하지 않을 수 없었다.

결국 내가 내린 결론은 봉생병원의 그릇을 키우지 않으면 안 되겠다는 생각에 도달하게 되었다. 좋은 의사를 많이 초빙하려면 병원의 그릇이 커야 가능하다고 생각하게 된 것이었다.

오늘 현재 봉생병원 신경외과에는 나를 포함하여 12명의 전문의가 두 병원에서 노고를 아끼지 않고 있다. 신경외과 의사를 구하기가 어려웠던 그 시절을 돌이켜보면 격세지감이 아닐 수 없다. 감사할 따름이다.

초창기 신경외과 태두들은 특히 나의 은사이신 이헌재 교수님은 전 국민들에게 골고루 질 높은 의료를 베풀기 위해 제자를 한 사람은 연대 출신으로 뽑고 한 사람은 지방대 출신을 뽑아 가르쳤다.

세상은 바뀌었으므로 훗날에는 세브란스 출신이나 서울 출신들이 내려오기 어려운 상황이라 전략을 바꾸어 신경외과 의사를 뽑게 되면 함께 일하면서 한두 달 간이라도 특별한 분야를 배우도록 세브란스로 보내기도 하였다. 세브란스 신경외과의 뇌혈관 수술을 주로 하던 허승곤 교수는 과거 예수병원의 과장으로 이상훈 선생을 통해 봉생병원과 인연이 깊은 나머지 짧은 기간이라도 봉생병원의 신경외과 과장을 흔쾌히 받아 배울 기회도 만들어 주기도 하여 잊지 않고 감사한 마음을 갖고 있다.

　김상훈 선생이 함께 일하게 되면서 1986년에는 김호경 선생이 오게 되었고, 심지가 굵은 김호경 선생은 나를 친 형님같이 여기면서 2001년 12월 15일 간염으로 수술을 포기할 때까지 함께 일하였다. 김호경 선생은 광주고등학교를 졸업하고 전남의대 출신으로 우정현 교수님의 제자였다. 김호경 선생이 오시고 난 후부터 신경외과 과장 영입문제가 조금씩 풀리기 시작하였다.

　'봉생' 하면 '신경외과가 강한 병원'이므로 품격을 이어가기 위해서는 준재가 필요하였다.

　동래봉생병원을 신축하려는 계획을 세운 후 신경외과를 맡길 사람으로 김호경 선생이 적임이었다. 그러나 앞으로 양 봉생병원에서 함께할 의사를 구하는 것이 급선무였다.

　1988년 서울대학병원에서 개최된 학회장에서 먼발치로 한 번 보았던 경희대학교 신경외과의 임언 교수께 장문의 편지를 보내게 된다.

　그 분은 직접 한 번도 만난 적은 없지만 직감으로 도움을 들어주실 것 같았다. 독일에서 8년 간 일하시다가 귀국한 지 오래 않은 분이었는데 왠지 봉생의 미래를 전달하고 도움을 청하면 들어주실 것 같은 예감이 들었다.

　어느 날 힘든 하루의 일과를 끝내고 모두가 퇴근한 시간 저녁 늦게 원장실에서 동정맥 기형 환자의 목수 형님이 보내주었던 의자에 앉아 임언 교수님 앞으로 장문의 편지를 썼다. 지금도 그 순간을 잊을 수가 없다. 봉생의 명맥을 이어가고 그 명성을 되찾아야 하는 숙명을 지닌 나에게 함께 일해 줄 후배 한 사람이 필요한 시점에서 임언 교수님에게 편지를 썼던 순간을 영원히 잊지 못한다.

지금도 그 순간을 생각하면 눈시울이 뜨거워지고 가슴이 아련해진다. 1988년 4월, 그 분의 제자인 양재영 선생을 군의관 제대 즉시 봉생에 가서 도와 드리라고 지시하셨던 임언 교수님, 세월이 흘러 이제 세상을 떠났지만 봉생병원은 그 은혜를 감사함과 함께 영원히 기억할 것이다. 편지는 나의 소개와 봉생병원과의 인연, 그리고 봉생의 미래 희망과 함께 제자를 한 사람 보내주기를 간절히 부탁하는 내용이었다. 하늘이 도왔는지 임언 교수님께서 간곡한 서신을 받은 후 양재영 과장을 봉생에 가도록 조치해 주신 것이다.

양재영 선생은 봉생병원에서 1993년까지 6년 가까이 근무를 하면서 결혼도 하게 되었고 지금은 서울 삼성 고려병원에서 일하고 계신다. 임언 교수님께서 보내주셨던 양재영 선생이 근무해 주신 덕분에 봉생병원의 미래를 구상하는 마음의 여유도 가질 수 있었다.

1989년이었다. 김호경 선생을 동래봉생병원의 1과장으로 보내기로 결정하였다. 다음 해에 동래봉생병원을 개원하게 되면 당분간 해외 학회

사진 좌측이 송진언 카톨릭의대 교수님이며 중앙이 경희대 임 언 교수님이시다.
임언 교수의 지시로 봉생에 오게 된 양재영 과장이 웃고 있다.

참석이 어려워질 것으로 생각하고 최원규 선생과 양재영 선생 두 사람에게 병원을 맡기고 김호경 선생을 모시고 캐나다의 벤쿠버에서 열린 미국신경외과학회에 참석을 하였다. 학회 이후 시간을 내어 뉴욕까지 가서 과거에 근무하였던 NYU병원 등을 함께 방문하기도 하였다. 열흘 간 함께 여행을 하면서 많은 대화를 통한 소통을 하게 되었고 개인사까지 서로 알게 될 정도로 인간적 교감을 이룬 의미있는 여행이 되었다.

1984년 일 년 간 지연근 선생과 일하면서 기억나는 일은 어느 날 야밤중에 네 사람의 응급환자를 연속하여 수술하게 되는데 응급실에서 진단을 내리면 수술 준비를 끝내고 수술실로 올려 보내면 내가 집도를 하고 연이어 다음 환자를 또 올려 보낸 밤이었다. 그런 날은 수년에 한 번 있을까 하는 참으로 드문 일인데 두개 외상으로 인한 두개 내 혈종 제거 수술을 하게 된 네 명의 환자로 꼬박 밤을 샌 것이다. 새벽에 복국집에서 식사를 하면서 지연근 선생은 자기가 찍새가 되었고 닦새는 원장님이 되었다고 너털웃음을 웃었다. 요즘 젊은이들은 귀에 익지 않겠지만 옛날 구두 닦는 사람들은 구두 챙겨 오는 사람을 찍새, 닦는 사람을 닦새라 하였다. 야간에만 네 명의 두개 혈종 환자를 번갈아 수술한 새로운 기록을 세운 것은 또 하나의 잊을 수 없는 긴 밤이었다. 지연근 선생이 마산으로 떠난 후에도 가끔 만나면 찍새와 닦새 얘기로 웃고는 하였다. 육체적으로는 힘들었으나 생명을 살려낸 우리 팀에게는 스스로 대견한 일이었다.

미국의 벤드빌트의과대학에서 마취과 전문의를 획득한 마취과의 송군성 선생님과 강원도립병원 정형외과 과장을 지내실 때 춘천까지 찾아가 영입해 온 정형외과 남기천 선생님, 경희대학에서 수련한 신경외과의 지연근 과장과 붙임성 좋고 친화력 좋은 우국명 치과 과장은 함께 자주 어울렸다.

우국명 선생은 서울 용산고를 졸업하고 서울대학을 나온 분인데 군대생활을 부산에서 하면서 사모님을 만나 부산에 주저앉은 분이다. 우리나라에도 치아 Implant가 시작될 시점이라 그의 의욕을 북돋우기 위해 미국 아리조나대학 치과에 일 년여 연수를 보내주기도 하였다. 우국명 선생이 야간 당직 원장을 맡는 날에는 당직하는 직원들이 좋아하였다. 그는 사비로 맛있는 것을 사서 야간 당직 직원들과 나누어 먹으면서 수고한다고 독려를 아끼지 않았던 것을 기억한다. 종합병원으로 개원하면서 짜인 팀웍이 좋아 나름으로 즐겁게 일하는 분위기가 되어 모두가 추억이 많은 기간이었다.

대부분 봉생을 떠났지만 그분들끼리 '봉의회'라는 모임을 만들어 지금까지도 매달 만나 우정을 이어가고 있다. 박홍규 소아과장이 주축이 되어 12명의 회원들이 함께 옛정을 나누며 음으로 양으로 봉생병원을 돕고 있다.

하버드대학에서 75년 간 시행한 성인 발달 연구의 결과 행복하고 건강하게 장수하는 가장 중요한 요소는 양질의 인간관계에 있다는 것이다. 가장 중요한 관계는 부부와 가족들이나 친구와 동료등과 양질의 관계를 많이 가지는 사람이 행복하다는 결론이다. 사회적 연결은 유익하지만 고독은 해롭다는 것이며 좋은 관계는 우리의 몸 뿐 아니라 뇌도 보호한다는 것이다.

봉생병원을 거쳐 간 좋은 의사들이 이렇게 주기적으로 만나는 것은 모두에게 이로운 일이 아닐 수 없다.

젊을 때 고독은 인간을 성숙시켜 주기도 하지만 늙으면 고독은 독인 것이다.

시대의 아픔을 함께하다

맹자의 〈고자하편(告子下篇)〉에 보면 '하늘이 장차 큰 임무를 내리려 할 때는 반드시 그의 마음을 괴롭게 하고 근육과 뼈를 수고롭게 하며 몸을 굶주리게 하고 곤궁케 하고 뜻하는 바를 뜻대로 되지 않게 어지럽힌다. 이것은 그의 마음을 분발케 하여 심성을 참을성 있게 하여 그가 할 수 없었던 일을 해낼 수 있게 도와주기 위함이다'는 글이 있다.

봉생병원을 운영하면서 시대의 아픔을 함께한 두 사건이 있었는데 당시에는 도저히 견뎌낼 수 없을 정도로 괴롭고 힘들었다. 그러나 세월이 오래 지나고 보니까 맹자의 말씀처럼 큰 정치인으로 키우기 위해 시련을 주었던 것이 아닐까 하는 생각이 든다.

1989년 3월 어느 날 교육대학 학생 이 모 양이 캠퍼스에서 시위 중에 두개골에 손상을 입고 봉생병원에 입원한 사건과 또 하나는 1993년 7월부터 약 6개월에 걸친 동래 봉생병원의 민노총 계열인 병노련의 노조 파업 사건이었다.

1부

　1988년 부산문화 창달을 위해 설립한 사단법인 봉생문화회는 《월간 현장》이라는 샘터와 같은 종합 교양지를 발간하고 있었는데, 5월호 편집회의를 하던 날이었다. 병원 바로 옆 건물인 태양호텔에서 퇴근시간 쯤 편집회의를 하고 있는데 병원에서 급한 전갈이 왔다.
　즉시 응급실에 가 보니 십여 명의 어린 여대생들이 안절부절 못하고 있었다. 인근의 침례병원으로 가려다가 학생 중 한 사람이 "봉생병원이 신경외과로 유명하다고 하여 병원 앞에 내렸다"는 것이다. 환자를 데리고 함께 온 친구로 보이는 여학생 한 사람이 나의 질문에 "최루탄을 피해 교문 쪽으로 뛰어가다가 넘어져 머리를 다쳤다"는 것이다.
　병의 진단에서 가장 중요한 것이 어떻게 병원에 오게 되었느냐는 질문에 대한 보호자나 환자의 진술이다. 의식은 혼수상태였으나 Vital Sign은 정상이었다. 한쪽 두피가 충격으로 출혈은 멈추었으나 3cm 정도 타박상으로 찢어져 있었다. 응급조처를 하고 바로 두개골 촬영과 뇌 CT를 촬영하였다. 두개 선상골절과 충격의 반대쪽(Counter Coup) 뇌 손상과 약간의 혈종이 있었으나 수술로 제거할 정도는 안 되어 뇌부종 치료약과 스테로이드 등으로 약물치료를 하는 것으로 판단하고 중환자실로 입원 조처를 하였다. 그런데 3시간 쯤 지난 후 일단의 남학생들이 와서는 경찰이 방패로 머리를 내리찍는 것을 보았다고 주장하는 것이 아닌가? 멀리서 분명히 보았다는 것이다.
　처음 환자와 함께 온 여학생들과는 전혀 다른 진술이었다. 여학생들은 모두 썰물처럼 빠져나가고 없었다. 육감적으로 남학생들의 불순한 의도를 느끼고 마음이 편하지 않았다. 그들의 말을 묵살하고 치료에 전념하였다. 당시엔 독침으로 사람을 죽인다는 보도도 있곤 하였으므로 우선 3층의 중환자실 면회를 엄격히 제한하여 부모를 제외하고는 원장인 내가 동반하지 않는 사람은 일체 면회를 시키지 않도록 조처하였다. 매일 수십 명의 학생들이 병원 2층에 진을 치고 대자보를 써서 중앙대로 쪽 병원 벽 면에 마음대로 붙였다. 지나던 사람들은 그 당시는 노조 파업이 많던 시절이라 병원에서 노조가 파업하는 줄 알았다고 할 정도였다. 출근하여 중환자실 회진을 마치고 나면 기자회견을 하는 것이 일과가 되었다. 학생들은 경찰이 방패로 내려찍었다는 것을 계속 주장하면서 정권 타도를 외치는 것이었다. 급기야는 병원장이 관계당국과 짜고 사실을 은폐한다는 주장도 나왔다. 정의사제구현단 5~6명의 젊은 신부들이 찾아와 진상을 따져 묻기도 하였다. 도착 시 환자와 함께 온 여학생들의 진술과 방사선 필름과 CT를 보여주면서 자세히 설명하였으나 그들은 나의 말을 신뢰하지 않고 운동권 학생들의 주장에 동조하는 것이 아닌가? 그때 나의 실망감은 신부님들에 대한 평소의 경외심이 깡그리 무너질 정도로 충격적이었다. 신부들이 이럴 수는 없다고 분노하기도 하였으나 쿨하게 대할 수밖에 없었다. 신부들은 의료에 문외한이고 불신이 팽배한 사회이니 그럴 수도 있겠구나 하는 생각도 들었다.

이에 관련한 편지 한 통이 수개월이 지난 어느 날 대만 타이페이에서 날아왔다. 철학 공부를 하기 위해 타이페이에 갔다는 신부님의 편지였는데 진상 규명을 위해 함께 오셨던 신부 중의 한 분이셨다.

'원장님의 설명을 듣고 자기는 수긍하였으나 주위의 분위기 상 말을 못 하고 돌아간 것'에 대한 유감의 표현을 하였다.

천주교 젊은 신부에 대한 실망감이 많이 풀리는데 일조한 편지가 아닐 수 없어 참 감사한 편지였다. 한 달 여를 끌면서 환자는 의식이 일부 돌아오고 호전을 하고 있었으나 심한 뇌 좌상으로 여전히 나쁜 상태였다. 급기야는 국회 보건복지상임위원회의 국회의원들이 여러 명 찾아왔다. 당시 국회의원이었던 신경외과 전문의 출신의 송두호 의원께서 단장으로 오셨다. 신경외과 의사 출신인지라 환자의 상처를 보여 드리고 소상하게 검사 결과를 보여 드려서 방패로 찍혀서 생긴 소견과 다름을 명확히 설명하였으나 반응이 신통치 않았다. 당연히 "그렇네요" 하리라고 믿었던 나는 침묵으로 일관하는 선배에 대해 크게 실망하였다.

그로부터 한 달여 지난 후 예기치 못했던 변고가 생겼다.

1989년 5월 2일 병원 구관 7층 내실에서 생활하고 계시던 장모님께서 갑자기 건강 상태가 악화되면서 심장이 멎은 것이다. CPR을 시행하였으나 구명은 불가능하였다. 교대학생 사건으로 병원의 일부가 점령당하고 소란한 가운데 병원의 내실에서 생활하시며 중증 당뇨병으로 고생하시던 장모님의 스트레스는 얼마나 컸을까? 짐작이 가고도 남을 지경이었다. 장모님과 봉생병원은 그 시대의 피해자가 된 것이다. 바로 그 전날 해운대 파라다이스 호텔 남풍 중식당에서의 만찬을 함께 하였는데 그것이 마지막이 되었고 그날 주신 장모님의 말씀들이 유언이 된 것이다. 그동안 제대로 격려의 말을 해주신 적이 없는 장모님께서 그날 처음으로 나를 인정하는 말씀을 하신 기억이 난다.

"내가 닥터 정을 사위로 맞은 게 참으로 다행한 일이었다."

"나는 살면서 형제들에게 아무 빚도 없다. 내가 형제들에게서 받은 몇 배로 다 갚았다."

말씀을 끝내자 "피곤해서 일찍 들어가야겠다" 하셨다. 그것이 장모님과의 최후의 만찬이 된 것이다.

　아내는 형제가 없으니 내가 유일한 사위로서 상주가 되니까 더 이상 이 모 양을 치료해 줄 수가 없었다. 환자의 부친께 상황을 자세히 설명하고 동의를 받아 그날 밤 부산대학 병원으로 이송하였다. 훗날에도 진료비는 시대의 아픔을 겪는 나라에 기부하는 셈으로 받지 않았다.

　장모님의 장례를 무사히 치렀다. 이때도 장인어른의 장례 때와 마찬가지로 부의금은 일체 받지 않았다.

　평소에도 중환자와 응급환자에 시달리는 신경외과 의사와 병원장으로서 삶의 하루하루가 시련이었고 역경이었지만 당시의 40여 일 간은 형언하기 어려울 만치 힘든 시간이었다.

　그러나 그것이 끝이 아니었다.

　이 모 교육대생 사건으로 그 해 국회 내무 상임위원회의 부산시 국정감사의 증인으로 불려가게 된 것이다.

　당시 민주당의 정 모 의원이 증인 신청을 하였다고 했다. 신청 사유가 운동권 보좌관의 주장이 있었을 것으로 추측되었다. 주치의사가 공권력과 짜고 방패로 찍혀 뇌를 다친 것을 넘어져 다친 것으로 주장했을 것이라는 가능성이 있다고 본 것이다.

　부산시청의 내무 2반(위원장은 훗날 민선 부산시장이 된 문정수 의원)이었다. 증인선서를 하고 질문에 답을 하는데 나를 증인 신청한 민주당의 비례대표 출신인 정 모 의원이 집중적으로 질문을 하였다.

　의사의 양심에 따라 있는 그대로 답변을 하였으나 정 모 의원께서는 의심의 눈초리로 막무가내식 질문을 거듭하였다. 짜증도 나고 화도 난 나머지 성질을 참지 못하고 증인 명패를 가리키면서 "의원님 내 이름을 보십시오. 정의화입니다. 내 이름 자 대로 거짓말하지 않습니다. 지금 우리나라에서 두개 외상 환자를 저보다 많이 본 의사 있으면 나와 보라 하십시오. 환자의 검사소견과 함께 의사의 양심에 따라 있는 대로 말하는데 왜 그리 믿지 못합니까?"하고 역정을 내었다. 급기야는 문정수 위원장이 그만하면 충분히 심문한 것으로 보인다면서 중단시켜 회의장을 나왔다. 재미난 것은 미안한 마음이 들었는지 정 모 의원과 보좌관이 따라나왔다.

"오늘 와 주셔서 감사합니다. 언제 광주 올 걸음 있으면 연락주십시오." 하면서 명함을 주었다. 보좌관은 주차장까지 따라와 배웅을 하였다. 그로써 이 사건은 완전히 마무리 되었으나 훗날 내가 의정활동 하는 데 좋은 경험이 되었다.

또 하나의 사건은 동래봉생병원에 1993년 3월에 민주노총의 일원인 병원노련이 동래봉생병원 지회를 구성케 하고 7월 경부터 본격적으로 파업에 들어가서 약 6개월이란 긴 기간 동안 병원을 마비시킨 사건이다. 그해 12월 중순 민노총 본부의 요청으로 파업이 종료된 후 얼마 지나지 않아 주모자이면서 조합의 부위원장이었던 정 모란 시설관리과 직원이 구속되었고 알고 보니 국제사회주의연맹이라는 단체의 소속으로 되어 있었다.

교육대학생 사건 이후 4년 만에 치명적이고 극심한 시련이 닥쳐왔는데 이 또한 지금 생각해 보면 시대와 아픔을 함께한 것이라는 생각이 든다. 우리나라는 과거 악덕 기업인들이 임금착취를 일삼는 경우가 많아 큰 사회적 문제가 되고 있었다. 오늘날에도 우리 사회는 노사문제가 해결해야 할 중요한 사회문제가 되고 있지만 1980년대 이후 노동조합의 단체행동은 상당히 과격하고 격렬하였다.

민주노총 산하의 병원노동조합연맹(병노련)의 동래봉생병원 노조가 1993년 3월 경에 조직 작업에 들어가 당시 직원 200여 명 중 내 기억으로는 약 120여 명이 가입하여 민노총 산하의 노동조합이 결성된 것이다.

직원들의 임금 복지 후생을 증진시키고 궁극적으로는 병원의 발전에 기여한다는 슬로건으로 선량한 간호사들까지 설득했던 것으로 기억된다.

단체협약을 시작하고 오래지 않아 쟁의에 돌입하고 1층 현관 로비와 지하의 3개 층은 그들의 해방구가 되었다. 그들은 병원을 위한 것이 아니라 병원 파괴를 목적으로 한 것이 드러났고 나는 치를 떨었고 분노하였다. 로비에 앉아 징과 꽹과리를 치면서 구호를 외쳤다. 외부의 사람들이 제3자 개입으로 함께 지원하면서 3년도 채 안된 신생병원인 동래봉생병원은 난장판이 되었고 쑥대밭으로 변했다.

그들은 누군가의 지령에 따라 행동하였고 곳곳에 대자보가 붙고 특수페인트로 구호를 써서 붙이고 나는 졸지에 악덕 의사가 되고 직원들의 임금을 착취하는 악덕 경영인으로 전락하게 된 것이다. 그들은 막무가내식의 압박을 통해 나를 굴복시키려 그러한 행위를 하는 것임을 바로 알아차렸다. 나는 오히려 또 하나의 별명처럼 헐크로 변해갔다.

설립한 지 불과 3년 무렵으로 조금씩 환자가 늘어 겨우 병원의 형태를 갖추어가고 적자 폭도 줄어가는 시기였으므로 용서할 수 없는 배신감과 분노가 치밀었다. 25년이 지난 지금도 동래봉생병원의 경영이 어렵고 답보상태인 것을 생각할 때마다 가슴이 답답해지면서 분노를 느낀다. 세상사 겪을 만큼 겪어 보고 고희의 나이가 되었음에도 분노의 찌꺼기가 남아 있는 것을 볼 때 당시의 충격이 얼마나 컸는지 스스로 가늠할 수 있다.

부산대학교의 한총련 학생들 수십 명은 매일 병원 앞 안락동 로터리를 한 시간씩 만장을 들고 돌면서 시위를 하고 금속노련 등의 조합원들이 병원 현관 앞에서 수십 명이 연좌데모를 하며 핸드마이크를 들고 지원 시위를 하기도 하였다. 한 번은 병원에 들렀다가 원장실에 오후 내내 감금당하기도 하는 등 수모와 겁박을 당하기도 하였다.

결코 굴할 수 없었던 나는 대한민국 중소병원계를 지키는 투사인 양 변해갔다. 이 동래지역에 의료센터를 만들겠다는 의지로 시작한 병원이 이들로 인해 무너질 수 없다는 생각과 동래봉생병원이 무너지면 부산의 중소병원들이 다 무너질 수도 있겠다는 위기의식과 특유의 애국심과 불의를 보면 못 참는 정의감이 쓰나미처럼 가슴 속에 더욱 거세게 밀어닥쳤다.

동래경찰서의 소위 닭장차 여러 대가 병원 외곽 100여 미터에 진을 치고 있었으나 이런 상황에서는 공권력조차 아무 역할도 못하는 무기력한 존재임을 확인하기도 하였다.

내가 병원계를 사수하는 전쟁 중에 대한병협과 부산병협과 회원병원장으로부터도 위로 전화 한 통 없었다. 위기에 빠지면 세상에는 내편이 없다는 사실을 깨달았다. 얼마나 삭막하고 정나미 떨어지는 세상인가?

스피노자가 말한 것으로 알려진 "내일 지구가 멸망한다 해도 나는 오늘 한 그루의 사과나무를 심겠다." 내가 모르는 나의 장점이 있다면 바로 이와 같은 인식세계를 가진 것이고 마음을 비우면 이 세상에 해결되지 않는 문제는 하나도 없다는 진실을 눈치채고 있는 것이다.

이 와중에서 내가 보고 느낀 것들은 얼마나 많았을까?

아내가 1953년 10월생이므로 그 해가 만 40세가 되는 가장 중요한 생일날 임에도 당일에는 집에조차 들어갈 수가 없었다. 담당 경찰서의 정보

과장이 전화로 노조원들이 주택을 점령해 있으므로 만약의 사태를 막기 위해 오늘밤은 귀가하지 말아 달라는 요청을 하였다.

여성으로서는 가장 중요한 아내의 40회 생일을 함께 축하해 주지 못하고 남천동의 어느 지하 카페에 부서장 몇몇과 통음하던 그날 밤을 지금도 잊을 수가 없다. 그날 꼬박 함께 밤을 지샌 고대용, 남태모, 동종익, 최형욱 등 부서장들의 충성심을 잊을 수 없을 것이다.

등대지기라는 노래를 '등대 대신 봉생'으로 바꾸어 반복해서 부르며 밤을 꼬박 새던 그날의 나의 심정은 영원히 잊을 수 없는 역사가 되었다.

머릿속에는 당시의 노조원들과 제3자 개입자들의 불법 행위에 대한 분노와 그럴 수밖에 없는 그들에 대한 연민과 신념 없이 추종하는 사랑하던 봉생 식구들에 대한 안타까움과 이게 내 나라인가 하는 서글픔 등이 비빔밥처럼 혼재하였다.

세 아들이 다니는 남천초등학교는 주택까지 약 5-6백미터 정도 떨어져 있었다. 아이들의 동심에 멍을 만들어 치명상을 입히겠다는 의도가 엿보이는 행위도 하였다. 학교 담벼락부터 필자의 주택까지 담과 전신주에 봉생병원 정의화 원장은 악덕 원장이고 악질 의사라는 등 별별 말들을 쓴 대자보를 붙인 것이다. 뿐만 아니라 일부는 광안리 바닷가 인도에 여러 장을 붙여 두기도 하였다. 하물며 나의 가형이 운영하는 유일병원과 가형조차 악덕 의사로 몰아 해수욕장 해변의 인도 바닥에 붙여 둔 것이다.

병원은 마비되어 진료는 중단되고 의사와 일부 비노조 간호사 등 40% 정도의 직원들은 마비된 병원에서 속수무책으로 바라만 보고 박용호 행정원장과 김수진 간호과장과 수간호사들, 최형욱 기획과장 등 부서장들은 매일 출근하여 그 현장을 보면서 심적, 정신적 고통이 이루 말할 수 없었다.

수익은 무려 6개월 간 거의 전무하였으나 비노조원의 인건비 등은 지급해야 하므로 부채는 늘어가고 가뜩이나 어렵던 병원의 재정은 악화되어 갔다.

우리가 무너지면 부산의 중소병원이 모두 무너질 수 있다는 생각과 함께 어떤 일이 있어도 봉생은 굴복하지 않을 각오가 되어 있었고 최후엔 폐업을 고려하고 있었다. 전쟁은 계속되고 내가 최후의 보루라는 각오로 싸웠다. 지금도 이 사건 주모자들과 적극 동참자들에 대한 마음속의 응어리는 모두 없어졌다고 말하기 어렵다는 게 솔직한 심정이다. 그들은 대부분 병원을 떠났으나 일부 동참자들은 지금도 병원에서 일하고 있다. 나는 단순 가담자들에게 무노동 무임금 외에는 현재까지 아무런 불이익을 주지 않았다. 어느 책에서 "하나님을 위하여 그들을 용서하라"는 구절을 읽고 감명을 받았던 나머지 모두 하나님을 위하여 용서하였다. 간호사 중 다섯 사람은 24년이 지난 현재 동래봉생의 수간호사가 되어 병원의 큰 기둥 역할을 하고 있다.

그해 12월 초 민노총 중앙본부에서 내년 춘투 준비를 위해 파업을 끝내게 하자는 제안이 들어왔다는 전갈을 받았다. 정의화 원장이 원하는 대로 받겠다고 하였다는 것이다. 마침 제주도에서 영호남 규슈 신경외과학회에 참석하고 있던 중 본원의 박경흠 행정원장에게 전화로 그런 제안이 들어왔다고 보고를 받았다. 나는 전화상으로 "안 된다 모든 손해배상을 하기 전에는 용서할 수 없다"고 하였던 기억이 난다. 그러나 행정원장들과 긴 기간 동안 지쳐버린 간부들의 권유를 받아들여 무노동 무임금과 반 전임자를 두는 선에서 타결을 하게 하였다.

병원과 노조원이건 비노조원이건 봉생의 직원들은 장장 6개월여의 파업으로 정신적으로나 물질적으로나 만신창이가 돼버렸다. 몇몇은 고발 조처되고 주모자 중 한 명은 구속되었다.

당시 상황이 끝나자 수간호사 일동은 그해 12월 18일 내 생일에 맞춰 위로와 격려를 담은 편지를 보내기도 하였다.

> 정의화 의료원장님께
> 어느 해 보다도 올해는 더욱더 원장님에게 힘든 한해였습니다.
> 먼저 저희들이 머리숙여 사죄합니다.
> (중략)
> 10배는 노력해야 되겠죠.
> 부디 지켜봐 주십시오
> (후략)
>
> 1993년 12.18
> 동래봉생병원 수간호사 일동

지금도 그 편지를 소중하게 간직하고 있다. 병원에 남아 잘못에 대한 빚을 갚겠다는 일부 조합원들은 계속 근무를 하게 허락하고 다시 일으켜 세울 수 있도록 새로운 출발을 하자고 굳게 다짐을 하였다. 그러나 수십 억의 빚더미와 특히 가족같이 아끼던 직원들의 변심에 상처가 깊었던 마음은 쓰리고 참담했다.

단순 가담자들인 각 파트의 몇몇 기사들도 성실한 봉생가족이 되어 병원발전과 자신을 위해 성실히 근무에 임하고 있다. 그 와중에서도 병원 식당일에 종사하던 영양과 여사님들은 노조에 동참을 거부했다. 초지일관하여 병원을 세워 일자리를 만들어 준 정의화 원장에게 감사해야 한다는 주장을 굽히지 않았다. 그 분들이야 말로 가정 형편이 더 많이 어려운 분들이 아닌가. 그 분들이 준 감동이 내게 불의의 행위들에 대해 굴복하지 않게 힘을 주었다. 그 분들이 단체행동에 나섰으면 식사제공이 안되므로 자연히 병원은 폐쇄하거나 도시락으로 식사를 해결해야 하는 상황이었다. 오늘의 동래봉생병원이 살아있는 것에는 그 분들의 노고가 대단히 컸다. 나는 이를 감사히 여기고 보답하는 뜻으로 두 봉생병원의 영양과의 여사님들을 존중하고 진작부터 그 분들을 병원의 정규직원으로 대우하고 있다.

전쟁으로 폐허가 된 도시처럼 쑥대밭이 된 동래봉생병원의 후유증은 엄청났다.

동래구의 동쪽 지역 메디컬 센터로 자리매김 하겠다던 꿈은 사라지고 죽느냐 사느냐의 기로에 서서 생존 차원의 노력을 하는 것이 고작이었다. 여전히 동래봉생병원이 270병상의 중소병원으로서 제자리걸음을 하고 있고 해가 갈수록 천문학적인 부채로 끙끙되고 있는 현실을 보면 침울하고 안타까움에 잠을 설치기도 하지만 그러한 고난의 시간도 지금 생각해 보면 맹자의 〈고자하편〉의 얘기처럼 이유가 있었던 것이라 생각된다.

그때의 고난의 시간들이 훗날 국회의장으로 성장시켜 나라를 위해 큰일을 하게 하기 위한 하늘의 뜻일 것이라고 미루어 짐작한다.

더구나 정부의 보건정책들이 대형병원 중심이며 병원계가 극한 상황으로 치닫고 있는 상황은 도외시한 채 시대에 뒤떨어진 정부 1.0시대의 일방적 정부정책 결정과 지시와 규제만 늘리고 있으니 미래조차 암담하다. 물론 병원계의 노력이 부족한 것도 이유 중의 하나이지만 정부가 특단의 대책을 내고 정부와 시장, 시민사회와 전문가들과 협의를 거쳐 정책을 결정하는 정부 3.0시대가 되어야 하는데 현재로서는 기대하기 어렵다. 따라서 만약의 경우에 대비한 플랜 B를 염두에 두지 않을 수 없는 지경이 되었다.

동래봉생병원이 1993년의 6개월에 걸친 노조의 파괴행위로 피폐해짐으로써 미래의 변화에 대비하는 것이 불가능했던 것이 참으로 가슴 아프다. 그 일만 아니었어도 지금은 병원 설립 시 계획했던 500병상 이상의 지역 메디컬 센터가 되어 있을 것이다. 일자리도 500개 이상이 늘어났을 것이다. 이 사건은 가슴 속의 한으로 영원히 남을 것 같다. 그러나 이 또한 신이 이미 점지해 두었을지 모른다. 그래서 나는 이 사건에 굴하지 않고 극복해 낸 공로를 아는 하늘이 언젠가는 동래봉생병원을 우뚝 서게 만들 것이라는 믿음 또한 갖고 있다.

2005년 3선 의원으로 통일외교 상임위에서 일할 때였다. 티타임 시간에 우연히 신계륜 의원과 심상정 의원, 셋이서 대화를 나누던 중 두 사람이 동래봉생병원을 안다고 하면서 그 병원이 의원님의 병원이냐고 물어와서 깜짝 놀랐다. 그 분들은 노동운동가 출신으로 1993년 가을에 노조 파업 격려 차 동래 봉생병원에 갔었다는 것이다.

그때 나는 깨달았다. 봉생병원이 엄청난 피해를 보게 된 두 사건은 우리 봉생이 시대의 아픔을 함께한 것이었구나 라고.

살아오면서 우리는 인품이 좋고 인격이 훌륭한 사람들을 많이 만난다. 그러나 개인의 이익을 위해 공동체 정신이 결여되거나 윤리도덕도 내팽개치는 가진 자들이 넘쳐나고 있고 왜곡된 심성으로 자신들의 이념적 목표를 달성하기 위해 터무니없고 비이성적인 파괴 행위를 하는 사람들 또한 우리 사회에 꽤 많이 잔존해 있다.

우리나라가 발전하고 행복한 사회가 되기 위해서는 모든 것들이 합리적이고 이성적이며 공정해야 한다. 정의롭고 공정한 그리고 신뢰가 충만한 사회가 되기 위해서 각계각층의 지도자들부터 생각과 행동이 바뀌어야 할 것이다.

남북이 분단된 지 70년이 지난 우리의 숙명 탓에 분열과 갈등이 번져갈 수밖에 없는 것이라고 자위해 보지만 정치권이나 경제계, 법조계, 언론계, 교육계 등 국가를 지탱해 주는 중요한 분야 속에도 분열과 갈등을 이용해 자신들의 만족과 이익을 추구하고자 하는 사람들이 늘어가고 있다는 것이 슬픈 현실이다.

이념적으로 종북좌파의 극좌 편향이건 수구꼴통의 극우 편향이건 그들에게 대한민국의 발전적 미래를 위한 대오각성을 기대할 수 있겠는가? 어려울 것이다. 우리의 미래가 어두울 수도 있을 것으로 염려하는 이유이다.

한은 한을 낳고 한풀이는 또 다른 한풀이를 하게 만든다. 세 살 먹은 아이도 아는 일들을 어른들이 행동으로 옮기지 못하니 절망감이 밀려들기도 한다.

박근혜 대통령 시절에 국회의장으로서 국회의 위상을 바로잡고 청와대의 거수기를 배격하고 삼권분립의 대의 민주주의를 지킬 수 있는 지혜와 능력을 확고히 가지고 있었다고 자부한다. 이것은 시국과 연계된 봉생병원의 두 가지 사건을 통해 맹자의 말씀처럼 신경외과 전문의사인 나를 단련시켜 국회가, 행정부 권력의 시비가 되지 않고 삼권분립 정신을 끝까지 지키도록 만들어 대의 민주주의가 위기에 빠지지 않도록 막는 능력을 키워준 것이다. 강한 정의감을 가지게 교육된 내가 봉생의 시대와 함께한 역사들을 겪으면서 훗날 국회 수장으로서 입법부를 제대로 지킬 수 있도록 능력을 키워 주신 하늘의 뜻으로 받아들이고 싶다.

신장이식 수술과 뇌척추연구소 출범하다

　동래봉생병원은 성병년 선생에게 원장을 맡기고 김원묵기념 봉생병원은 제2의 도약을 하게 된다. 그것은 고신대학을 그만두신 신장내과계의 권위자이신 이시래 선생님을 김원묵기념 봉생병원의 명예원장으로 모시게 되는 것이 계기가 되었다.
　동구의 인구가 줄고 신경외과로 명성이 높은 봉생병원이 종합병원으로 성장 발전하기에는 여건이 힘들겠다는 판단으로 동래 안락동에 제2의 봉생병원을 건립하였으나 동래봉생병원은 예기치 못한 노조의 파업이란 시대의 아픔을 함께하면서 주저앉게 되었다.
　그러나 이시래 선생님을 봉생으로 모시게 됨으로써 김원묵기념 봉생병원은 다시 종합병원으로서 일어설 수 있는 계기가 마련된 것이다. 두 봉생병원 역사의 아이러니였다.
　언젠가는 신장재단을 만들어 신장 질환자들을 돕는 일도 함께 하자는 약속과 신장이식수술도 가능하게 갖춘 신장센터 병원으로 발전시키겠다고 약속을 드렸던 기억이 난다.

수년 간 함께 일하다가 사위가 운영하는 병원으로 가시게 되어 봉생을 떠났으나 그의 수제자이신 김중경 선생이 뒤를 이어 국내외에서 인정받는 신장내과센터를 일구어내었다. 고신대학의 일반외과 교수인 이승도 선생님의 도움으로 신장이식 수술을 시작한 후 일반외과의 허길 선생과 비뇨기과의 김동우 선생과 신장이식팀을 만들어 1,000례 이상의 신장이식수술을 하였다. 현재는 외과의 허길 선생의 뒤를 이어 그의 제자인 박종현 선생이 신장이식 수술을 맡고 있다. 특히 혈액형이 다른 사람과의 이식의 성공과 뇌사환자의 신장이식의 성공이라는 금자탑도 쌓아가고 있다.

나는 미국에 연수를 할 때부터 미래에 우리나라에서도 뇌졸중 환자가 현저히 늘어날 것이라고 예견하고 그에 대한 공부를 게을리 하지 않았다.
1992년 뇌척추 연구센터를 개설하였다.
뇌혈관 수술 연마를 할 수 있는 실험실을 만들고 훗날 완벽한 뇌졸중센터를 만들 준비단계에 돌입한 것이다. 그간 시설을 확충하고 의료진들을 해외에 연수를 보내는 등 노력을 해 온 결과 오늘의 봉생병원은 정부도 인정하는 완벽하게 뇌졸중 환자를 진료할 수 있는 시설과 의료진을 갖추고 있다. 양 병원의 뇌졸중센터는 어느 대학병원에도 못지않다고 장담한다.
수년 전부터 복지부는 기존의 대학병원들에 외상센터, 뇌졸중센터로 지정하고 예산지원을 해 주면서 119 구급 체계를 통해 한 곳으로 환자를 몰아주기를 함으로써 자생적인 봉생병원의 뇌졸중센터 운영을 어렵게 만들었다. 시장주의에 맡기지 않고 정부 주도적인 전체주의식 인식을 가지고 정책을 펴는 정부 당국의 단견에 기가 막힐 뿐이다. 지금이라도 각 병원의 특성을 살릴 수 있게 정책적 지원을 아끼지 않아야 할 것이다.

봉생병원은 2차병원이지만 뇌졸중과 신경계 질환 치료, 신장내과 분야와 신장이식 분야에서는 대학병원도 부럽지 않을 첨단을 달리고 있다.

이렇게 되기까지 수많은 사람들의 노고가 있었으며 의료원장이 지향한 방향으로 모두가 잘 따라준 것에 감사드리고 이것을 자랑스럽게 생각하고 있다.

최근에는 이미 상당한 수준에 이른 김원묵기념 봉생병원의 배우형 선생과 김성호 선생, 동래봉생병원의 이용환 선생과 최종현 선생이 이끄는 심장내과 팀의 발전을 위해서도 신경을 쓰고 있다.

현대인의 3대 사망원인 중 뇌졸중에 이어 심장마비에 관심을 두지 않으면 안 되기 때문이다.

서울과 부산의 KTX가 생겨 시간이 두 시간대로 단축되면서 의료상황이 큰 변화를 겪고 있다. 응급 환자 외에는 서울로 환자들이 많이 가다 보니 지방 거주의 국민들의 필요 없는 경비 지출이 늘어나고 자연히 지역병원들은 경영이 더욱 어려워질 수밖에 없는 구조가 될 것이다.

1985년 종합병원으로 승격한 이후 의료분쟁의 증가와 늘어난 진료과장들의 이직 문제가 병원을 경영하는 데 가장 큰 애로사항으로 대두되기 시작하였다.

2000년이 되기 전까지는 진료과장들의 '언제든지 개업하면 그만'이라는 인식이 많은 직업상의 특징은 모르는 바 아니지만 봉생병원에 대한 충성도는커녕 직장에 대한 애착이 적은 진료과장들이 문제였다. 근무하는 동안만이라도 최선을 다하는 것이 자신을 위해서나 병원과 환자를 위해서나 당연한 것임에도 불구하고 몇몇 진료과장들의 불성실한 근무 태도들로 인해 속앓이를 많이 하였다. 일부 전문의들의 병원 취직을 개업을 위해 거쳐가는 정거장같이 여기는 행태에 분개하기도 하였다.

때로는 아무런 사전 예고도 없이 어느 날 갑자기 느닷없이 떠나겠다고 하는 경우도 있었다.

진료에서는 연속성이 중요하다. 후임을 구하지 못해 환자 진료가 중단될 때에는 후배들이 야속하기도 했다. 병원의 어려움은 말할 것도 없고 이러다가는 미래가 없겠구나 하는 걱정이 없을 수 없었다.

봉생병원이 영속적으로 발전하고 사회로부터 신뢰받는 곳이 되려면 전문의사들이 꿈을 펼치고 평생을 함께 할 수 있는 터미널 같은 병원을 만들어야겠다고 결심하게 되었다. 더구나 의료원장이라는 또 다른 일을 해야 하므로 세계적인 신경외과 의사가 되겠다는 야망을 접을 수밖에 없었지만 봉생에서 평생직장으로 일할 의지가 있는 진료 과장 중에 본인이 최고가 되겠다는 뜻이 있고 열정이 있다면 세계적인 의사가 될 수 있도록 지원해 주어야 한다고 생각하였다.

여러 생각 끝에 봉생에 대한 애정을 키울 수 있게 하고 주인의식이 들도록 의사들의 진료에 관한한 자율성을 높여 주어야겠다고 판단하고 실천하였다. 그런 방향으로 정책을 펼친 지 오래되었고 현재는 10년 이상 근무하는 의사가 상당히 많아졌을 뿐 아니라 진료과장들도 주인의식으로 병원을 끌고 갈 애정과 충성심을 가진 봉생인이 증가하고 있다. 참으로 흐뭇한 일이다. 인생을 마무리해야 할 시점에 이른 나이에 도달한 나는 그 분들이 봉생을 지키는 한 영속하고 지속적인 발전을 할 것이라고 확신할 수 있어 행복하다.

돌이켜보면 우리 사회가 차츰 사명감이나 소명의식보다 이기주의와 물질주의에 젖어드는데 의료인들도 예외일 수가 없을 것이다. 병원 경영에도 이러한 악영향에 어려움이 많아질 수밖에 없었다. 진료에 가장 중요한 요소가 입원환자 진료의 연속성인데 자기 이익을 위해 후임을 정하지도 못한 상황에서 미련없이 훌쩍 떠나는 선후배들을 보면서 비애를 느낀 적이 한두 번이 아니었다. 그러나 그러한 순간들을 잘 이겨내고 미래를 대비한 결과 부산·경남 시도민들로부터 사랑받는 오늘의 봉생이 건재하게 된 것이다.

기록으로 남긴다는 의미에서 원장으로 일하면서 진료과장에 대한 인사에 있어 내가 가졌던 몇 가지 원칙을 소개하겠다.

첫째는, 대학에 교수로 가는 경우는 대환영하였으며 특별한 경우를 제외하고는 격려를 아끼지 않았다.

둘째는, 영원히 봉생을 지킬 수 있겠다는 봉생에 대한 충성심 높은 진료과장 중 인성이 바르고 큰 의사로 클 자질이 엿보이는 의사는 최소 한두 달, 최고 1년 내외로 국내·외 연수를 급여를 전액 지원하면서 보내는 것이었다. 병원 운영이 극도로 어려워지고 있는 현실도 감안하여 오늘날에는 우리의 의료도 많이 발전하였고 정보화 시대이므로 긴 시간이 필요 없다고 판단하여 2017년부터는 전액 지원은 3개월 이내로 단축하였다.

이제는 연구 논문을 쓰기 위해 장기간 체류가 특별히 필요한 대학교수들을 제외하고는 일 년 이상 오랜 기간 동안 해외 연수를 할 필요가 없어졌다. 지난 33년 간 이 혜택을 받은 진료과장이 십여 명이 훨씬 넘는다. 그 중 두세 명은 봉생병원을 떠났으나 나름의 사정을 이해하였다. 애초부터 귀국 후 병원을 떠나도 어디를 가건 우리 국민을 진료할 것이므로 의사로서의 능력이 발전된만큼 국민에게 이익이 된다는 판단을 하여 행정부서의 각서를 받자는 의견을 무시하였다.

결코 유쾌하지는 않았지만 봉생 이념의 하나인 양질의 의료발전을 위해 최선을 다한다는 것에도 부합되므로 섭섭하지만 용서할 수밖에 없었다.

연수를 다녀온 이들이 현재의 봉생을 지키는 중심이 되고 있는 것은 참으로 뿌듯한 일이다.

셋째는, 임금부터 우선적으로 따지는 의사는 과를 닫는 한이 있어도 채용을 하지 않는 원칙이다. 이런 의사는 언제든 더 많은 보수를 주겠다고 하면 곧바로 떠날 사람이거나 개업 준비 위해 자금을 마련하려는 의사일 개연성이 크므로 봉생병원을 한낱 정거장으로 여기는 사람이 아닌지 채용에 신중을 기하였다.

보수도 당연히 중요하지만 의사로서의 존엄성을 지키고 긍지를 가지고 소신껏 일할 수 있는 보수 이상의 가치들을 중요시 하였다.

임상과장을 뽑는 데 있어 봉생병원은 의사가 되기 전에 인간이 된 사람을 뽑고 건강이 허락하고 자기계발에 매진하는 한 정년을 따로 정하지 않고 평생을 함께 한다는 기본 철학을 가지고 있었다.

국회의장을 끝으로 정계를 떠나 의료원장의 원래의 자리로 돌아와서 강조한 것은 부산 제일의 신뢰받는 병원이 되어야 한다는 것이었다. 이명박, 박근혜 대통령의 두 보수정권에서도 정부는 건강보험체제의 수가문제를 근본적으로 변화시키는 일에는 무관심한 의료정책을 펼쳤다.

문재인 정부가 들어서서는 건보재정은 아랑곳하지 않고 포퓰리즘으로 급여 혜택 늘리기에 역점을 두고 있다. 그들은 병원 경영에서 자본투자분이 전혀 계산되지 않을 뿐 아니라 다른 직종 대비 80%에 머무르고 있는 간호사, 기사 등의 급여 수준을 정상화 하는 것 등에는 무관심하고 아예 무시하고 있다. 일자리를 창출하자면서 병원이라는 서비스업 종사자들의 임금 후생은 애써 외면하고 있다. 간호사들의 장롱 면허가 늘어나는 것을 막을 생각이 없는 듯하다. 최근에는 약사와 간호사를 구하기가 어려운 지경에 이르렀다. 병원 줄도산이라는 폭탄과 의료 생태계의 심각한 왜곡 현상이 초래할 국가적 대재앙이 시시각각 다가오고 있다.

자본주의 사회에서 가격을 통제하는 사회주의식의 건강보험 제도를 펼칠 때는 여러 가지 예견되는 부작용에 대한 예방을 강구해 두어야 할 것이다. 특히 90%가 민간인 소유가 아닌가! 그럼에도 의료기관 90%가 국가 소유인 영국의 국민건강 정책체계를 모방하여 시작한 정책을 40년이 지난 지금도 바꿀 생각이 없어 보인다. 우리나라가 벤치마킹한 일본과 영국도 변하고 있음을 알고나 있는지 모를 일이다. 정부는 일선에서 의료를 행하는 의료인들과 병원 경영인들의 지속적인 인내를 요구하고 있다. 따라서 병원 경영은 갈수록 상황이 악화되고 있어 갈길이 험난하지만 봉생이 영원하기를 원한다면 기본과 원칙, 정도를 지켜야 한다고 역설하고 있다.

그 이유는 문을 닫는 일이 생기더라도 당당하고 떳떳하게 닫아야 한다고 생각하기 때문이다.

넷째는, 부임 초기 약 3개월이 지난 후 봉생이 바라는 사람인지 여부를 평가하였다. 진료에 임함에 있어 의사로서의 기본에 문제가 없는지 장래성이 있는지 여부를 판단하였다. 일반 직원들에게 비인간적 언행을 하는 경우는 봉생인으로 함께할 수 없다는 원칙을 지키고 있다.

진료과장 채용 시에 대부분은 사전 조사와 주위의 평판을 참고하고 충분한 시간을 할애하여 인터뷰를 해 보면 걸러낼 수 있었다. 신경외과 의사를 구하기가 힘들어 고군분투할 때였다. 믿을 만한 대학병원 수련의 출신이라 간과한 탓인지 환자진료나 동료들 직원들 관계에서도 문제가 많았던 B 모 의사가 채용된 적도 있었다. 여러 가지 언동과 행동이 상상을 초월하여 여기에 일일이 밝히기도 부끄러운 지경이다. 주의를 주고 가르치기도 하면서 고심하고 있을 때 본인이 수술한 환자에 대해 나에게 사실과 다르게 보고한 것을 알고는 더 이상 이대로 두면 큰 사고를 치겠구나 하고 판단하여 퇴직을 명한 적이 있다.

이 B 모 의사에게 요추디스크 수술을 받은 50대 초반 여성 환자가 수술 후에도 이전과 별 차이 없이 지속적으로 다리가 저리고 허리가 아프다고 호소하였다. 수술을 집도한 B 모 과장에게 여러 번 물었으나 수술은 잘 되었다는 것이다. 그 말을 믿을 수밖에 없었다. 환자에게 수술은 잘 되었다 하니 일단 퇴원하셨다가 한 달 쯤 더 기다려 보자고 설득하여 퇴원시켰다.

한 달 후 남편과 함께 파열성 요추간판 탈출증 환자가 보이는 전형적인 허리 자세와 고통스런 표정을 지으면서 진찰실로 들어왔다. 직감적으로 첫 수술에 문제가 있었구나 하는 생각을 하게 되고 요추 X-Ray를 찍도록 조처하였다.

아니나 다를까? 첫 수술의 부위가 틀린 것이었다.

정작에 제거해야 할 요추 4-5번 사이의 파열성 디스크는 그대로 남아 있으니 환자의 고통은 얼마나 심했을까? 이 질병으로 청년시절부터 요추 통증에 시달리고 있던 나로서는 환자의 고통을 충분히 알 수 있었다.

짧은 순간이었으나 보호자에게 어떻게 설명해야 할지 몹시 당황스러웠다. 필름을 보여 드리면서 설명을 드리고 "이런 실수는 드물게 생길 수 있습니다만 집도의사의 명백한 실수입니다. 재수술을 해드리겠습니다. 우리 병원 의사의 잘못이므로 그동안 고생한 데 대한 보상차원에서 전액 무료로 재수술을 할 것이고 환자분에게 평생 우리 봉생에서 할 수 있는 질환은 무료로 치료해 드리겠습니다. 만일 법에 호소하시겠다면 제가 변호사 비를 도와드리겠습니다." 봉생병원의 명성에 금이 가는 일이 발생하였으니 환자와 그 가족에게 너무나 송구한 마음에 그렇게 말씀드릴 수밖에 없었다.

나의 말을 경청하던 환자의 남편이 말했다. "원장님, 제가 택시기사입니다. 원장님 같은 의사는 평생 처음 봅니다. 말씀 감사합니다. 원장님께서 직접 집도해 주십시오"

환자는 완쾌되어 퇴원하였고, 그 후 서너 차례 다른 질환으로 오셨으나 2-3년 후부터는 소식이 끊겼다.

의료사고 배상에 정부도 일정부분 책임져야 한다

의료분쟁이나 의료사고는 또 다른 골칫덩이다.

의료사고는 없는 것이 최상이나 신이 아닌 인간이 하는 일이라 환자 진료와 시술 중에 없을 수가 없는 것이다.

뿐만 아니라 가정에서도 돌연사가 다발로 생기는 것을 알면서도 병원에 와서 돌연사가 생기면 일단 주사 때문이라고 우기는 경우도 한둘이 아니었다.

국회의원이 된 후 입법을 강구한 여러 법안 중에 의료분쟁 조정법이 있다. 수많은 논쟁을 거쳐 제안한 후 십여 년 지나서 입법이 소위 '신해철법'이란 이름으로 성사되었으나 나의 입법 취지에는 한참 못 미치는 내용이므로 앞으로 보완을 거듭해야 할 것이다.

특히 잘못된 의료수가 제도로 의학도들이 난이도가 높은 외과 계통을 기피하게 되고 외과 계통의 전문의가 되더라도 난이도가 높아 위험성이 많은 수술이나 시술을 기피하고 있다. 이것은 당연한 현상이다.

이와 같이 비현실적인 의료수가가 일으키는 부작용은 한둘이 아니다.

왜곡된 진료 행위를 하는 일부 의료인들로 인해 의료인들에 대한 사회의 불신이 갈수록 더욱 팽배되어 가는 것도 그 부작용 현상이다.

병원 수익을 올리기 위해 일부 의료인들의 일탈행위는 금도를 넘고 있고 상업적 의료행위를 하는 빈도가 늘어나고 있다. 예컨대 시술이나 수술을 하지 않아도 될 법한 환자까지 수술 적용 범위를 넓히고 있고, 일부 의료인들은 생존을 위한 수준을 벗어나 탐욕을 보이는 비윤리적 변질과 의료의 왜곡 현상이 사회적으로 엄청난 문제를 야기하기 시작하고 있다. 더 이상 묵과하고 방치할 수 없는 지경에 다다르고 있다.

이와 별개로 의료분쟁과 의료사고는 또 다른 폭탄이 되고 있다.

의료사고가 다발하는 사회현상의 변화가 감지되고 있다.

그 원인을 두 가지로 요약하면,

하나는, 인체가 점차 병약해지고 있는 현상이다. 깨지기 쉬운 그릇처럼 Fragile 해지고 있다. 주된 이유는 젊을 때부터 음주가 늘어나고 끽연과 미세먼지 등의 대기오염과 수질의 악화 등 환경요인 때문이 아닐까 한다. 또한 평균수명이 늘어나므로 고령이 될수록 깨지기 쉬운 신체가 되어 마취나 수술 후에 돌발적 상황이 발생하는 빈도도 늘어나고 있다.

따라서 현대인은 예방을 위해 젊을 때부터 술 문화를 바로잡고 금연과 절주를 생활화 해야 한다.

여기에 정부는 수질과 대기 정화 등 환경개선에 보다 적극적 대책으로 나서야 한다.

둘째는, 물질주의와 이기주의로 치닫는 사회 현상이다. 이는 보호자, 의사, 변호사 등 의료사고와 직결되는 사람의 문제이므로 간단치 않다.

해결책은 현재 우리나라는 정부 통제의 건강보험제도 하에 있으므로 의료 사고에 대한 배상에 일정 부분 정부가 책임을 져야 하며 의료의 질을 향상시키기 위해 의료수가 조정 등이 필수적이다. 이러한 방안들에 대한 사회적 합의가 필요할 것으로 보인다. 의료사고의 배상 문제는 현실적으로 심각해져 가고 있다. 의료수가는 정부가 가격을 정하고 통제하면서 의료사고의 배상에 관해서는 나 몰라라 하는 것은 정부의 직무유기에 해당된다고 할 것이다.

시장경제를 하는 자본주의 국가인 대한민국에서 가격 통제를 하는 사회주의적 의료정책을 펴면서 정부는 당연히 해야 할 의료공급자에 대한 사법적 배려나 정책적 배려는 전무하다. 언제까지 이것이 가능할 것으로 보는지 묻지 않을 수 없다. 정부가 무관심하다면 의협과 병협은 가능한 모든 법적 수단을 동원해서 바로잡도록 최선을 다해야 한다.

국민의료가 무너지면 건강보험제도가 존립할 수가 없게 되기 때문이다. 의료사고 배상액에 대해서는 소위 배상 상한선(Capitation)을 정해야 한다. 예컨대 보상액의 상한선을 정해 그 이상은 정부가 책임지도록 법 개정을 해야 한다.

만약 이것이 받아들여지지 않으면 정부는 건강보험 제도 성공에 크게 악영향을 받게 된다는 사실을 인식하고 심사숙고해야 할 것이다. 왜냐하면 의료계는 이 문제가 해결될 때까지 수술의 난이도가 높고 의료사고의 위험성이 높은 시술과 수술은 기피할 수밖에 없을 것이기 때문이다.

다음은 2017년 8월 진료로 인해 모두가 한 자리에 모이는 것이 쉽지 않아 카톡과 친전으로 100여 봉생 의료진에게 보낸 메시지이다.

봉생의 가치는 신뢰가 소명입니다. 봉생병원은 환자를 위해 존재합니다.

오늘 봉생병원의 의료진에게 전하고자 하는 메시지는 변화된 의료상황을 공유하여 대처해 가자는 취지와 작금에 일어나고 있는 의료분쟁은 미래에 대한 적신호로 받아들여야 한다는 생각이므로 모든 봉생 의료진들에게 의료원장의 뜻을 전하오니 숙지해 주길 바랍니다.

A. 봉생병원의 긍지는 가치 경영에 있으며 사회로부터 완벽한 신뢰를 받도록 추구하는 병원에 있습니다. 봉생 의료진들은 히포크라테스 정신과 전문가로서의 성실성과 높은 도덕성과 윤리성을 강조합니다.

전 의료진들은 봉생을 찾아온 환자들에게 진심어린 관심을 보이고 그들의 고통과 질병에 깊은 연민을 가집시다.

B. 세계의 신경외과 명의들은 수술에 임함에 있어 하나같이 제사 지내는 제주의 모습처럼 경건함과 진지함을 보여주었습니다. 우리는 만약의 사태에 대해 완벽하게 대처할 수 있는 능력 함양과 함께 만약의 경우 재판정에서 판사에게 자신 있게 말할 수 있도록 철저한 사전 대비를 한 후 시술과 수술에 임해야 합니다.

C. 시대의 변화에 따른 사회와 인체의 변화.

1) 사회적 측면: 우리 사회는 병이 깊어지고 있습니다. 물질주의와 이기주의가 팽배하고 사이코패스도 급격히 증가하고 있습니다. 의료인에 대한 불신도 일부 병원의 상업적 진료 행위로 갈수록 악화될 것입니다.

2) 신체적 측면: 건강수명은 짧아지고 노령인구는 늘어나고 있습니다. 끽연, 음주문화, 섭생, 대기오염 등으로 심폐의 Fragile화로 인해 수술 후 예기치 않은 상황 발생이나 예후가 나쁠 수 있는 빈도가 증가할 것입니다.

D. 의료 환경 변화도 심각해지고 있음을 간과하지 마십시오.
1) 의료 분쟁 발생 급격한 증가.
2) 보상에 대한 국가적 대책 전무.
3) 판결, 조정 후 천문학적 보상액 결정.
4) 대학병원까지 중환자 기피 현상.
5) 변호사 양산과 인공지능, 수술 로봇 등장.
6) 의사에 대한 사회적 불신 현상 증대.

E. 어떻게 대처할 것인가?
1) 의료인으로서 기본자세

a. 우리들 외에는 우리 편이 없다는 현실을 직시하여야 합니다.
b. 환자와 보호자와의 좋은 Rapport 유지.

2) 대처 방안의 예

a. 법적 의학적으로 철저한 사전 대비를 해야 하며 심한 당뇨병, 고혈압 등 높은 위험도가 있는 환자나 75세 이상의 고령 환자에 대한 시술이나 수술은 주치의의 책임 하에 동료 전문의와 충분히 협의하여야 하고 시술 여부나 전원 여부를 신중하게 판단하여야 합니다.

b. 수술 전 발생 가능한 후유증에 대한 충분한 대비책 수립.
예) 성실한 차트 기록과 충분한 후유증, 사망 가능성 등 설명.
(필요시 녹음 또는 녹화)

c. 지나친 자신감으로 인한 오만과 교만은 공격적 진료를 하게 되고 나쁜 결과가 생길 확률이 증가합니다. 수술 적응 범위 Indication을 넓게 잡는 것은 창조주에 대한 교만이거나 돈을 벌기 위한 비윤리적 행위이므로 봉생에서는 엄격하게 적용하여야 합니다.

전 국민들이 봉생의 시술과 수술 결정은 믿을 수 있다는 신뢰를 얻어야 합니다. 적극적 진료를 펼쳐야 하나 응급환자 외에 공격적 진료는 금물입니다.

d. 의학적으로 확실한 과학적 근거 없는 투약이나 시술은 금기이며 근거가 확실한 경우에도 만약의 경우에 대한 완벽한 대비를 한 연

후에 시행해야 합니다.

　　e. 예기치 않은 상황 발생 시 적극적으로 대처하고 성실한 자세로 보호자를 납득시키고 모든 것은 기록에 남겨 재판에 대비해야 합니다.(필요시 녹음해 둘 것)

　　f. 의사들은 갈수록 늘어나는 의료분쟁과 보상액이 천문학적 액수로 증가하는 추세에 대해 학회 차원에서 대정부, 대국회 노력을 경주해야 합니다.

　　병협과 의협 차원에서 의료 보상금에 대해 일정부분 정부가 책임지도록 배상 상한선 Capitation을 요구해야 하고 법제화 노력을 강구하고 의료수가에 반영시키도록 노력해야 합니다.

의사로 살아오면서 1인 3역을 하면서도 미래를 생각하지 않을 수 없었다.

27세 때 불의의 빌딩 화재 사고로 장인을 잃고 상속세 90%와 방위세 5%의 세금 폭탄을 맞고 봉생병원이 존폐의 기로에 서서 겪은, 필설로 다할 수 없는 고난의 역사를 조상님들의 은덕으로 이겨낼 수 있었다. 그러나 후손들에게 똑같은 아픈 역사를 반복하게 내버려 둘 수 없다는 생각을 항상 머리에 이고 살았다. 그 방안의 하나로 1993년 9월 1일 개원 44주년에 맞춰 의료법인으로 전환하여 상속으로 인한 위기는 없도록 조처하였다.

좋은 의료진 확보가 어려웠을 때 내린 결론은 '봉생병원의 그릇을 키우지 않고는 좋은 의사와 봉생 가족들을 모실 수 없다'는 것이었다.

그 첫걸음이 동래 안락동에 종합병원을 건설하는 것이었고 김원묵기념 봉생병원을 400병상 이상으로 덩치를 키우는 것이었다. 만일 1996년에 정치에 입문하지 않았다면 양 병원은 지금보다 훨씬 더 큰 몸집을 가졌을 것이라고 생각한다. 결국은 나라를 위해 자신을 희생한 것이 되었으나 후회는 없다.

훗날 통일이 가까워지면 평양(구 평안남도 대동군 용산면 소용리 대막동)에 있었던 봉생의원 자리에 봉생의과대학을 만드는 염원을 하게 되었다.

하늘이 도운 것인지, 인도하신 것인지, 신장내과가 활성화되면서 현재의 부산시 동구 중앙대로 401번길(옛주소 : 동구 좌천동 68-11번지)의 종합병원 김원묵기념 봉생병원으로 성장할 수 있는 계기가 생기게 되었다.

1989년 5월 2일, 장모님께서 타계하실 때까지의 신장내과 주치의였던 고신대학의 이시래 교수님께서 학내 문제로 대학을 떠나게 되었을 때 봉생병원으로 모시게 되었다. 한편으로는 우연의 일치인지 거의 같은 시점에 인접한 120여 평 대지의 가내공장을 매입하게 되어 1994년 10월에 1400여 평을 증축하게 됨으로써 입원실 증설과 인공신장실 등 지원시설을 확충하게 되었다.

이시래 선생님과 약속한 대로 산부인과에 정재훈 고신대 교수님을 동래봉생병원의 의무원장으로 모시게 되었고, 선생님께서 오시면 신장이식 수술도 가능한 신장센터 병원을 만들겠다는 약속도 지킬 수 있게 되었다.

신경외과와 신경과와 함께 정형외과와 신장내과를 중심으로 내과가 활기를 띠게 되자 종합병원의 틀을 잡아가게 되어 오늘에 이르렀다.

비록 동래봉생병원은 과격한 노조파업으로 인해 만신창이가 되어 지역의료센터의 꿈이 무산되었으나 종합병원을 포기할 계획이었던 김원묵기념 봉생병원이 420병상의 종합병원으로 온전한 터를 잡게 된 것이다. 봉생의 역사에 또 하나의 아이러니였다.

1986년부터 인턴 수련병원으로 격상되고 4명의 인턴이 들어왔는데 그 중에 한 명이 지금 동아대에서 정신과 교수로 정신분열증 환자의 재활분야 권위자로 성장한 김철권 선생이다.

하루는 회진을 돌면서 자기와 절친한 친구가 6개월 후에 군의관 입대를 하게 되는데 원장님을 돕는 GP(일반의사)로 일하게 해주면 좋겠다는 것이었다. 우여곡절 끝에 신경외과 김상훈 과장이 함께 일하고 있었으나 일손이 부족한 상황이었다.

나는 대환영이었다. 이 이야기는 이 책의 전반부에 이미 소개하였으나 중요한 역사적인 일이므로 다시 소개코자 한다.

나의 유일한 제자라고 말할 수 있는 그 의사가 지금의 봉생병원의 기둥인 이상훈 의무이사이다.

우리의 귀한 인연은 그렇게 시작되었다.

그 해 8월 말에 군 입대를 위해 병원을 떠났으나 이런 일화가 있었다.

이 선생은 회진을 함께 하면서 "신경외과 수술 환자의 예후가 이렇게 좋은 게 다반사입니까?"

아마도 대학병원에는 중환자가 많아서인지 험한 수술 결과만 보다가 기이하게 느낀 모양이었다.

"닥터 리! 신경외과 수술의 결과도 수술 현미경이 도입된 후 획기적으로 좋아졌소."

3년이 지난 어느 날 병원장 앞으로 편지가 왔다.

이상훈 선생이 보내 온 것이었다.

요지는 신경외과 공부를 하고 싶으니 도와줄 수 있겠느냐는 것이었다.

수소문을 해 본 결과 나와 인연이 깊은 예수병원에는 가능성이 있었다. 1989년 신경외과 수련의들은 모두 결정이 되었으나 전주예수병원은 병원의 경영이 어려워 신경외과 수련의는 안 뽑기로 했다는 것이다.

즉시 예수병원 병원장과 신경외과 주임과장과 협의를 하였다.

결론은 TO를 살려서 이상훈 선생을 받기로 하고 급여는 봉생병원이 예수병원에 매달 기부하기로 하였다. 위탁 교육이긴 했으나 봉생병원 신경외과가 최초의 수련의를 키우게 된 것이다. 봉생신경외과의 운명을 볼 때 이 것을 우연이라고 생각하지 않는다.

그동안 나는 봉생병원이 신경외과 수련병원이 되어 개인적으로 봉생이념을 전수하여 훌륭한 신경외과 전문의사를 양성하고 싶은 염원을 품고 있었다. 1996년 3월부터 신경외과학회로부터 수련병원으로 인정받게 되어 이 꿈을 이루게 되었다.

이 기간 동안 수련을 책임지고 노력해 주시고 봉생병원 신경외과의 맥을 이어 간 강창구 선생과 이상훈 선생의 노고를 잊을 수 없다. 그 해 4월에 15대 국회의원으로 당선됨으로써 수련을 직접 지도할 수 없었기 때문이다. 고교와 대학의 5년 후배인 강창구 선생은 훌륭한 소양을 지닌 전문의사로서 일본어도 잘하므로 한일 신경외과의 교류 협력에 기여한 공로가 크다. 부산에서 간질환자에 대한 수술을 하는 신경외과 전문의가 없었으므로 강창구 선생을 캐나다의 몬트리올의 맥길(Mcgill)대학 신경외과에 일 년 간 연수를 보냈고 동시에 신경과 노순기 과장을 존스홉킨스대학으로 동시에 연수를 보냈다.

봉생병원의 이념의 하나인 '봉생병원은 의학발전에 선봉이 된다'를 실천한 것이다. 귀국 후 두 사람은 이 분야를 개척하는 전문가가 되었다.

1996년부터 현재까지 수련병원으로 신경외과 전문의를 13명 배출하였다. 그 중 강민철, 이상윤 두 사람이 봉생병원 신경외과의 과장으로 일하고 있다. 참으로 감사하고 흐뭇한 일이다. 2016년부터는 육체적으로 힘든 신경외과를 지망하는 젊은 의사들이 없어 사실상 수련이 중단된 상태이다. 봉생병원의 맥을 이어가게 만들었던 심재홍 교수님의 수제자인 노승진 과장과 추연수 과장이 발군의 인품과 능력을 보여 강민철, 이상윤 두 과장과 함께 봉생병원 신경외과의 맥을 이어갈 준비를 하고 있다. 봉생병원 신경외과의 수련의 출신으로 수년 간 성장을 견인해 왔던 최학기 과장이 중도에 포기하고 병원을 떠난 것이 못내 아쉽기도 하지만 언젠가는 회귀할 것을 믿고 있다. 사람을 못 구해 전전긍긍하던 옛날을 생각하면 격세지감이 없을 수 없다.

이상훈 선생은 예수병원에서 수련 중에도 여름휴가 때는 하루 이틀 봉생에 와서 함께 수술을 하곤 하였다. 기회가 있을 때마다 나는 갖고 있는 모든 지식과 경험을 나누려고 했던 기억이 난다.

이상훈 선생은 드디어 1993년 2월에 신경외과 전문의사가 되었고 당연히 봉생병원으로 오게 되었다.

진작부터 그의 인품을 알고 나의 뒤를 이을 재목이라는 판단을 하고 있었다. 일단 일을 시작하게 되면 해외여행도 하기 어려우니 최첨단의 의료를 시찰할 겸 미국으로 함께 여행을 떠나자고 제안하였다.

마침 1993년 2월 말에 아리조나대학과 MIDAS REX INSTITUTE 공동 주최로 TUCSON에서 워크샵이 있었다.

우리는 로스엔젤레스에서 USC의 대학병원과 UCLA 병원을 방문한 후 라스베가스와 그랜드캐넌 등을 관광하였다. 그리고 아리조나 주의 투손에 가서 현미경수술 워크샵에 참여하였다. 투손의 아리조나대학에서 교수로 있는 NYU 시절 이후 오랜 친구인 Jack Dunn 교수의 가족들과 즐거운 시간을 가질 수 있었다.

이 대목에서 떠오르는 한 가지 감사한 일이 있다. 이상훈 선생의 부인은 서울 분이고 부산에는 지인이나 연고자가 없어 걱정을 하였으나 잘 적응해 줘서 얼마나 감사한지 모른다. 왜냐하면, 천하 없는 장사도 부인이 서울로 가자고 하면 도리가 없을 것이기 때문이다.

내가 3년 후 국회의원이 될 것이라고는 아무도 생각하지 않을 시점이었는데 자연스럽게 그는 나의 후계자 수업을 하게 된다.

당시 봉생병원이 주최하고 있었던 김원묵기념 추모학술회에 미국의 플로리다대학의 로톤(Albert Rhoton) 교수와 다음 해에는 독일 하노버의 사미(Samii) 교수가 초청되어 부산에 오게 되었다. 학회장과 파티장에서 이

잭의 장모이신 Phyllis는 한국 방문했을 때, 한국인 피를 타고 난 사위 생각에 두 따님의 한복을 구입해 갔고 함께 한복을 입고 기념촬영을 하였다. (1993. 2월)

상훈 선생이 그 분들을 대접하고 안내하여 자연스럽게 친분을 쌓게 되었다. 그 후 이상훈 선생은 로톤 교수에게 가기로 되었으나 사정이 생겨 현미경 미세수술을 배우기 위해 피츠버그 대학의 자네타 교수와 독일의 Samii 교수에게 각각 6개월 간 연수를 다녀오게 되었다.

나는 1996년 정계로 뛰어들 시점에 안면경련증 수술과 뇌동맥류 수술에 전문가가 되어 있었지만, 정치인으로 변신함으로써 더 이상 수술을 하기 어려운 상황이 되었다. 국회의원이 된 후 5년 간을 안면경련증 수술은 계속 하였으나 2001년도 부터는 이상훈 선생이 맡게 되어 오늘에 이르렀다. 진작부터 이를 예견이나 한 듯이 이상훈 선생을 준비토록 해 그가 나의 뒤를 이어 이 수술들을 할 수 있게 되어 얼마나 감사한지 모른다.

이제 이상훈 선생은 안면질환 등에 대한 혈관 감압수술과 뇌동맥류 수술 분야에서는 국내외적으로 인정받는 명의가 되었다. 2018년 9월부터 아시아 미세혈관 감압술 학회 회장을 맡았으며 한국 회장도 맡게 되었다. 이것의 의미는 그가 이 분야의 대가가 되었다는 것이다. 매년 스승의 날에 한 해도 빠트리지 않고 나에게 감사 선물을 보내는 것에도 고마울 뿐이다. 그의 장남인 이환희 군이 올해 의대를 졸업하여 군 복무 중인데 앞으로 신경외과를 하겠다 하여 얼마나 기특한지 모른다. 훗날 이환희 군도 봉생의 신경외과 맥을 잇는 세계적 대가가 되길 기원해 본다.

지난 일들을 돌이켜보면 수많은 우여곡절 끝에 이만큼 성공한 삶을 살아올 수 있게 해 주신 것에는 나의 노력보다 하나님과 조상님들이 돌봐주신 덕분이 아닌가 한다.

국회의장 때 별명이 '운칠복삼'인 것도 우연이 아닌 듯하다. 이제 양 병원 신경외과에 과장들이 각각 6명으로 열심히 해주고 있으니 봉생병원 신경외과의 명성은 향후 백 년은 보장되었다 싶으니 기쁘기 한량없다.

　재선 국회의원이던 2003년으로 기억된다. 광주에서 행사에 참여하고 부산으로 오는 길에 순천에 들렀다. 나와 봉생에서 15년 간 함께 일하고 동래봉생병원의 신경외과를 반석 위에 올렸던 김호경 과장이 2001년 12월 간염을 앓게 되었다. 힘든 신경외과 수술을 할 수 없게 되자 스트레스를 줄이고 휴식을 취하기 위해 퇴직을 하였다. 참으로 마음이 아팠으나 그를 보내줄 수밖에 없었다. 몇 년 후 순천에 조그만 병원을 개업했다는 소식을 들었고 축하도 할 겸 들른 것이다. 그것이 그와의 마지막 만남이 되었기에 이 책을 쓰면서 그를 떠올리지 않을 수 없다.
　김호경 선생은 직원들과 간호사들에게 인기가 많았다.
　차분한 성격이 미세혈관 수술에 딱 들어맞는 성실한 분이라 나의 수제자로 성장하고 있었는데 간염 증세의 악화로 병원을 떠나게 된 것이다. 김호경 선생은 개인적으로는 친형제처럼 나와 우정을 나누었던 신경외과의 인재였다. 그는 광주고를 졸업하고 전남의대에서 우정현 교수의 제자로 전문의가 된 후, 1986년 3월 1일 자로 봉생에 왔었다.
　그를 통해서 1980년 5월 18일 광주 민주화운동 때의 현장 얘기를 생생히 듣기도 하였다. 당시 그는 전남의대 신경외과 레지던트였으며 나는 뉴욕대학병원에서 근무 중이었다. 김호경 선생의 헌신적 노력을 영원히 잊을 수가 없을 것이다. 그의 명복을 빈다.
　몇 년 전 이상훈 선생의 추천으로 그와 의대 시절 절친이었던 박화성 선생이 봉생병원 신경외과의 중요 팀원으로 합류한 것도 동래봉생병원의 신경외과 미래를 밝게 해주는 일이 아닐 수 없다.

옛날 달마 스님이 중국으로 와서 선불교의 초조가 되고 6조 혜능 스님 때까지는 법맥을 잇는 증표로서 금란가사가 전해졌으나 그 후부터는 금란가사를 전하는 것이 중단되고 선불교가 세상에 널리 퍼져 수많은 대선사들

김원묵기념 봉생병원 신경외과 팀
앞줄왼쪽부터 최학기, 이상훈, 박강화, 뒷줄왼쪽부터 추연수, 채길성, 강민철

동래봉생병원 신경외과 팀
왼쪽부터 성승언, 심재현, 노승진, 박화성, 최유석, 이상윤

이 탄생하였듯이, 봉생병원의 신경외과의 법맥이 김원묵 박사를 초조로 시작하여 심재홍 선생, 김수휴 선생, 정의화로 이어져 오고 김호경, 강창구, 이상훈 선생과 박화성, 박강화 선생으로 맥이 이어지고 그 후에는 노승진, 채길성, 최유석, 성승언, 심재현, 추연수, 강민철, 이상윤 선생 등 수많은 뛰어난 봉생 신경외과의 인재들이 나타나 천년만년 봉생의 이념과 철학을 이어갈 수 있게 된 것은 큰 홍복이 아닐 수 없다.

의과대학 은사이셨던 이영우 교수님께서 2002년 정년퇴임을 하셨다. 교수님은 외과적 수술보다 뇌신경생리학을 연구하신 분이다. 본과 3학년 신경외과 과목의 첫 시간 강의를 교수님께서 하셨다. 칠판에 "의사가 되기 전에 인간이 되라"고 크게 쓰시고 강의를 시작하셨다. 너무도 당연한 말이지만 나에게 지대한 영향을 준 문구가 되었다. "무엇이 되기 전에 인간이 되어야 한다." 항상 나를 따라다니는 가르침이다.

이영우 교수님은 김원묵 박사님과도 인연이 있는 분으로 김원묵 추모 국제학술회 행사 때마다 많은 헌신적 노력을 해 주셨다. 30년 이상 부산대학교 신경외과를 성장시켜 오신 분으로 수많은 제자를 키워내시었다. 나는 퇴임 후 교수님께서 몸을 의탁할 만한 곳이 없다는 것을 알고 10년 간 명예원장으로 모시겠다고 제안하였고 2011년 말까지 동래봉생병원 명예병원장으로 재직하시었다. 지금도 은혜를 입은 은사님께 제자로서 도리를 다했다는 자부심을 가지고 있다.

주여… 주여… 주님을 열 번 찾다

1996년 4월, 15대 국회의원에 출마하여 당선됨으로써 예약 수술이 가능한 안면경련증에 대한 미세혈관 감압술 외에는 신경외과 의사로서 집도는 할 수 없게 되었다.

도시고속도로를 타고 다니면서 양 병원의 신경외과 수술을 도맡아 하던 그 열정을 내려놓고 정치인이 되었으며 하절기와 동절기에만 약 25례 정도씩 하던 안면경련증 수술마저도 2000년에 재선 의원이 된 후 중단하였다. 2002년부터는 이상훈 선생에게 모두 맡기고 사실상 신경외과 의사로서 수술은 더 이상 하지 않았다. 2016년 정계는 떠났으나 이제 해야 할 다른 일들이 많기도 하지만 더 이상 진료와 수술을 한다는 것은 어울리지 않아 신경외과 의사로서의 진료와 수술은 은퇴하였다.

내가 수련을 받을 때부터 뇌동맥류 수술에서 가장 당황스러운, 소위 수술대 위에서 사망(table die)할 수 있는 경우가 있다. 그것은 뇌동맥류에 도달하기 전에 뇌동맥류가 터지는 경우이다. 소위 조기파열(premature rupture) 현상이다. 신경외과 전문의로서 1982년 첫 뇌동맥류 수술을 하고 1996년 2월까지 14년 간 약 500여 례의 뇌동맥류 수술을 해 오면서 말로만 들었던 이 경우를 유일하게 한 번 경험하였다. 전교통동맥류였는데 병소와 꽤 멀리 떨어진 실비안(Sylvian fissure)을 열기 시작했는데 예상치 않게 갑자기 전교통동맥류가 다시 파열된 것이다. 순식간에 수술 시야는 빨간 동맥피로 차게 되었다. 그 순간 내가 기억하는 것은 "Oh, my god!"이라고 소리낸 것 뿐이었다. 약 30분 간이라고 기억된다.

  이 경우 집도의는 당황하지 않고 차분한 마음을 가지고 대처해야 한다. 결코 쉬운 일은 아니며 어느 경지에 도달해야 가능한 일이다. 마취과 과장의 협조로 혈압을 잘 조정하면서 차분하게 대처해나갔다. 우선 혈압을 낮추도록 지시하고 출혈 부위를 지혈하는데 집중하면서 피로 범벅이 되어 있는 수술부위를 정리해 나갔다. 왼손에는 샥숀을 쥐고 오른손에는 Bipolar forcep을 잡는 평상시처럼 극도의 긴장 속이었으나 차분하게 수술을 진행해 갔다. 신경을 집중하고 조수에게 수술 부위를 세척하기 위해 계속 물을 뿌리게 하면서 샥숀 tip과 Bipolar tip으로 번갈아 가며 출혈 부위를 적절한 압력으로 눌리면서 응급사태를 진정시켜 갔고 출혈이 멎은 후 수술 부위를 다시 깨끗하게 정리할 수 있었다. 그것은 생명과의 사투였다. 마지막 두세 조각의 서지셀(surgicel. 지혈을 위해 사용하는 특수천)을 출혈 부위에 두고 적절한 압력으로 샥숀 팁으로 압박을 가하면서 동맥류의 목 부분을 찾아 들어갔다. 동맥류의 목 부분을 찾아 클립(clip)이 가능하도록 박리한 후 클립핑(clipping)을 함으로써 위기 상황이 종식되었다.

수술 중 이렇게 예기치 않은 사태가 벌어지는 경우에는 대부분 가슴이 뛰고 손이 떨린다거나 하는 것을 상상할 수 있는데 이날따라 이상하리만큼 매우 차분한 가운데 모든 신경을 집중하여 차근차근 사태 해결을 할 수 있었다.

지금 그 순간을 떠올리면서도 약간의 흥분이 생기는 정도인데 당시를 연상해 보면 참으로 다행이었고 얼마나 감사한지 모른다.

국회부의장 시절 한미 FTA 법을 본회의 상정할 때 민노당 의원의 최루탄 사건은 유명한 사건이다. 동료 의원들이 하나같이 당시에 의장석에서 조금도 당황하지 않고 의연하게 대처한 것을 높이 평가해 주었다. 신경외과 의사로 수많은 응급 상황을 겪은 나는 침착하게 상황에 대처할 수 있었던 것이다.

한바탕 폭풍우가 지나고 고요함이 깃든 것처럼 다시 모든 것이 정상화된 후 뇌경막을 꿰매고 있는데 스크랩을 하던 이세레나 여사가 "원장님께서 주님을 열 번 찾았고, 그리고 열 번만에 clip이 성공하였습니다."라고 하시는 것이 아닌가?

내가 "주여…" 하고는 한참을 수술하고는 또 "주여…" 하고 수술을 진행하였다는 것이고 그렇게 주를 열 번 찾았다는 것이다.

나는 "오 마이 갓" 했던 것 외에는 기억이 없었다. 이세레나 여사는 처음 한두 번은 워낙 이 수술에 자신감이 많은 분이라 장난 삼아 그러시는 줄 알았다는 것이다. 그러나 그 진지함에 그게 아니구나 싶어 세기 시작했다고 하였다. 참으로 기이한 일이었다. 나는 이대성 조수실장에게 "이 선생, 이 말이 사실입니까?"하고 물었다. 사실이라는 것이다.

하느님이 내 곁에서 도와주셔서 스스로 놀랄 정도로 차분한 가운데 인명을 구해낸 것이구나 하고 생각할 수밖에 없었다.

한 달쯤 지났을까? 이 여사께서 선물을 가지고 오셨다. 십자가에 예수님이 목을 떨어트리고 매달려 있는 주물로 만든 예술성 또한 높아 보이는 십자가였다. 홍익대학교 조소과 교수께서 만드신 것으로 신부님께서 강복해 주신 것으로 오랫동안 가보로 보관해 왔다는 것이다.

이 여사가 기증한 십자가상

이 여사는 슬하에 세 아들을 두었는데 당시 신학대학에 다니는 두 아들(둘 다 가톨릭 신부가 되었다)과 장남과 의논을 하였으며 수술 중에 일어난 일을 들려주면서 이 십자가의 주인이 정의화 원장님이 되시면 좋겠다고 말하니 세 아들이 흔쾌히 승낙하였다는 것이었다.

그 후 지금까지 거실의 벽에 걸어두고 가끔 올려다보며 예수님과 대화를 나누기도 한다.

1995년 2월에 인제대학교 예방의학 교실에서 의학대학원 입학 4년만에(수술 등으로 출석 미달해 한 해 낙제함) 박사학위를 받게 되고 봉생병원에서 직접 집도한 수술례만으로 세계적인 신경외과 저널인 《NEUROSURGERY》 1997년 4월호에 수록되기도 하였다. 박사학위는 병원장인 나에게는 사치로 생각되어 1978년에 연세대학에서 의학석사를 받은 후 포기하고 있었는데 1991년 어느 날 인제대학 예방의학 교실의 이채언 교수님께서 처음으로 박사학위 과정이 허락되어 1기 박사로 나를 하고 싶다는 요청에 동의하였기 때문이다.

1995년 12월 18일부터 제15대 국회의원에 출마할 결심을 하고 1996년 2월 7일 신한국당의 부산 중동구 후보자로 공천이 확정되었다. 따라서 실질적으로는 1996년 2월말로서 나의 18년 간의 신경외과 전문의 활동은 중단되었다. 국회의원이 된 후 약 6년 간은 하절기와 동절기에 안면경련증에 대한 MVD(혈관감압술) 수술을 한 해에 50례 정도 하였다. 그 이유는 깨끗한 정치를 하기 위해 스스로 돈을 벌어서 정치하겠다는 의미였다. 1996년 국회의원이 되기 전 해인 1995년 보낸 논문이 국제학술지에 게재됨으로써 대미를 장식하게 된 것도 우연이 아니라는 생각이 들었다.

신경외과 의사로서 일정 부분 성공하였다고 생각한다. 병원 경영에서도 수많은 역경을 이겨내고 현재도 수백 가지 어려움이 있으나 성공하였다고 자부한다. 병원 경영이 어려운 것은 1,200여 명의 병원 식구들의 잘못이 아니라 잘못된 우리나라의 의료 정책과 건강보험의 비현실적 수가 때문이다. 따라서 정책이 바로 되면 경영의 어려움은 해결될 것이라는 마지막 희망을 갖고 있다. 신경외과 의사로서 모든 것을 정리하게끔 박사학위 영득과 국제 학술잡지에 수록되는 기쁨도 갖게 되었고, 다음 해에 운명처럼 국회의원으로 일하게 되었던 것이다.

20년 간 의정활동 중에 4곳의 대학에서 명예박사를 받게 되었다. 2002년 국립해양대학교에서 명예 경영학박사, 2009년 조선대학교에서 명예 정치학박사, 2011년 공주대학교에서 명예 교육학박사, 2015년 전남대학교에서 명예 법학박사를 받았다.

지금도 많은 사람들에게 자랑하는 것이 있다. 부산 사람으로서 전라도에서 명예 시도민이 된 것이다. 2008년 1월 여수 명예시민을 시작으로 2008년 11월 광주광역시 명예시민, 2014년 8월 명예 세종시민, 2014년 11월 명예 전라북도민, 2016년 11월 명예 고흥군민이 된 것이다. 박병종 고흥군수는 민주당 고흥지역위원장을 겸하고 계신다. 성품이 활달하고 열린 분으로 고흥의 문제를 함께 고민해 준 의장이라고 사석에서는 형님으로 호칭하고 지금도 가끔 고흥의 특산물인 꼬막과 해산물을 보내주기도 하고 전화하여 살갑게 대해 주시는 분이다.

고희가 되는 2017년에는 훈장 복이 터졌다. 5월 9일에는 한일관계의 우호협력에 기여한 공로를 인정받아 외국인에게 수여하는 훈장 중 최고의 훈장으로 일본 천황이 직접 수여하는 '욱일대수장'을 한국 국회의장으로는 최초로 받았고, 7월 17일에는 대한민국 국민훈장 '무궁화장'을 받았다. 모든 이들의 은덕 덕분이 아닐 수 없다.

국회의장으로 정계를 떠날 때까지 스스로 교만하거나 오만하지 않도록 나름의 노력을 하였다. 원래의 본성대로 변하지 않는 삶의 자세로 살아가기 위해 자신을 다독거려 왔다.

일본 정부 : 욱일대수장

대한민국 국민훈장 무궁화장

부모님과 처가 부모님, 그리고 형님과 형수님, 아내와 가족들의 적극적이고 헌신적인 사랑의 덕분으로 오늘이 있었다.

신경외과 의사로서 그리고 병원을 운영해 오면서 만난 수많은 사람들, 그들과의 인연을 늘 소중하게 생각해왔다. 살아오면서 끈끈하게 맺은 수많은 인간관계를 잊지 않고 이어갈 것이다. 하버드 대학의 성인발달연구소의 75년 간의 연구의 결론은 양질의 인간관계가 삶을 행복하게 만들고 건강하게 한다고 하였다.

부모와 아내, 세 아들과 세 며느리들과 손주들, 친구들과 동료들, 정치인생에서나 의사로서의 인생에서 맺은 수많은 인간관계를 잘 유지하기 위해 남다른 노력을 해왔고 해 나갈 것이다. 그래서 지금 건강하고 행복한지 모를 일이다.

영락없는 노년기에 접어들었으므로 스위스의 철학자 앙리 아미엘의 말처럼 "어떻게 늙어가야 하는지 아는 것이야말로 으뜸가는 지혜"라는 그 지혜를 찾고 있다.

나의 인생이 한 편의 위대한 연극이라면
1막은, 1967년 의과대학에 입학할 때까지의 청소년 시기이고
2막은, 미국에서 연수를 끝내고 귀국한 1981년까지며
3막은, 국회의원이 되던 1996년까지의 신경외과 전문의사와 봉생병원 원장 시절
4막은, 2016년 국회의장을 끝으로 현실 정치를 떠난 21년 간의 정치인 시절
5막은, 2017년 고희가 된 시점부터 세상을 떠나는 순간까지로 정리할 수 있겠다.

삶이라는 위대한 연극에서 가장 어렵다는 5막은 노장사상의 무위자연의 정신과 상선약수의 철학으로 프로이드가 말했듯 일하며 그리고 사람들과 자연을 사랑하며 채워 갈 것이다.

1부

후기

　만 70세가 된 것을 기념하기 위해 아내가 한 번도 가보지 못한 오스트리아와 스위스로 여행을 떠났다. 38년 전 세계적인 신경외과 의사가 되겠다는 야심을 품었던 나는 NYU에서의 펠로우십을 끝내고 아내와 생후 4개월 된 첫아들을 부산에 보내고 뇌혈관 수술의 세계적 권위자이신 케나다의 드레이크 교수와 스위스 취리히대학의 야사길 교수에게서 각 한 달씩 사사를 받은 적이 있다. 당시 약 4주 간의 서유럽 여행을 다녔다.
　스위스의 이름다움과 예술의 도시 비엔나와 잘쯔버그에서의 추억들을 만 70세가 되는 기념으로 사랑하는 아내와 함께 오스트리아와 스위스를 여행하기로 하였던 것이다.
　그러나 열 시간의 비행 끝에 비엔나에 도착하자마자 예상치 못했던 일이 벌어졌다. 도착과 함께 상복부 통증이 심해지면서 왼쪽 옆구리의 통증이 차츰 악화되어 첫날 밤을 격심한 통증 속에 잠을 이룰 수가 없었다. 급성 췌장염과 요로 결석이 의심되어 현지 병원을 찾았고 혈액검사와 초음파 검사결과 다행히 사망률이 높은 급성 췌장염은 아님이 판명되었으며 좌측

요로결석으로 인한 통증으로 진단받고 응급 치료 후 바로 귀국하게 되었다.

평생 동안 수많은 여행 중에 기후도 좋은 날이 대부분이었으며 수많은 일정도 차질없이 소화해 낸 건강을 지녔던 나도 세월은 어쩌지 못하나 싶었다. 아내에게 오히려 고생만 시킨 것 같아 미안하기 짝이 없었다.

아무튼 70세가 되어 지난 삶을 뒤돌아보니 내가 세상에 태어나게 된 것에는 크게 세 가지의 이유가 있었던 것이 아닌가 한다.

하나는 영일 정 씨 가문을 빛내라는 소명이 담겨 있었다고 생각된다.

부친의 출생은 1920년 콜레라로 하루 한 명씩 세 딸을 잃은 조부모의 결단으로 이루어졌다.

할머니께서 43세 연세로 새삼 자식을 갖게 된 것이 윤 자 호 자 아버지이시고 그 아버님께서 영특한 두뇌를 타고 나셔서 가문이 일어서는 계기를 만들게 된다. 장남인 정헌화 박사는 신경외과 전문의사가 되었고 형님의 뒤를 좇아 신경외과 전문의가 된 나는 1996년 15대 총선에서 국회의원이 되고 포은조 자손으로는 600여 년만에 가장 높은 지위인 국회의장이 된 것이다.

여담이지만 나는 태어나 돌을 지내기 전에 콜레라에 감염되어 사경을 헤맨 적이 있었다 한다. 망연자실한 아버지가 잠시 오수 중에 조부께서 현몽하셔서 "야야 의화가 죽어가는데 너는 뭐하고 있노? 인삼 얼마와 대추 얼마 등등 삶아 먹이면 되는데 ……." 하셨다는 것이다. 그 처방이 너무나 생생하여 바로 약재를 구해서 달여 먹이니 흰 설사가 멎고 살아났다는 것이다.

나의 이름을 지어주시고 3일만에 세상 떠났던 조부께서 콜레라로 사경을 헤매던 나를 살리신 것이다. 우연일까?

이제 큰 대과 없이 국회의장의 소임을 다하여 영일 정 씨 가문의 명예를 드높였으니 출생의 첫 소명은 이루었다.

탄생의 또 하나의 의미는 처가에 대한 것이 아닌가 한다. 봉생신경외과로 성공한 빙장어른의 타계로 몰락 직전까지 갔던 처가와 병원을 살렸으니 이제 훗날 처부모님의 고향인 북한 땅에 봉생병원을 건립하는 것이 남은 일이라고 생각한다.

대한신경외과학회 설립의 지대한 공로자였던 빙장어른께서 50세의 나이로 청량리 대왕코너 화재 사건으로 타계하는 비극이 벌어지고 이로 인해 나에게 주어진 임무를 나름으로 최선을 다해 오늘에 이르렀다. 다만 남북관계가 어지러워 아직 북에 봉생병원을 건립하는 일이 어려워 안타깝다. 이제는 자식들의 몫이 될 듯하나 나름으로 15년 전에 남북의료협력재단을 만들어 통일부 등록단체로써 의료지원사업을 전개해 왔다.

세 번째 출생의 의미는 나라를 위한 것으로, 강직한 심성을 갖게 하여 박근혜 정부 시절 국회의장으로 대의민주주의를 지켜내게 했던 일이 아닌가 한다.

지난날을 돌이켜 보면 이 세 가지가 나의 출생의 이유라고 여겨지고 이 세 가지를 거의 이루었으니 여한이 없다는 생각이다.

남은 여생은 모든 짐을 내려놓고 가족과 더 많은 시간을 보내며 창공 가문의 철학을 정립하고 어려운 여건의 병원을 반석 위에 올리는 일과 예비 정치인들이나 시민들을 위한 민주 시민교육에 이바지하는 것이라고 생각한다.

그 실천으로 관련 강좌를 2018년 8월 31일에 시작하였다. 인생 여정에서 행복하고 건강한 삶을 살아가려면 가족과 절친한 친구들, 함께 일하는 동료들, 그리고 훌륭한 지인들과 얼마나 좋은 관계를 맺느냐에 달려 있다는 것이 하바드대의 성장발달 연구소의 연구결과이다.

바쁘다는 핑계로 가장 소중한 일에 소홀해지는 경우가 왕왕 생기는 것이 문제이긴 하다. 그러나 정치를 떠난 지금부터라도 그간 소홀했던 가족들과 더 많은 시간을 가지고 도움 받았던 분들과의 인연을 이어가고자 한다.

병원 경영이 힘들다. 그렇다고 포기할 수도 없다. 나라가 존재하는 한 병원은 국민건강을 지키는 보루로써 생존해야 하고 발전해가야 하기 때문이다. 나라가 건강보험에 따르는 잘못된 의료정책과 현실과의 괴리가 큰 의료수가를 정상화시키지 않으면 우려되는 바가 한둘이 아니다.

기업경영에 있어서도 중요한 것은 기업이 추구하는 가치가 무엇인가이지만 그 가치를 함께 추구해 갈 사람들이 얼마나 많이 함께 하는가가 기업의 승패를 좌우한다는 것 또한 상식이다. 우리는 봉생 이념을 존재가치의 중심에 두고 있으며 봉생병원의 의료진과 경영진은 그 가치를 실현하기 위해 함께하는 동료들이다.

그래서 나는 행복한 사람이라고 자부한다.

삶 속에서나 병원 경영에서나 정치인생에서도 인복이 꽤나 많은 편이라고 여기고 있다.

신경외과 의사로서 또한 병원장으로서 살아온 1973년 이후의 삶을 정리하면서 봉생병원에서 만났던 수많은 가족들을 추억하고 감사를 표하고 싶다. 그분들이 없었으면 나의 인생은 결코 성공하지 못했을 것이며 오늘의 봉생병원도 존재하지 않았을 것이다.

특히 여러 분들의 도움이 없었다면, 1974년 11월 2일 설립자이신 김원묵 박사의 타계로 26세의 젊은 나이였던 나는 쓰나미처럼 덮쳐왔던 봉생병원의 위기를 이겨내지 못하였을 것이다. 보은을 항상 염두에 두고 살아왔지만 그 분들에게 보답도 제대로 못한 경우도 많을 것이고 어떤 이들은 나를 원망하기도 하였을 것이나 여러 가지 부족한 사람으로서 다만 용서를 바랄 뿐이다.

이제 정치인이나 병원장으로서 일선을 떠나 마음을 비우고 인생의 제5막을 멋지게 장식하며 마무리하려고 한다. 그간 함께해 준 모든 분들에게 진정으로 감사드린다.

보답은커녕 누가 될지 모를 일이나 봉생병원과 나의 역사에 그 분들의 함자를 남기고자 한다.

김원묵 박사가 타계하시어 봉생병원이 존폐의 기로에 섰을 때 큰 도움을 주신 두 분을 영원히 잊을 수가 없다. 당시 부산의과대학을 졸업한지 2년도 채 안 된 시점에서 약혼한 후 2달째에 양가 부모님께서 혼인신고를 하여 법적 사위가 되었다. 처이모의 소개로 석신덕 장모님께 접근한 송 모 변호사의 꾐에 속아넘어가지 않고 상속을 정상적으로 받도록 세무적 조언을 아끼지 않으셨던 설찬수(당시 부산 사진작가협회장이셨고 부산지방국세청 과장으로 재직) 어르신과 당시 봉생병원의 진료부장 겸 정형외과 과장이셨던 이채현 선생님이 바로 그 두 분이시다. 1968년 남광회 주최 전국 사진촬영대회의 대학생부 특선과 준특선을 함께 한 인연으로 남광회 회원이 되었고 당시 회장이셨던 설찬수 선생님과 인연을 맺게 되었던 것이다.

당시 세상물정에 어두웠던 내게 사진으로 맺은 인연으로 상속에 따르는 제반 사항에 많은 조언을 해 주셔서 큰 도움이 되었다. 따라서 사진은 단순한 취미를 뛰어넘어 내 인생에 특별한 의미를 가지게 된 것이다. 우연일까?

이채현 선생님은 경북의대 재학 중 학생회장을 역임하신 분이며 침례병원 정형외과 과장으로 근무하셨고 봉생병원의 정형외과 역사에서 초대 과장님이 되신다. 성품이 온화한 가운데 강직하시고 정의로운 분으로 1975년 초 함께 성분도병원과 침례병원의 내규를 참조하여 수일 간의 작업 끝에 체계적인 경영을 위한 봉생병원의 내규를 최초로 만들게 되었다. 다음해 심재홍 선배께서 병원장으로 오실 때까지 위기의 봉생병원을 구하기 위해 진료부장으로서 역할을 확실하게 해주신 은혜가 크다.

뿐만 아니라 초대 정형외과 과장으로서 소임을 충실히 해주셔서 남기천 선생과 성병년, 박주완, 장재원, 박재근, 조일재, 허준오 과장으로 이어지는 봉생병원 정형외과의 역사를 만들어가게 하신 분이다.

우리나라 의료계의 취약한 부분 중 하나인 회복기 환자에 대한 재활치료의 향상을 위해 정형외과와 재활의학과의 협진체계를 구축할 필요성에 지금도 관심이 크다. 고령화 사회에서의 정형외과와 재활치료, 스포츠의학 등의 중요성은 점차 커지고 있다.

정계를 은퇴한 이후 문재인 정부의 향후 의료정책 방향을 예의 주시하면서 봉생의 미래를 고민하는 이유도 거기에 있다.

의학도이던 시절부터 구상하였던 병원의 전달 체계는 급성기병원, 아급성기병원으로 재활병원, 만성기병원인 요양병원과 치매병원, 요양원을 만드는 것이었다. 정부의 잘못된 건강보험 정책과 일방적 규제 위주의 각종 병원정책으로 인해 병원계의 미래가 암울한 현 시점에서도 그 꿈을 버리지 못하고 있다. 현직 국회의원 시절에도, 고령화시대에 걸맞게 정부는 노인

석신덕 장모님과 직원들
정형외과 이채현 진료부장(오른쪽 끝), 신경외과 이상원 과장님(뒷줄 왼쪽 끝)을 비롯
김석철, 박종만, 손수길 선생과 간호부장 등(1976-1977년 추정)

복지를 위한 민간투자가 늘어나도록 정책을 펼쳐가야 한다고 목소리를 높였던 이유도 그래서였다.

　일본은 선진국답게 의료보험 정책을 어디까지나 시장경제체제를 존중하는 가운데 복지라는 특수성을 고려하면서 펼쳐가고 있으나 우리의 경우는 그 반대로 가고 있는 것이 분명해 보인다. 1977년 의료보험제도를 도입할 당시에는 일본의 의료보험 제도를 그대로 베끼다시피 하였으나 갈수록 반시장주의적으로 정책을 펼쳐가고 있으므로 구상하고 있는 병원 전달 체계를 생전에 완성하기는 어렵다는 생각이다. 그러나 그저 포기하고 관망만하고 있기엔 남은 인생의 기간이 길지 않으므로 결단을 내려야 할 시점이라고 생각하고 있다. 그러나 이제 모든 것을 내려놓아야 할 때이므로 갈등이 클 수밖에 없는 것도 사실이다.

　봉생병원의 재활의학과가 물질주의에 젖어가는 세태 탓에 날개를 펴지 못하고 있으나 오랜 친구인 박창일 전 세브란스 병원 의료원장 겸 부총장에 대한 감사함을 빠트릴 수 없으며 현재 원주 연세대 병원장인 재활의학과의 이영희 선생을 잊을 수 없다. 이 두 사람의 노력으로 기틀을 닦고 현재는 출중한 인품과 능력의 소유자인 최용석 과장과 성실한 송재민 과장으로 이어지고 있다. 언젠가는 봉생병원의 재활의학과가 영남 제일의 현대식 재활병원이 되기를 희망해 본다.

신경외과의 심재홍 원장님과 김수휴 원장님에 관하여는 본문에서 여러 차례 이미 기술한 바가 있을 정도로 그 공헌이 지대하다.

김원묵, 심재홍, 이상원, 김수휴, 김승일, 정의화, 김상훈, 김호경, 강창구, 이상훈, 박화성, 박강화, 최학기, 심재현, 노승진, 최유석. 성승언, 강민철, 추연수, 채길성, 이상윤 선생으로 맥을 이어가는 신경외과는 국내 최초의 신경외과 전문병원으로 출발한 역사에 걸맞게 발전을 거듭해 오고 있다.

이미 수차례 기술한 바가 있지만 봉생신경외과 역사에서 나홀로 고군분투하던 시절 크게 은혜를 베풀어 주셨던 경희대의 임언 교수님과 부산대의 이영우 은사님과 최창화 교수, 동아대의 김형동 교수의 지원이 없었으면 신경외과를 성장시킬 수가 없었을 것이다. 그에 대한 고마움은 필설로 다 하기 어렵다.

동래봉생병원의 초대 신경외과장이었으며 나의 수제자 중 한 사람인 김호경 선생은 봉생 역사에 중요한 한 사람이다.

짧은 기간이었으나 함께 일해 준 고교 동기생인 김상훈 선생과 생선회를 좋아했던 찍새 별명의 지연근 과장과 양재영 선생, 봉생의 기둥으로 기대했으나 나의 잘못으로 중도하차한 주상욱 선생도 뺄 수 없는 분들이다.

갈수록 육체적으로 고되고 스트레스가 많은 신경외과 지망 의사가 급격하게 줄고 있어 걱정이 이만저만이 아니다. 일본도 9천여 명의 신경외과 전문의 중 천여 명 정도가 활동적이며 힘든 수술은 기피한다는 것으로 보아 세계적 추세로 여겨진다. 하지만 정부차원의 대책이 생기지 않으면 조만간에 국민 건강을 지키는 보루의 한 켠이 무너지게 될 것이라는 우려가 크다.

봉생병원은 신경외과, 내과, 정신과 등의 전공의 수련병원의 요건을 갖추고 있으며 신경외과에서도 여러 명의 전문의를 배출한 바 있다.

뇌동맥류 4천례, 안면경련증과 삼차신경통의 혈관감압술 3천례 등을 비롯하여 뇌종양, 고혈압성 뇌출혈, 모든 종류의 척추수술 등 세계 어디에 내세워도 손색없는 신경외과 센터병원이 되었다.

정부는 신경외과를 중심으로 외상센터의 역할을 해왔음에도 일부 대학병원을 지정하여 외상센터와 뇌졸중 센터병원으로 특혜를 베풂으로써 봉생병원처럼 지역사회에서 수십 년 간 묵묵히 그 역할을 다해 온 병원들에게 상대적인 피해를 입히고 있다. 어느 나라 정부인지 묻고 싶은 때가 한두 번이 아니다. 정부는 그로 인해 수많은 환자가 치료의 골든타임을 놓쳐 죽어가고 전문성 있는 2차 병원마저 경영난에 허덕이고 있는 사실을 언제까지 눈감을 것인지 궁금하다.

점차 진료영역을 확대해가는 뇌혈관 내로 접근하는 인터벤션 혈관 중재 시술에도 역량을 키워가는 성승은, 채길성, 추연수 선생도 열심히 봉생신경외과의 맥을 이어가기 위한 노력을 게을리 하지 않고 있다. 봉생의 혈관수술의 맥을 잇도록 전수 중임에도 최근 이직한 봉생병원 수련의 출신인 최학기 과장의 십 년이 넘는 헌신적 노력도 뺄 수 없다. 언젠가는 다시 돌아와 봉생신경외과의 맥을 동료들과 함께 이어주리라 믿고 있다.

　봉생병원의 시련기와 도약기에 마취과를 지켜주어 중환자들의 응급수술에 만전을 다할 수 있게 노력해 준 배완수 선생과 송군성, 박주열 선생의 공로도 간과할 수 없다. 마취과의 역사가 문이섭 부원장과 유재명 과장, 채창희, 김현목 과장으로 이어져 내려오고 있다.

　도약기에 해당되는 1983년 경으로 기억되는데 일반외과 초대 과장으로 노상현 선배를 시작으로 1985년 종합병원으로 발돋움할 때부터 30년을 함께한 이경윤 선생은 나와는 형제의 정을 나누고 있다. 이경윤 부장과 서상익 부원장, 송민상, 특히 2018년 초에 신장이식수술 1,000 회를 돌파한 외과의 허길 선생과 박종현 과장, 김동우 비뇨기과장의 지대한 공로는 영원히 봉생의 역사와 함께할 것이다. 허길 선생의 뒤를 이어가고 있는 봉생병원의 외과팀은 오늘의 신장질환 센터로 꽃필 수 있도록 기초를 닦고 가교 역할을 톡톡히 하고 있다. 봉생병원은 전국 어느 2차병원에서도 유례를 찾을 수 없는 신장이식 수술 1,000례의 금자탑을 쌓았다. 선배들의 뒤를 이어 박종현, 최상홍, 김동우 과장의 열정적이며 헌신적인 노력은 모든 봉생 의료진의 귀감이 되고도 남을 것이다.

　봉생병원이 종합병원으로 성장할 수 있는 결정적 계기를 만든 분이 신장내과의 권위자이셨던 이시래 선생님이라는 것은 이미 기술하였다. 이시래 선생님의 수제자인 김중경 현 의무원장은 대학교수로 명성을 떨칠 수 있는 자질을 충분히 갖추었음에도 봉생병원을 선택한 것은 우연한 일이 아니라 하늘의 뜻이 아닌가 한다. 완벽한 인성과 품성은 나에게 좋은 가르침이 되기도 한다. 뿐만 아니라 의학자적 양심과 자질은 모든 봉생 가족으로부터 존경을 받고도 남음이 있다.

비록 대학은 아니나 내과 전공의들의 수련을 통해 많은 후학을 키우고 있으며 동래봉생병원의 박용기 주임과장과 친화력이 강하고 실력파인 김성민 과장, 본원의 신용훈 과장, 하바드대학에 일 년 간 연수 중인 오준석 과장, 이진호 과장, 이동열 과장, 김희연 과장들로 국내 제일의 신장센터가 되고자 노력하고 있는 것이 참으로 흐뭇한 일이 아닐 수 없다.

이원호 진료부장을 필두로 전성만, 신재용, 박순원, 김형찬 과장과 동래봉생병원의 이태윤 진료부장과 예종수 과장이 신경센터병원과 뇌졸중센터병원으로 발돋움하기 위한 노력을 하고 있다. 신경과를 키워야겠다는 생각은 뉴욕대학병원에 근무하면서 신경과, 신경외과. 재활의학과의 유기적 진료체제를 보고 1981년 귀국 후 봉생병원에 도입한 것이 계기가 되었다.

당시엔 대학병원급의 병원조차도 신경과가 없던 시절이었다.

이 대목에서 크게 감사를 표하고 싶은 분이 당시 연세대 세브란스병원 신경과의 김진수 교수님이시다. 어떤 연고로 찾아뵈었는지는 기억에 없으나 연구실로 찾아뵙고 나의 소신과 포부를 말씀드리고 도움을 청했다. 세브란스병원에서 수련 중일 때 잊을 수 없는 분이 신경과의 이수익 교수님이시다. 이수익 교수님으로부터 의사로서 진료에 임하는 기본자세를 배웠고 학구적이고 품격 높은 의사의 자세에서 많은 영향을 받았다.

아무튼 김진수 교수님은 수제자들을 보내주셨다. 봉생병원의 초대 신경과장으로 허경 선생이 오시게 된 것이다.

허경 선생은 절로 존경심이 생기게 하는 훌륭한 분으로 초대 과장으로 오신 것이 오늘의 신경과로 발전하는 기틀이 마련되었다고 생각된다. 허경 선생이 대학교수로 이직한 후 황성희 선생을 보내주셨는데 3년여 근무를 하고 서울의 중앙대 교수로 가게 된다.

훗날 국회의장이 되었을 때 의장 공관의 공관장으로 황성희 교수의 사모님인 노은영 여사를 모시게 되었다. 부산에 근무할 때 나의 내자와 친밀하게 지내다가 국회의원이 된 이후에도 내자가 서울에 올 때마다 인연을 이어간 덕분이었다.

신경과는 부산대 출신의 노순기 선생이 오게 됨으로써 세브란스 출신의 맥이 끊어졌으나 과거의 인연을 볼 때 두 병원의 신경과가 계속 교류를 이어가길 바라고 있다.

노순기 과장은 인품과 역량이 탁월하였으나 아쉽게도 나의 용렬함으로 인해 병원을 떠나게 된 것이 아쉬움으로 남는다. 봉생병원에서 간질 수술이 가능케 하기 위해 일 년 간 신경외과 강창구 선생은 몬트리올 맥길대학으로 유학 보내고 노순기 선생은 존스홉킨스 대학에서 수학하게 동시에 유학을 보낸 적이 있다. 가능하다면 노순기 선생을 동래봉생병원으로라도 다시 모시고 싶다.

당뇨병 치료의 전문가인 손성표 내과부장은 학구적이며 전형적인 내과 교수 스타일로 신선혜 과장과 함께 나의 가치경영에 열심히 동참해주고 있다.

동래봉생병원의 병원장과 내분비내과를 맡고 있는 구대영 선생은 그의 귀한 양녕딸을 나의 가문에 보내주어 사돈지간이 되었고 동래병원을 원만히 잘 이끌어 주시고 계셔서 고마울 따름이다. 첫 며느리는 첫 손녀인 영교와 종손 정교를 낳아 주어 하늘이 맺어준 인연이 아닐 수 없다. 동래봉생병원에는 학창시절 부산의대에서 사진예술연구회 동호회 후배였던 성병년 (10여 년 병원장 역임 후 개업), 구대영, 남령 선생이 계셔서 사진예술로 맺은 좋은 인연을 이어가고 있다. 고교 동기생으로 친구이기도 한 구대영

원장을 처음 봉생으로 모실 때 지금의 안사돈께서 맹렬히 반대하였다는 일화가 있다. 아마도 친구 병원이라 곤란해질까 걱정한 탓이 아닌가 생각된다. 어쩌면 아희들이 부부지연을 맺게 되는 운명이었기에 평소 애처가인 구대영 선생이 없던 고집을 부렸을 법하다. 언제나 살인미소를 머금는 조미애 과장과 함께 당뇨병 치료에 명성을 얻어가고 있다.

봉생병원의 다음세대의 새로운 기둥들이 있으니 바로 김원묵기념 봉생병원 심장내과의 배우형, 김성호 선생과 동래봉생병원의 이용환, 최종현 네 사람이다. 십여 년 전 처음 심장 혈관 시술 때 병원장으로서 나름의 걱정과 함께 마음의 준비를 단단히 하였으나 대과 없이 수천 례의 심장 스턴트 시술을 성공적으로 달성하고 있다. 남다른 의욕을 보이는 네 사람의 과장과 함께 노령화시대에 자연히 증가할 수밖에 없는 심장혈관성 질환과 심부전증 등의 질병에 대처할 수 있게 되어 마음 든든하다. 심장 질환 전문병원의 명성을 얻게 되길 바라고 있다.

요즘 세상에 위암이나 대장암으로 세상 떠나는 것은 안타깝기 그지없다. 왜냐하면 조기에 발견하면 완치가 가능하기 때문이다. 조기발견을 위해 정기적인 건강검진이 중년 이후에는 필수가 되는 시대여서 모든 종합병원에서는 소화기내과의 중요성이 커지고 있다.

비교적 개업이 용이한 탓에 재직기간이 5년을 넘는 경우가 드물다. 김민대 선생이 십여 년 근무 후 개업을 한다고 했을 때 크게 실망하였으나 오랜 기간 병원을 지켜준 것에 대해 감사한 마음이 컸다. 양웅석 교수님을 시작으로 소화기센터를 꿈꾸었으나 현실적인 어려움이 많은데 특히 믿고 있던 김민대 과장이 개업하는 바람에 급제동이 걸려 가슴 아팠다. 그러나 이외로 이재형 과장과 김석훈 과장이 리드십을 보이며 김지하 과장, 강동구

과장과 함께 소화기내과의 재건을 위해 의욕적으로 공부하고 노력해주고 있다. 동래봉생병원의 소화기내과도 김진도 선생, 윤지훈 과장의 뒤를 이어 남경주, 최현주 두 과장이 고군분투하고 있다. 윤지훈 선생은 봉생이 자신의 집이 될 것으로 믿었기에 지금도 옛정은 변하지 않고 있다. 내년에 윤지훈 과장이 복귀한다니 감사한 일이다.

　근자에 와서 미세먼지와 초미세먼지의 심각한 대기오염과 바이러스성 호흡기질환에 대한 대비가 필요하다고 느끼고 있다. 김애란 과장과 이슬 두 여성 과장이 호흡기 내과를 지키고 있다. 나 자신이 COPD 예비 환자이므로 호흡기 질환의 무서움을 잘 알고 있어 미래에 대한 대비를 하고 있다.

　요로결석을 포함한 나와 내 가족의 어떤 질병이라도 봉생병원에서 모두 해결해 오고 있다. 부산 의료의 평균치를 세계적인 수준으로 끌어올릴 사명감으로 살아왔다고 해도 과언이 아니다.

　정부의 의료에 대한 이해심 부족으로 행하는 수많은 잘못된 의료정책과 부산의 의료에 대한 불신과 서울로 향한 일반적인 동경심과 신뢰, 효심 등 다양한 원인으로 시민들은 서울의 대형병원들을 찾고 있다고 생각한다.

　부산의 의료진들이 심기일전하여 배전의 노력을 기울여야 할 것이다. 의학 발전에 선봉이 된다는 이념을 가지고 있는 봉생병원은 더 앞장을 서야 한다. 앞으로도 봉생병원은 내분비, 소화기, 신장과 심장, 호흡기 분야의 내과 팀이 세월을 더해가면서 부산 시민들의 건강을 지키고 봉생병원의 경쟁력을 배가시켜 나갈 것이 확실하다.

　봉생맨으로 학회 회장을 맡은 분은 설립자이신 김원묵 원장님 외에는 현재까지는 유일한 분이 정신의학과의 제영묘 전 의무원장님이시다. 봉생병원 정신과는 30년 전 홍완호 초대 과장부터 최병무 현 동아대 교수까지 많은 분들이 거쳐 갔으나 최병무 과장이 동아대로 떠나면서 추천해 준 제영묘 선생이 참으로 어려운 여건임에도 정신과를 전문의 수련과로 발전시키고 학회에서 인정을 받아 회장이 된 것은 참으로 기쁜 쾌거가 아닐 수 없다.

수많은 전문의를 키워내었으며 학회에서 실력을 인정받고 있는 장세현 과장과 백대업 과장, 최진혁 과장, 이경환 과장 등이 뒤를 이어가고 있다.

본원의 정신과는 지역사회 공헌활동에도 노력하고 있다. 특히 병원이 위치한 동구지역의 노인들의 정신 건강증진을 위해 지역사회에 중요한 역할을 맡고 있으며 노인 자살률을 낮추기 위한 노력도 게을리하지 않고 있다.

의과대학의 여학생 비율이 67학번의 경우 80명 중 10명이었으나 근자에 와서는 여학생의 비율이 과반에 육박하고 있다고 한다.

자연 봉생병원에도 여성 과장들이 점차 늘어가고 있다.

영상의학과와 임상병리 진단의학과 소아청소년과에도 묵묵히 맡은 바 일에 충실한 여의사들이 포진하고 계신다.

남령 실장과 이일선 과장과 박종인 과장, 조미영 진료부장, 한은주 소아과장, 백경희 방사선과장을 비롯하여 호흡기내과의 김애란 과장과 이슬 과장 그리고 이비인후과의 박동은 과장과 지난해 입사한 가정의학과 전정숙 과장, 동래봉생병원의 김인아 과장 등이다. 앞으로 피부과와 안과 공부를 하고 있는 나의 두 며느리도 준비를 끝내면 봉생병원의 여의사로서 함께 일하게 될 것을 희망하고 있다.

해가 갈수록 여러 여성 과장들의 학문적 깊이가 세계적인 수준으로 커갈 것이고 그들의 역할이 봉생병원의 미래를 짊어지는 또 하나의 기둥이 될 것이 확실하다.

양 병원의 영상의학과를 이끌고 있는 윤치순 과장과 조미영 진료부장은 방사선 분야의 실력파로서 지도력을 가지고 백경희 과장, 박성근 과장, 정훈식 과장, 김성민과장, 김은아 과장과 함께 과를 잘 이끌어 주고 있으며 방사선적 시술과 판독에 완벽을 기하여 봉생병원의 격을 드높이고 있다.

소아과의 이수백 과장, 한은주 선생, 산부인과의 남용강 선생, 이재민 과장, 주현철 과장도 저출산의 어려운 여건 속에서도 봉생맨으로 역할을 잘 해주고 계신다. 소아과의 경우 초대 소아과장을 역임하셨던 박홍규 선생을 잊을 수 없다. 의사로서의 기본적 인성과 윤리의식이 뛰어나신 분이다.

진료과장들 외에도 1974년 이후 오늘까지 봉생을 이끌어 오면서 그 노고와 인간관계를 잊을 수 없는 분들이 많다. 노병길 실장, 양남희 방사선실장, 조수실장이었던 이대성 선생, 이세레나 수술실장 등에 대해서는 본문에 거론한 바가 있다.

30년 이상 병원을 지켜준 박경흠 행정원장과 박용호 행정원장에 대해서도 본문에서 언급하였으므로 여기서는 생략하겠다. 이 두 사람이 없었다면 20년 간의 정치인생은 불가능하였을 것이다.

간호부서의 이명자 간호부장은 설립자이신 김원묵 박사님과 함께 근무하였고 파독 간호사의 일원으로 일한 후 독일에서 돌아오셔서 간호부장의 소임과 함께 석신덕 회장님의 뒷바라지를 친정어머니 모시듯 해 주신 분으로 그 은덕은 영원히 잊을 수가 없을 것이다. 봉생병원 역사상 처음으로 간호이사라는 직함을 받았던 김수진 선생은 내가 미국에서 귀국하기 일 년 전부터 근무하고 있었던 분으로 1981년의 봉생 초창기와 도약기를 함께 일구어낸 동지 중의 동지였다. 특히 동래봉생병원 설립에 있어 간호 총책을 맡아 노고를 아끼지 않았던 최고 공신이시다. 오늘의 봉생을 만들어가는 과정에서 뺄 수 없는 간호부서의 동지들이 있으니 헌신적으로 일해 주었던 황일숙 간호감독과 구정희 간호과장, 박재옥 선생, 배현주 부장, 박봉희 부장, 하희영 선생과 공채 1기로 유일하게 남아 있는 백정옥 선생, 간호사로서 보험심사과에 차출되어 청춘을 다 바친 손진희, 안정숙 실장 등이다. 이들은 봉생 간호부서 역사상 2기에 해당되는 분들로서 이들의 헌신적이며 희생적인 노력이 없었으면 오늘의 정의화와 봉생이 존재하기 어려웠을 것이다. 특히 현재 양 병원의 간호부장으로 젊은 세대들의 세태 변화로 간호사들의 이직이 늘어 고군분투하는 모습이 너무나 안스럽다. 우리나라도 외국 간호인력을 파견받는 것도 검토해야 할 시점에 이르렀다고 생각한다.

점차 나이팅게일 정신으로 무장한 헌신적인 간호사들의 숫자가 줄어들고 있다. 이런 현상은 정부나 병원계가 육체노동과 감성노동에 시달리는 간호사들에 대한 정책적 배려가 부족했던 탓이 크다.

또 한편으로는 정보화시대가 되면서 젊은이들의 세태가 갈수록 삶의 가치가 물질주의적이며 육체적인 안락함으로 이전되고 있는 현상들과 무관치 않다고 생각된다. 별로 개선될 기미도 여지도 보이지 않는 것이 더욱 절망감을 주고 있다. 따라서 간호부서의 부장들을 위시한 과장들과 팀장들을 위시한 선배들의 고뇌가 깊어갈 수밖에 없고 결국에는 병원 운영이 심각해질 수밖에 없는 것은 불문가지이다.

김미희, 이미현, 정향희, 신외경 팀장 등 간호부 리더들과 이병엽, 정항애 과장, 임윤정·김호순 수술실 실장들, 김미숙·배은영 마취 수간호사와 인공신장실의 최미숙, 윤선희 선생 등 차세대 리더들에게 거는 기대가 크다.

설립자 때부터 오랜 기간을 시설관리 부장으로 노고가 컸던 손수길 선생과 오기수 실장을 떠올린다. 언제나 시설관리실에 근무하면서 온갖 허드렛일을 마다않고 일하는 권기원 실장, 안태식 전 실장, 이수원 팀장을 필두로 수고가 많은 이점판, 고재웅, 권상식 등 식구들에게 늘 빚을 지고 사는 느낌을 지울 수 없다. 다시 한번 최근 고령으로 사직한 유승태 선생과 신용도 대기사를 비롯한 양 병원의 모든 시설관리과 식구들께 감사함을 표하고 싶다.

부군이 해운대 백병원 병원장을 역임하기도 한 서희원 약제부장과 시인으로 등단하신 류인자 동래봉생병원의 약제부장도 영원히 잊을 수 없는 봉생의 두 기둥이셨다.

두 분이 정년퇴직한 후 약사를 구하지 못해 고군분투하고 있는 양 병원 약제과장인 반은희 선생과 김민정 선생의 역량과 인격에 대해 직원들은 대단한 호평을 한다.

영상의학과의 대기사인 남태모, 엄화익 부장과 이영군 팀장, 허규태 부팀장, 표장국 선생과 강남규 실장, 성재훈·김민철 부팀장, 재활의학과의 윤철한 부장과 동종익 실장과 양기완 실장, 임현대 팀장과 백진호, 이창복, 조경란 부팀장과 동래봉생의 박용수, 이승용 부팀장 진단의학과의 한성희 부장과 안영애 실장, 안은하 실장, 김혜정 실장 등 기라성 같은 봉생인들의 노고와 오늘의 봉생을 있게 해 준 역할을 잊을 수 없다.

행정 파트의 김석철 초대 원무부장과 강신도 부속실장(김원묵 박사님께서 채용한 마지막 직원으로서 1974년초에 입사한 강신도 부속실장은

2017년에 퇴직함으로써 만 68세까지 근무한 최장수 근무자의 기록을 세웠다. 삼천포 고향으로 돌아간 그가 보고싶어 지난 여름에 여수에 다녀오는 길에 들려 회포를 풀기도 했다), 최규제 전 부장과 전재훈 관리이사, 윤두석 관리부장, 경리과 박혜정 과장과 이광수 과장, 박종복. 이한수 전 원무부장과 하용하 행정부장, 제길원 과장, 주영철, 문정희 원무부장, 윤현태 총무부장과 권팔용 전 부장과 고대용 부장, 이상엽 과장, 한창효 영양과장 등도 영원히 기억할 것이다.

이들은 1993년 동래봉생병원이 파업으로 6개월 간 대혼란에 빠졌을 때 나에게 큰 용기와 힘을 주었던 동지이자 동생 같은 봉생 가족들이다.

그후 나의 국회의원 보좌관을 역임하고 시의원을 지냈던 당시 최형욱 기획실장(현 부산시 동구청장)과 봉생복지회의 김종우 과장 등도 잊을 수 없다. 이들은 국회의원 선거 때마다 병원을 퇴직하고 후보 곁에서 중요한 역할을 해 준 정치동지가 되기도 하였기 때문이다.

끝으로 이제 고인이 되셨으나 나와 함께 석신덕 회장님의 운구를 맡아 하였던 조용주 선생은 응급 야간수술이 많던 시절 나와 함께 밤잠을 설치면서 혈액원에 다녀야 했었다. 경주 출신으로 무골호인이었던 우해구 앰블런스 기사, 이 두 분에게도 감사함을 남기고 싶다.

모두가 감사할 뿐이다.

봉생병원이 있는 한 이 분들의 노고를 잊어서는 안 될 것이며 일일이 거명하지 못 한 봉생인들과 앞으로 양 병원의 차세대 지도자로서 정연학 김원묵기념봉생병원 행정원장과 정연화 전 기획실장, 정연석 동래봉생병원의 총괄이사와 함께 손잡고 봉생의 미래를 설계하고 이끌어나갈 수많은 젊은 봉생인들에게도 기대가 크다.

2부

정의화의 시선

저는 의예과 시절 사진예술연구회 동아리 활동과 부산대학 학보사 사진기자를 하였다. 의대 4년 간 사진 찍는 취미활동을 열심히 하였다.

- **부산의과대학 졸업 사진전**
    부산 광복동 보리수다방
    1972년 10월 26일 – 29일

- **정의화 2차 개인사진전**
    서울 국회의원회관 로비
    2011년 9월 1일

- **정의화 3차 개인사진전**
    부산 해운대아트갤러리 – 2015년 8월 7일 – 9월 4일
    서울 국회의원회관 대로비 – 2015년 9월 7일 – 9월 11일
    광주 5.18기념 전시실 – 2015년 10월 7일 – 10월 14일

- **수상**
    국제신문 전국어린이 사진 컨테스트 특선 –1968년
    대구 매일신문 사진 컨테스트 가작 – 1969년
    한국일보 주최 국제사진 싸롱 입선 –1970년
    개천예술제 · 각종 촬영 대회 입상 다수

2부

 의과대학을 졸업하던 즈음인 1972년 10월 첫 개인전시회 이후, 43년 만에 세 번째 전시회를 열게 되었습니다.
 '사진 찍는 국회의원'이란 애칭을 얻은 만큼 진지한 마음가짐으로 하나, 둘 쌓아온 결실들을 정리해보고 싶었습니다. 이번 기회를 통해 저의 사진에 담아온 서정들을 여러분과 함께 나누게 되어 기쁘게 생각합니다.
 저는 까까머리 고등학생 때부터 사진 찍기를 좋아했습니다. 부산에서는 좀처럼 보기 힘든 설경(雪景) 사진을 찍겠다며 상경까지 할 만큼 열정이 넘쳤습니다.
 정치를 시작하면서 출사(出寫)의 기회가 반절이 되고, 찍는 일보다는 찍히는 일이 많아지기는 했지만, 지금도 렌즈를 닦고 카메라를 손질할 때면 가슴이 뜁니다.
 저는 '사람은 추억을 먹고 산다'는 말을 참 좋아합니다. 저에게 있어 사진은 추억이자 제 삶과 발자취를 담는 일기장입니다. 한 장의 사진을 가만히 들여다보면 셔터를 누르던 순간의 심상, 주변의 온도, 바람 내음까지도 떠오르곤 합니다. 사진에 담긴 추억 덕분에 항상 제 과거에 책임감을 느끼고, 주어진 오늘을 보다 의미 있게 살고자 애쓰게 됩니다.

　또한 저에게 사진은 그 자체로 제 삶의 한 부분입니다. 사진 속 사람, 사진 속 자연은 모두 살아있고, 우리에게 다양한 빛깔의 이야기를 들려줍니다. 작품을 대하는 정해진 규칙은 없습니다. 사진은 개개인의 상상력을 자극하며, 우리와 늘 소통합니다. 그래서 저는 사진을 찍는 순간보다 대상과 교감하는 시간을 더 소중하게 여기며, 정말 많은 것을 배우곤 합니다.

　'정의화의 시선'이 여러분께 잠깐의 감동이나, 작은 일깨움이라도 드릴 수 있다면 더 바랄 것이 없겠습니다. 이번 전시회의 판매수익금은 자선단체인 '한국월드비전'에 전액 기부할 예정입니다.

　앞으로도 아마추어 사진작가 정의화는 세상을 바르게 보고, 바르게 담는 일에 카메라를 들고 나서겠습니다.

　함께 해주셔서 감사합니다.

2015년 8월

미스 아프리카 탄자니아

책 보는 소녀, 과테말라

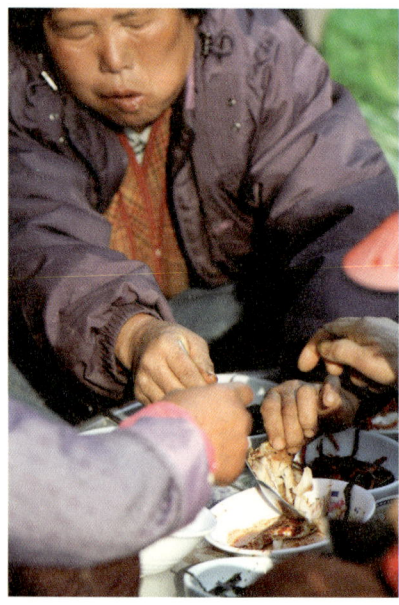
아침식사

일터로 가는 길, 1968년 12월 서울

만송정, 안동 하회마을

미국 요세미티 국립공원의 대자연 I

미국 요세미티 국립공원의 대자연 II

정의화의 시선

2013년1월 탄자니아

2012년 브라질 아마존

2013년1월 탄자니아

2012년 7월 브라질 아마존

2013년 8월 알래스카

2013년 3월 페루

2007년 3월 도미니카공화국

2013년 3월 페루

정의화의 시선

2013년 1월 탄자니아

2012년 10월 프랑스

2012년 7월 브라질 아마존

2013년 1월 탄자니아

정의화의 시선

2012년 7월 브라질

2013년 1월 탄자니아

2부

2009년 10월 탄자니아

2011년 7월 노르웨이 베르겐

2011년 1월 마라도

2012년 1월 모로코

2부

2011년 7월 노르웨이

2011년 7월 덴마크

정의화의 시선

2007년 5월 폴란드

2011년 7월 덴마크 코펜하겐

2부

2009년 10월 탄자니아

2011년 7월 중국

정의화의 시선

2010년 1월 이집트

2013년 3월 에콰도르

정의화의 시선

2009년 7월 몽골

2부

2011년 7월 덴마크 코펜하겐

2012년 2월 캐나다

2011년 3월 독일

정의화의 시선

2009년 10월 이스라엘

2012년 1월 케냐

2010년 8월 포르투갈

정의화의 시선

2012년 7월 브라질아마존

2012년8월 스위스

2010년 8월 오스트리아

우연은 신의 지문이다

초판인쇄 | 2018년 11월 20일 **초판발행** | 2018년 11월 25일 **지은이** | 정의화
편　　집 | 최영철 이현주
펴 낸 곳 | 빛남출판사
등록번호 | 제 2013-000008호
주　　소 | (48963)부산시 중구 보수대로 128(보수동 2가)
　　　　　 T.(051)441-7114　F.(051)244-7115　E-mail:wmhyun@hanmail.net

국립중앙도서관 출판예정도서목록(CIP)

우연은 신의 지문이다 : 정의화 자전적 에세이 / 지은이: 정의화. -- 부산 : 빛남출판사, 2018
　p. ;　cm

ISBN 979-11-88539-17-8 03810 : ₩15000

수기(글)[手記]
818-KDC6
895.785-DDC23　　　　　　　　　　　CIP2018037436

※「이 도서의 국립중앙도서관 출판예정도서목록(CIP)은 서지정보유통지원시스템 홈페이지(http://seoji.nl.go.kr)와 국가자료공동목록시스템(http://www.nl.go.kr/kolisnet)에서 이용하실 수 있습니다.(CIP제어번호: CIP2018037436)」